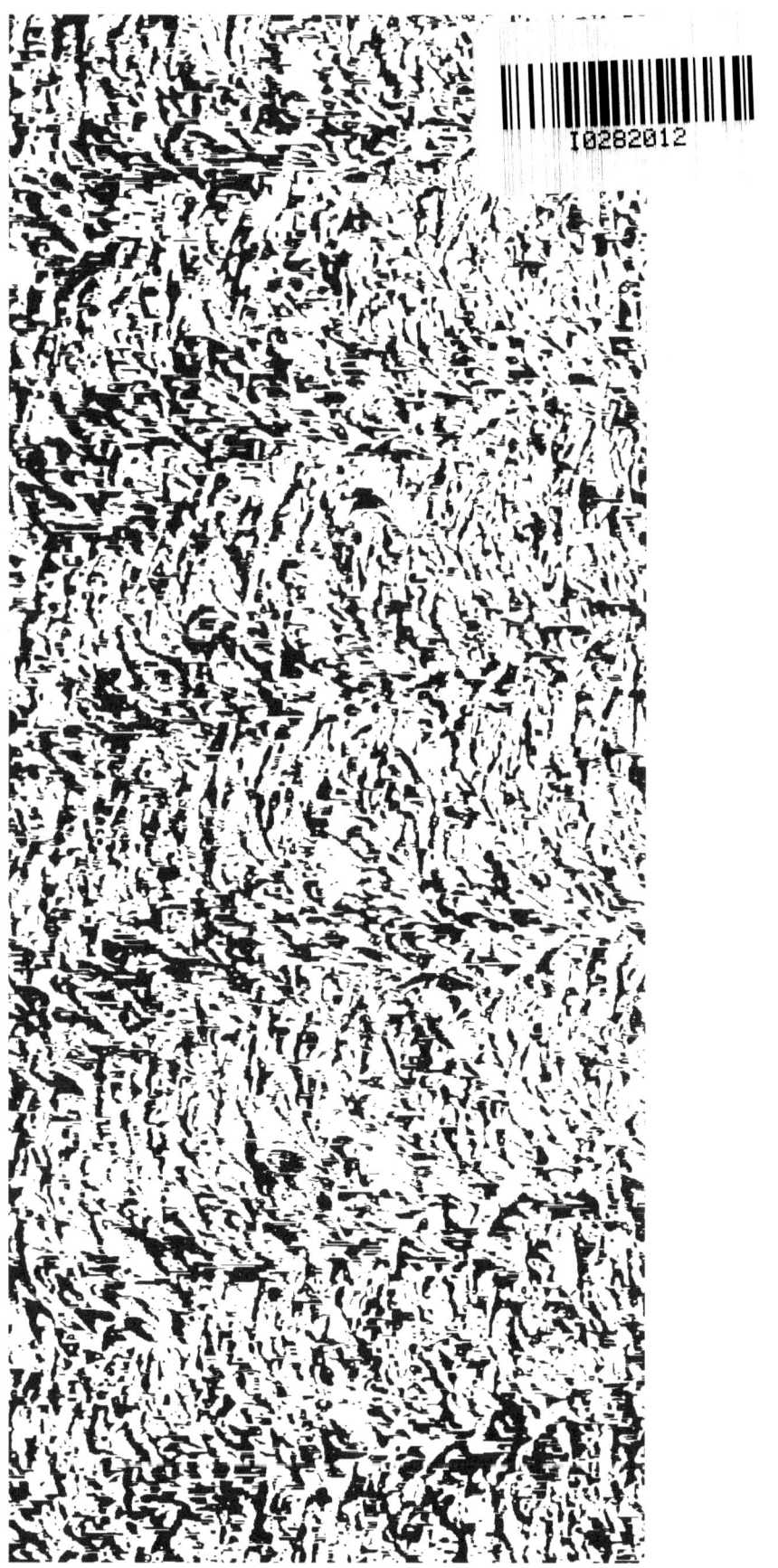

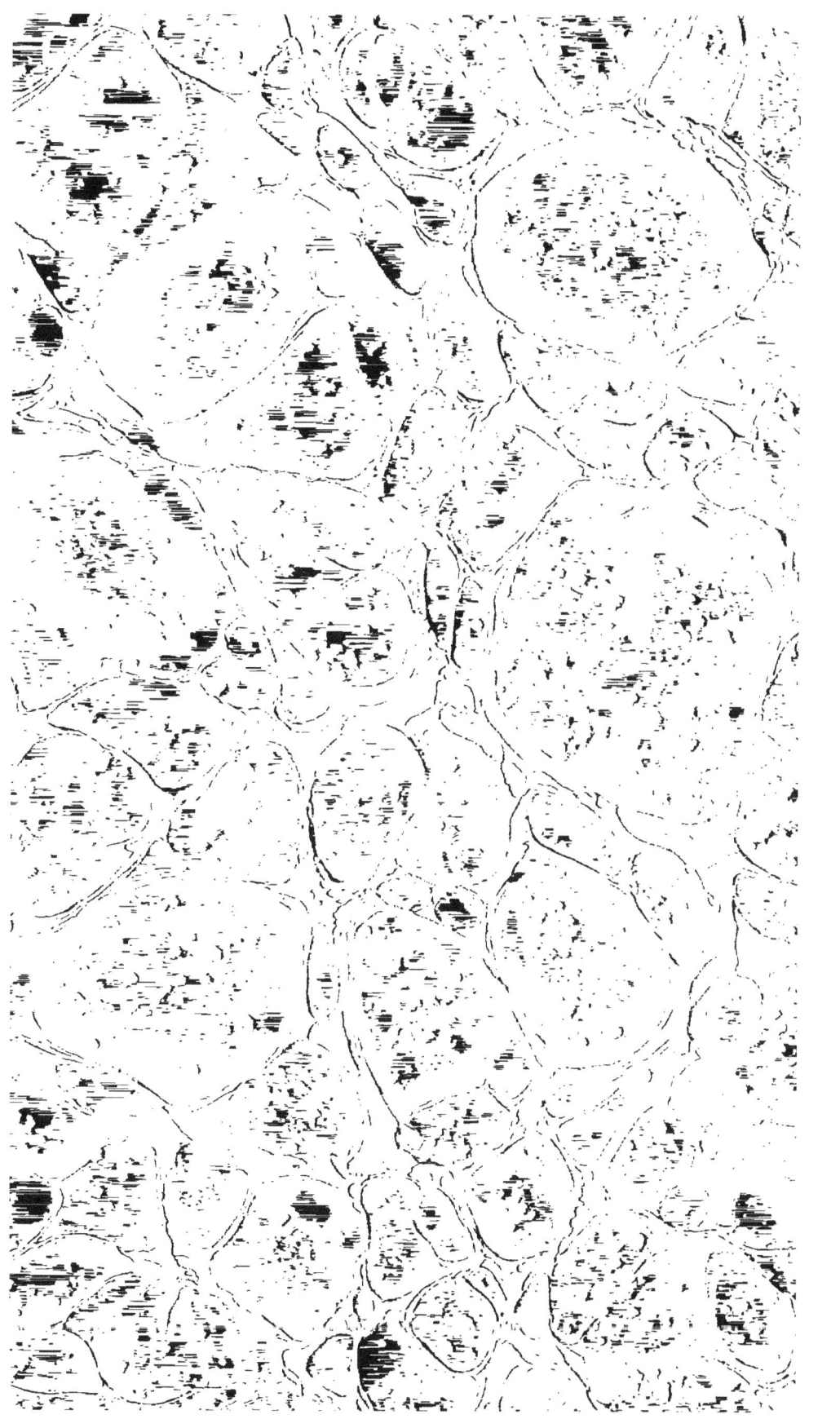

ROBERT 1974

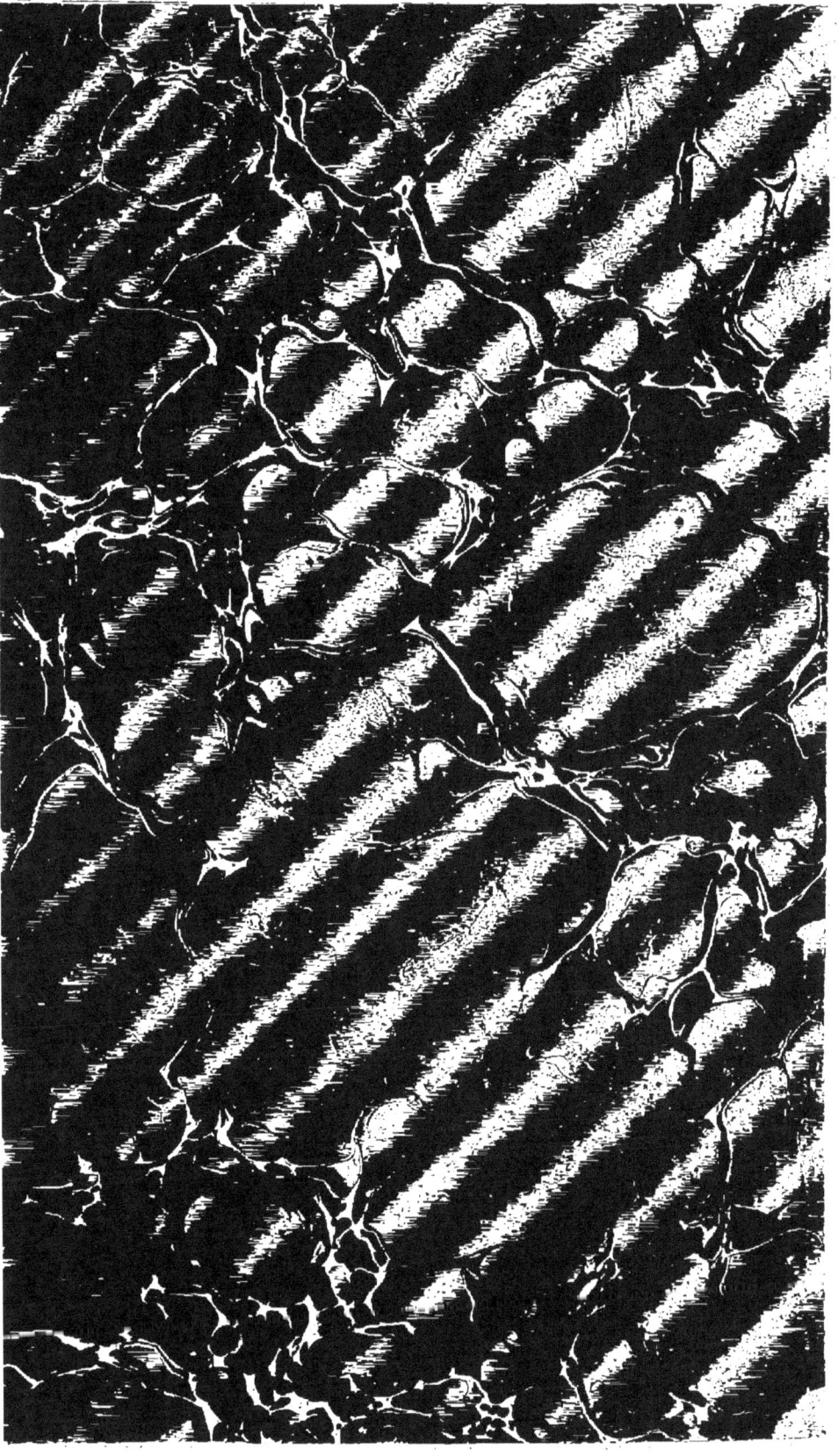

ŒUVRES COMPLÈTES
D'ALEXANDRE DUMAS FILS

ENTR'ACTES

II

CALMANN LÉVY, ÉDITEUR

ŒUVRES COMPLÈTES
D'ALEXANDRE DUMAS FILS
DE L'ACADÉMIE FRANÇAISE
Format grand in-18

ANTONINE...	1 vol.
AVENTURES DE QUATRE FEMMES....................	1 —
LA BOITE D'ARGENT................................	1 —
CONTES ET NOUVELLES..............................	1 —
LA DAME AUX CAMÉLIAS............................	1 —
LA DAME AUX PERLES..............................	1 —
DIANE DE LYS......................................	1 —
LE DOCTEUR SERVANS...............................	1 —
LE RÉGENT MUSTEL.................................	1 —
LE ROMAN D'UNE FEMME............................	1 —
SOPHIE PRINTEMS...................................	1 —
TRISTAN LE ROUX..................................	1 —
TROIS HOMMES FORTS...............................	1 —
LA VIE A VINGT ANS...............................	1 —
AFFAIRE CLÉMENCEAU. — Mémoire de l'Accusé......	1 —
THÉATRE COMPLET avec préfaces inédites	5 —
THÉRÈSE...	1 —

THÉATRE

L'AMI DES FEMMES, comédie en cinq actes.
LE BIJOU DE LA REINE, comédie en un acte, en vers.
LA DAME AUX CAMÉLIAS, drame en cinq actes.
LE DEMI-MONDE, comédie en cinq actes.
DIANE DE LYS, comédie en cinq actes.
L'ÉTRANGÈRE, comédie en cinq actes.
LA FEMME DE CLAUDE, pièce en trois actes et une préface.
LE FILLEUL DE POMPIGNAC, comédie en quatre actes.
LE FILS NATUREL, comédie en cinq actes.
LES IDÉES DE MADAME AUBRAY, comédie en quatre actes.
MONSIEUR ALPHONSE, pièce en trois actes.
LE PÈRE PRODIGUE, comédie en cinq actes.
LA PRINCESSE GEORGES, pièce en trois actes.
LA QUESTION D'ARGENT, comédie en cinq actes.
UNE VISITE DE NOCES, comédie en un acte.

UNE LETTRE SUR LES CHOSES DU JOUR................	1 vol.
NOUVELLE LETTRE DE JUNIUS A SON AMI A—D— Révélations curieuses et positives sur les principaux personnages de la guerre actuelle, augmentée d'un avant-propos de George Sand..	1 —
UNE NOUVELLE LETTRE SUR LES CHOSES DU JOUR......	1 —
L'HOMME-FEMME (42ᵉ édition).......................	1 —

4454-78. — Corbeil. Imprimerie de CRÉTÉ

ENTR'ACTES

PAR

ALEXANDRE DUMAS FILS

DE L'ACADÉMIE FRANÇAISE

—

DEUXIÈME SÉRIE

PARIS
CALMANN LÉVY, ÉDITEUR
ANCIENNE MAISON MICHEL LÉVY FRÈRES
RUE AUBER, 3, ET BOULEVARD DES ITALIENS, 15
A LA LIBRAIRIE NOUVELLE

—

1878

Droits de reproduction et de traduction réservés

ENTR'ACTES

HISTOIRE

DU

SUPPLICE D'UNE FEMME

Tout le monde ayant dit son mot sur les mystères du *Supplice d'une femme*, même M. de Girardin, dans la préface dont il a cru devoir et pouvoir accompagner la brochure, je demande la permission de dire mon mot à mon tour. Seulement je préviens le lecteur que ce mot sera l'absolue vérité. J'essayerai, pour donner les éclaircissements devenus nécessaires, d'employer cette langue nette, rapide et concise qu'on a tant admirée dans la dernière pièce du Théâtre-Français, et qui a révélé à quelques-uns, malgré l'anonyme de l'affiche, le rédacteur en chef de la *Presse*.

Au mois de novembre dernier, je reçus de M. de Girardin une lettre que je gardai, les autographes de M. de Girardin étant de ceux qu'on garde, et dont voici le contenu :

« Mon cher ami, je lis mercredi, en petit co-
» mité et après dîner, le *Supplice d'une femme*,
» dont il faudra peut-être changer le titre en *le*
» *Supplice des convives*. Êtes-vous assez brave,
» c'est-à-dire assez mon ami pour venir dîner et
» me dire votre impression ? Si vous pensez qu'il
» faut enterrer la femme dans un carton, elle y
» sera enterrée le soir même.
» A vous de tout cœur.

» É. DE GIRARDIN. »

Comme le dit M. de Girardin dans sa préface, il m'a presque vu naître, et nous nous sommes peu perdus de vue depuis vingt ans. J'étais un de ses amis. J'étais très-fier qu'un homme de son mérite voulût bien me prendre pour juge d'une de ses œuvres, quelle qu'elle fût.

Je me rendis à son invitation, bâtissant tout le long du chemin une pièce imaginaire sur ce titre : *le Supplice d'une femme*, qui me semblait devoir faire pendant à cette charmante comédie de madame Émile de Girardin, ayant pour titre : *C'est la faute du mari*.

Les convives-auditeurs étaient : M. de la Guéronnière, M. Nestor Roqueplan, M. Camille Doucet, M. Henri Didier, député au Corps législatif; M. le docteur Cabarrus, M. Mesmer, vice-consul de Russie ; M. le chevalier Nigra, M. Boittelle, qui, ayant déjà entendu la pièce une fois, partit immédiatement après le dîner ; madame la comtesse Keller, madame Mesmer et madame de Girardin.

C'était le public en miniature, formé de tous les éléments divers qui composent le public des théâtres : gens du monde, critiques, hommes de lettres : il y avait donc moyen d'obtenir un jugement, en tous cas une impression. M. de Girardin lut le premier acte.

On ne dit rien.

La donnée était *des plus périlleuses*, pour me servir du mot de ses amis, et la manière dont il la présentait la rendait plus périlleuse encore. L'acte était mal fait, commençant par où il aurait dû finir et finissant mal. Cependant il y avait une donnée, prise sous les rideaux de la vie conjugale. C'était audacieux, vrai et inadmissible.

Une femme, mariée depuis dix ans, est depuis huit ans la maîtresse de l'associé de son mari. Elle a une enfant que le mari croit la sienne, et dont l'amant est certain d'être le père. Cet amant, Alvarez, aime cette femme, Mathilde, et la fatigue tellement de ses jalousies, de ses colères et de ses menaces de révélations et de scandales, qu'elle en est arrivée à haïr cet amant qui fait peser sur toute sa vie *une minute* d'erreur, prolongée pendant huit ans, et à préférer son mari.

M. de Girardin lut le second acte.

Mathilde, compromise dans son entourage par les récits d'une femme de chambre, recevait une lettre de son amant qui lui disait qu'elle n'avait plus qu'à fuir avec lui. Son mari entrait au moment où elle venait de lire cette lettre. Il lui demandait d'où venait son émotion. Mathilde lui remettait cette lettre, préférant tout à cette fuite et à la continuation de son supplice.

Après la lecture de cette scène, l'*ut dièze* de l'idée, le centre de la pièce, M. de Girardin s'interrompit et me dit :

— Eh bien?

— J'attends, lui dis-je.

En effet, c'était là que je l'attendais, dans les conséquences et les déductions logiques de cette situation nouvelle, que je proclame, en toute sincérité, une des plus dramatiques et des plus intéressantes qui soient au théâtre.

Mais une situation n'est pas une idée. Une idée a un commencement, un milieu et une fin, une exposition, un développement et une conclusion.

Tout le monde peut trouver une situation dramatique, mais il faut la préparer, la faire accepter, la rendre possible, la dénouer surtout. Un jeune homme demande une jeune fille en mariage. On la lui donne. Il va à la mairie et à l'église avec sa fiancée, il rentre chez lui avec elle. Au moment de l'emmener, il apprend catégoriquement qu'il a épousé sa sœur. Voilà une situation, n'est-ce pas? et des plus intéressantes. Sortez-en. Je vous le donne en mille, et je vous donne la situation si vous la voulez. Celui qui fera une bonne pièce avec ce point de départ sera le véritable auteur de la pièce, et je ne lui réclamerai rien.

La situation de M. de Girardin était à peu près dans les mêmes conditions. Comment allait-il s'y prendre pour en sortir? Un aveu de cette sorte, c'est comme un sacrement, on ne revient pas dessus. Qu'il y ait dans le monde des situations analogues, je n'en doute pas; qu'un mari accepte pour une raison ou pour une autre un pareil aveu que sa femme a été forcée de lui faire, pour telle ou telle raison, cela peut arriver, il doit y en avoir des exemples, et, si nous les rencontrons, nous n'avons pas grand mérite à vouloir les mettre en scène. Mais conclure en deux heures de temps, devant dix-huit cents personnes, en satisfaisant le cœur, la raison, le tempérament de ces dix-huit cents spectateurs, c'est autre chose.

Et voilà pourquoi, moi, auteur dramatique, je répondais à M. de Girardin, après la scène de la lettre : J'attends.

Or, à partir de ce moment, la pièce devenait non plus impossible, mais insensée. Le mari acceptait immédiatement cette situation, et il se mettait à la discuter avec sa femme, aussi tranquillement que s'il se fût agi de la suppression des octrois ou de la réforme des banques. Il terminait le deuxième acte en lui pardonnant, en l'appelant honnête femme, et en lui disant d'aller s'habiller pour se rendre à l'Opéra comme à l'ordinaire.

Quel mari! Où en fait-on de ce bois-là? Comment! en pleine confiance, en plein bonheur, en plein amour, un homme apprend qu'il est trompé depuis huit ans, que depuis cette époque les caresses de sa femme ne sont que des précautions, que sa fille est ou n'est pas de lui, car en vérité il n'y a guère moyen de s'y reconnaître, et son premier mouvement n'est pas d'étrangler cette femme et de tuer cet enfant! il ne sent pas sa raison lui échapper, et il ne fond pas en larmes avec des imprécations contre le ciel, contre l'injuste ciel! Quel homme est-ce là? D'où vient-il? Qu'est-ce qu'il a donc dans l'âme et dans le ventre? Quel sérail a-t-il gardé? Commence par tuer, par maudire, par crier, par blasphémer, par prouver que tu es un homme et que tu aurais pu faire ta fille toi-même, sans quoi, moi public, humain et vivant, je t'abandonne, je te ris au nez et je te siffle; tu n'es pas de ma chair. Dans ces drames-là, sentir d'abord, raisonner après, si on en a le temps, voilà le théâtre, voilà la vie.

M. de Girardin lut son troisième acte, non pas celui qu'il cite dans sa préface, mais celui que je donne à la fin de cette réponse. On verra ce qu'il était. Je n'en fais pas de reproches à M. de Girardin ; ce n'est pas *son métier* d'écrire des comédies. C'est déjà beaucoup d'avoir été frappé par une situation dramatique au milieu de son travail de théories économiques, politiques et gouvernementales.

Cette lecture dura deux heures et demie à peu près. La lecture terminée, l'auteur recueillit les opinions. Je laissais dire les autres et ne soufflais mot. J'attendais que parmi tous ces juges il s'en trouvât un qui eût le courage ou plutôt la franchise de résumer l'impression générale et de faire comprendre à un homme de la valeur de notre amphitryon que le talent n'est pas universel, et qu'il ne s'ensuit pas, parce qu'on est Richelieu, qu'on puisse être Corneille, quoi qu'en ait dit Richelieu, ni qu'étant Corneille on puisse être Colbert, quoi qu'en ait dit Napoléon

Enfin le grelot fut attaché, et la pièce fut déclarée dangereuse, injouable, impossible, toutes épithètes saupoudrées de ce sucre fin que les gens bien élevés ont toujours dans leurs poches.

Alors M. de Girardin m'interpella directement et me dit : « C'est sur vous que je compte pour trouver un dénoûment. » On s'était rejeté, en effet, sur l'absence de conclusion.

— Mon cher ami, lui dis-je, si je trouvais un dénoûment qui arrangeât tout après une situation comme celle d'Alvarez, de Mathilde, de Jeanne et de Dumont, je ne vous le donnerais pas plus que vous ne me donneriez la solution à la question romaine si vous la trouviez. Ce serait une fortune, rien qu'à le détailler pour ceux qui en auraient besoin. L'adultère est le grand pourvoyeur du théâtre, depuis deux cents ans et surtout depuis cinquante ans. Si vous voulez le mettre de nouveau en scène, il faut absolument dire quelque chose de neuf. Surtout quand on porte votre nom, on n'a pas le droit de présenter des banalités sous quelque forme que ce soit. On exigera d'autant plus de votre pièce que rien ne vous force de la faire. Chacun de nous a posé ses conclusions dans cette cause éternelle. Voyons la vôtre, il n'y en a pas [1]. Le suicide par voie du

---

1. Après avoir tiré au sort, en mettant leur nom sur de petits morceaux de papier, lequel des deux, Alvarez ou Du-

sort remplaçant le duel se trouve dans *Mademoiselle de Belle-Isle;* vous ne pouvez donc vous en servir. Si vous tuez la femme, ce sera *Antony;* si vous tuez l'amant, ce sera *Diane de Lys;* si le mari pardonne, ce sera *Misanthropie et Repentir;* si la femme devient folle, ce sera *Louise de Lignerolles;* si le mari se tue, ce sera *Jacques;* si le mari garde sa femme pour le monde, ce sera *la Mère et la Fille.* Vous voyez que vos prédécesseurs ont passé par là et fermé la porte derrière eux. Plus votre situation est tendue, moins vous pouvez conclure ; et quelles précautions il vous faudra prendre pour y arriver! Cependant cette situation, très-dramatique, elle existe dans la lettre de l'amant donnée par la femme au mari ; mais il n'y a rien avant, rien après. C'est un premier étage sans escalier. Quant à la femme ayant trompé son mari tout en l'aimant, continuant d'aimer celui-là tout en appartenant à celui-ci et avouant à son époux qu'elle n'a jamais aimé que lui, je l'ai peinte moi-même il y a vingt ans dans

---

mont, partirait *pour les montagnes de la Suisse ou pour les montagnes des Pyrénées, et ferait ce qui serait nécessaire pour y trouver la mort dans un gouffre, comme s'il avait péri par accident,* les deux hommes finissaient par s'embrasser, grâce à Mathilde, qui avait tout entendu derrière une porte, et qui les réconciliait au nom de l'Évangile. *On laissait Jeanne au couvent, et Dumont et Alvarez donnaient chacun un million pour fonder un établissement de charité.*

le *Roman d'une femme*, qui se termine par un duel où le mari succombe, autre châtiment que vous ne pouvez pas infliger. En tout cas, et sans rien décider d'autre part, il n'y a de dénoûment noble, touchant et impitoyable, comme il doit être, que si le mari garde l'enfant. Cherchez dans ce sens-là. Moi, je chercherai de mon côté. Il y a dans votre pièce une scène qu'il ne faut pas perdre. » En effet, j'aurais voulu faire vivre cet enfant, déclaré non viable, pour son père d'abord, qui paraissait l'aimer, et ensuite pour le plaisir de faire un tour de force réputé impossible. Amour-propre d'artiste.

Le lendemain, je commençais à entrevoir la pièce. Je vins de bonne heure chez M. de Girardin et je lui dis à peu près ceci : « Il y a décidément quelque chose dans le *Supplice d'une femme;* votre sujet est audacieux, mais il est humain, il a donc des chances de succès. Le public adore la vérité, mais il faut savoir la lui dire. Quand on livre une bataille sur un terrain, il faut en accepter les exigences.

— Alors il y a une pièce à faire ?
— Oui.
— Vous vous en chargeriez?
— Parfaitement, sans savoir encore où j'irais.
— Eh bien, essayez. Je vous enverrai mon ma-

nuscrit; vous me mettrez en marge vos observations.

Le lendemain je reçus la pièce, dont, sur mon premier conseil, M. de Girardin avait déjà modifié le dénoûment. Je l'ai encore.

J'essayai de faire des coupures au crayon et de mettre des notes. Inutile. L'œuvre était trop confuse, trop compacte, trop dense. Comme à Herculanum, impossible de retrouver la ville sous la lave. Mieux valait en bâtir une nouvelle à côté.

Le surlendemain, j'apportai et je lus à M. de Girardin le commencement du premier acte tel qu'il est représenté à cette heure, jusqu'à la scène entre Mathilde et Alvarez exclusivement, c'est-à-dire, dans la brochure publiée chez Michel Lévy, depuis la page 57 jusqu'à la page 87. Madame de Girardin assistait à cette lecture.

Ce travail n'était encore qu'un conseil donné à un ami, à l'œuvre duquel je m'intéressais : c'était l'indication du ton général, ce n'était pas encore une collaboration. Je m'arrêtai devant ma dernière page blanche. M. de Girardin, qui trouvait alors ce commencement bon, *me demanda* de continuer mon travail en m'offrant la moitié de tous les droits de cette œuvre. Sur cette double objection de ma part que, « par suite de mes traités avec le Gymnase, je ne pouvais mettre mon nom que si la pièce était jouée à ce théâtre, » et « que, n'ayant jamais collaboré, je ne consentirais à le faire que si j'avais la haute main sur l'exécution de l'œuvre », M. de Girardin me répondit que, la pièce étant promise au Théâtre-Français, il la signerait seul et qu'il me donnait carte blanche, ajoutant cette phrase toute naturelle dans la bouche d'un homme qui n'avait ni l'habitude du théâtre ni la prétention d'être un auteur dramatique : « J'ai fait trois fois mal cette pièce, faites-la bien une fois. »

Je me mis au travail, et, je l'avoue, je laissai de côté la version de M. de Girardin, que du reste, j'avais prévenu. Je fis son sujet mien. Je supposai que l'idée m'en était venue à moi, seule manière de s'identifier avec un sujet étranger, et non pas trois semaines, mais huit jours après cette dernière convention, je lui communiquais mon manuscrit, dont je lui avais déjà, dans l'intervalle, fait connaître quelques fragments.

Peu à peu je m'étais monté la tête comme s'il se fût agi de moi seul. Dès que j'avais entrevu le dénoûment possible, j'avais compris aussitôt dans quelle forme le sujet devait être traité. Je sortais tout chaud encore de la leçon que j'avais reçue avec l'*Ami des Femmes*, dont on m'avait reproché le trop de développements psychologiques ; je m'étais dit que, décidément, le théâtre vit d'intérêt, de faits, d'action, de mouvement et de progression. Tout en faisant mes réserves sur la valeur intrinsèque de ma dernière comédie (Vanité! tu ne nous abandonnes jamais!), je m'étais bien promis de changer ma manière, le cas échéant, et de profiter de cette expérience, car je ne suis pas entêté, et je suis de l'avis de celui qui disait de Voltaire : « Il y a quelqu'un qui a plus d'esprit que lui, c'est tout le monde. » Franchement, j'en appelle au public qui me donne raison depuis quinze jours sans connaître les détails que je lui expose aujourd'hui, pouvait-il se présenter une meilleure occasion de faire cette épreuve nouvelle? Était-il un sujet qui demandât plus de concision, plus de rapidité, plus d'adresse? Fallait-il procéder autrement que par le mouvement, le fait et les larmes? Le temps de reprendre haleine, le public était révolté ; un entr'acte d'un quart d'heure, qui permît de réfléchir, la pièce était perdue.

Le spectateur devait subir ce drame comme un accès de fièvre, sans le prévoir ; en sentir la vérité dans les pulsations de son cœur, et n'en connaître le danger qu'après, c'est-à-dire trop tard. C'est avec une sorte de fièvre que je l'écrivis moi-même, au crayon, dans mon lit, en promenade, tant j'avais peur de laisser refroidir l'inspiration (pardon du mot); et, pour me reposer de ce travail, et pour qu'il ne s'effaçât point, je le repassais, le soir, à la plume. Mon manuscrit terminé, je le portai à M. de Girardin et je le lui lus tout d'une traite.

— Ce n'est plus ma pièce, me dit M. de Girardin quand j'eus achevé ma lecture.

— Je ne sais pas ce que c'est, lui dis-je, mais c'est venu ainsi, et je crois, j'affirme même que c'est ainsi que cela doit venir. Du reste, faites imprimer, comme c'est votre habitude, ce manuscrit nouveau, lisez-le bien attentivement, faites vos observations en marge, renvoyez-le-moi, je reprendrai et je refondrai *vous avec moi*, s'il le faut; mais je crois que l'œuvre est au point.

Je reçus le manuscrit imprimé, avec deux ou trois lignes auxquelles je fis droit, et des changements insignifiants, comme le mot « valet de chambre » à la place du mot « domestique ».

Je rapportai le tout.

— C'est bien court, me dit M. de Girardin. Ma pièce à moi avait quatre-vingt-six pages, la vôtre n'en a que quarante-huit.

— C'est justement la différence de quarante-huit à quatre-vingt-six qui rend déjà la chose scénique, intéressante, possible. Je vous réponds du succès. Envoyez cette version nouvelle à M. Édouard Thierry, et demandez-lui son opinion, si vous ne me croyez pas.

M. de Girardin envoya en effet la brochure au directeur du Théâtre-Français, en lui écrivant (la lettre est restée aux archives du théâtre) :

« Mon cher Directeur,

» Voici le nouveau manuscrit. Dumas est sûr
» d'un grand succès. Lisez, et dites-moi si vous
» êtes de son avis. »

M. Édouard Thierry, qui ne pouvait être influencé, puisque je n'avais pas été en rapport avec lui, répondit à M. de Girardin :

« Cette fois, je crois que nous tenons la pièce » et le succès. »

Ceci se passait le 2 ou le 3 décembre.

M. de Girardin demanda une lecture. On la lui donna pour le 14; mais, du 3 au 14, M. de Girardin, qui n'était pas encore bien convaincu que la dernière version était la meilleure, fit rentrer tant bien que mal dans celle-ci tout ce qu'il put reprendre de son ancien texte, remania, mêla le tout, changea le dénoûment, et, pour conclure, lut au comité un drame partie de moi, partie de lui, dont il ne m'avait pas donné connaissance, comme il aurait peut-être dû le faire, en raison de notre collaboration et surtout de mon amitié pour lui, dont je venais de lui donner une véritable preuve, et fut reçu à une seule voix de majorité.

J'appris alors ce qui s'était passé. M. de Girardin, que je revis, ne me parla pas de ses corrections. Je ne lui en dis rien. Après tout, il devait signer la pièce ; c'était lui qui en avait eu l'idée et qui devait en prendre la responsabilité ; je ne comptais pas l'empêcher de faire même de mon travail ce que bon lui semblerait ; il ne se gênait pas avec moi : on ne se gêne pas avec ses amis ; il arriverait du reste ce qui pourrait. Bonne chance. Je ne donnai plus signe de vie.

Le Théâtre-Français se disposa à mettre la pièce à l'étude. M. Édouard Thierry, qui n'avait pas retrouvé dans la pièce lue au comité la dernière pièce lue par lui-même, me pria, me sachant collaborateur, d'assister à une nouvelle lecture avec M. de Girardin, Régnier et lui, lecture où l'on établirait définitivement le texte après avoir confronté les deux manuscrits. J'apportai la copie du mien. M. Édouard Thierry lisait à haute voix celle du comité, Régnier suivait sur ma version ; M. de Girardin et moi, nous écoutions. C'est là seulement que je connus les changements faits. Je n'en fus pas blessé, j'en fus effrayé. Les explications, les discussions, les raisonnements s'appesantissaient sur un fait qui n'a certainement pas besoin d'être expliqué, et qui devait rester à l'état de sous-entendu entre le public et l'auteur. De temps en temps, après des observations très-justes de M. Thierry ou de Régnier, et que tout homme pratique eût faites, je donnais mon opinion au point de vue général du théâtre, et sans essayer d'imposer ma formule. M. de Girardin paraissait souffrir de cette discussion, en homme qui est passé maître en l'art de discuter et qui a perdu l'habitude des contradictions. Comme nous n'avions tous en vue que son bien, comme nous voulions tous loyalement qu'il ne subît pas un échec sur un terrain qui lui était inconnu, nous avions essayé de le convaincre par tous les arguments possibles et dans les termes les plus délicats, incapables de blesser un grand amour-propre, légitimé par une grande valeur et une grande situation. Je dis même ceci à mon collaborateur :

« Si, lorsque vous nous avez lu votre première pièce, et qu'on l'a déclarée impossible, je vous avais demandé de me la donner, me l'auriez-vous donnée?

— Certainement.

— Eh bien, je l'aurais exécutée pour moi comme j'ai fait pour vous. Maintenant, je ne puis pas mieux vous dire : je vous prends votre part au prix que vous voudrez. Je fais représenter la pièce ici, sous mon nom, et je garantis qu'elle a un immense succès. »

Régnier et M. Édouard Thierry étant témoins ! Ce dernier argument et la manière dont, séance tenante, Régnier interpréta le sentiment de la scène de la lettre qu'il a si admirablement jouée depuis, achevèrent de convaincre M. de Girardin, qui déclara « *qu'il était inutile de lire son troisième acte et que décidément il acceptait ma version.* » M. Édouard Thierry voulait bien se charger du nouveau remaniement dans le cas où l'on pourrait utiliser quelques-uns des changements de M. de Girardin. Je reçus mon premier bulletin de répétition, *les répétitions devant être, du consentement de M. de Girardin, dirigées par moi*.

Nous collationnâmes, et nous établîmes le texte définitif par ce premier travail. Ce fut, à quelques phrases près, mon manuscrit tout entier, c'est-à-dire la pièce qu'on joue aujourd'hui. Je restai quelques jours sans retourner au Théâtre-Français, pour laisser aux artistes le temps d'apprendre.

M. de Girardin assista sans moi à une des premières répétitions. Il entendit tout le premier acte, en parut fort satisfait, et me fit prier de revenir suivre les répétitions le plus assidûment possible.

Grâce à un travail de quatre heures par jour,

elles marchèrent vite. La pièce prenait corps et âme. L'action se dégageait rapide, émouvante, implacable. J'étais enchanté du résultat, et nul ne peut dire que j'aie essayé une seule fois, ni par mes paroles ni par mes actes, de supplanter mon collaborateur, dont je voulais bien n'être que le mandataire, et de me parer à l'avance du succès que je n'ai cessé de prédire.

Un matin, j'allai voir M. de Girardin et lui demandai de venir enfin entendre la pièce. Je me faisais une fête de l'impresssion qu'elle ne pouvait manquer de lui causer. Il promit de venir le surlendemain, retenu qu'il était ce jour-là par des travaux sur la Chambre.

En effet, il vint deux jours après. Il s'assit à l'orchestre entre M. Thierry et moi, et la pièce se déroula sans interruption sous ses yeux. Quand ce fut fini, M. Thierry lui demanda ce qu'il en pensait. Alors M. de Girardin se leva et dit à haute voix, en plein théâtre, en face des artistes étonnés qui entendaient certainement un pareil langage pour la première fois de leur vie : « Si j'étais seul maître de la pièce, je la retirerais ; je trouve ça détestable.

— Mon cher, lui dis-je avec cet heureux sang-froid dont la nature m'a doué, je le regrette d'autant plus que j'ai fait tout mon possible pour que ça ne fût pas aussi détestable que ça l'était. »

Après quoi je quittai ma place et montai sur le théâtre, laissant M. de Girardin partir sans dire un mot aux artistes confondus, peinés, troublés surtout par une pareille sortie, c'est le mot.

Je leur déclarai, ce qu'ils comprirent, que ma mission s'arrêtait là et que je ne reviendrais plus. Heureusement ils étaient gens à se tirer d'affaire tout seuls. Ils me gardèrent encore deux heures, me demandant mes dernières indications, moi leur disant tout ce que je croyais utile au succès de la pièce, succès que je leur prédis une dernière fois.

Je rentrai chez moi, assez naïf pour croire qu'avant le lendemain j'aurais reçu un mot amical de M. de Girardin, qui remettrait les choses en leur état régulier.

Rien.

Ainsi mon temps, mon expérience, qu'il veut bien reconnaître aujourd'hui, le meilleur de moi-même, car j'avais la conscience d'avoir écrit une œuvre intéressante, dans une forme nouvelle, raisonnée, voulue, forgée par moi, toute ma personne enfin, mise loyalement, modestement, filialement au service du caprice littéraire d'un ami, non pas comme mon adversaire paraît vouloir l'insinuer, pour gagner quelques billets de mille francs, que je gagnerais plus nombreux sous mon nom que sous le sien, mais pour empêcher un des hommes

les plus remarquables de l'époque de se livrer
désarmé et ridicule, en pays étranger, aux coups
et aux rires des nombreux ennemis qu'il a le
bonheur d'avoir, tout cela n'a pu ni arrêter ni
reprendre sur les lèvres froides et dédaigneuses
de M. de Girardin ce mot : « C'est détestable ; »
mot injuste, démontré faux aujourd'hui, et qu'il
n'avait plus le droit de dire après notre dernière
conférence, notre dernière lecture et sa dernière
déclaration.

Depuis ce moment, malgré le succès, je n'ai
plus entendu parler de M. de Girardin que par
cette préface étrange que je viens de lire et que
vous avez lue comme moi. Ce doit être là cette
force, indispensable en politique, sans doute,
qu'un de nos amis communs, dont l'amitié est
sûre, malgré son scepticisme apparent, appelle
avec ironie : « l'indépendance de cœur. »

Mais, si je ne reçus rien de M. de Girardin,
M. Édouard Thierry reçut de lui une lettre où il
déclarait à l'avance, et pour éviter tout malentendu, qu'il refusait de signer une pièce qui n'é-
tait pas la sienne, qui dénaturait son idée, qu'il
trouvait mauvaise, ajoutant qu'il assisterait en
simple curieux à la première représentation du
nouveau chef-d'œuvre de l'auteur du *Demi-
Monde*. Je cite le sens, non les termes textuels de
cette lettre, qui est, comme les autres dont je

parle, déposée dans les archives de la Comédie-Française.

La répétition générale eut lieu; j'y assistai non en auteur, mais en ami ; je fis des compliments, pas une observation. M. de Girardin y assistait de son côté. Nous nous croisâmes dans un corridor sans nous parler. Quel spectacle de bon goût nous donnions là ! Deux amis qui se mettent gaiement à table pour dîner ensemble, et qui, avant le dessert, se jettent les carafes à la tête, parce que l'un des deux a empêché l'autre de s'étrangler. O logique, vois où tu mènes !

Je n'acceptai pas les billets auxquels j'avais droit pour la première représentation. M. de Girardin les prit tous, en me faisant dire par le secrétaire de l'administration, M. Verteuil, que si je voulais des billets, je pouvais lui en faire demander. « Merci, mon maître ; et si je suis bien sage, qu'est-ce que vous me donnerez encore? » Je fis inscrire à la location quelques noms que M. de Girardin voulut bien ne pas effacer, car il loua tout ce qui restait de places dans la salle, et les donna ou les céda à ses amis, ce qui ne se conciliait guère avec le fameux : « C'est détestable. » Était-ce en prévision d'une chute et pour bien prouver son *alibi*? Était-ce acte de générosité pour l'auteur du *Demi-Monde* qu'il a vu naître et dont il désirait le succès? Mystère.

Je n'assistai pas à la représentation, dont le succès fut éclatant. M. de Girardin ne se nomma pas. Il ne pouvait plus se nommer.

Les journaux s'emparèrent du fait ; on l'interpréta, on le commenta. Je laissai dire. J'attendais patiemment l'heure où je serais forcé de parler.

Quelques jours après la représentation, j'appris par ces mêmes journaux que M. de Girardin avait vendu à M. Michel Lévy, sans me consulter, sans même me prévenir, le manuscrit du *Supplice d'une femme*, c'est-à-dire une propriété indivise qui m'appartenait au moins par moitié, et que, sans m'en informer, il avait fait présent à mademoiselle Favart du prix intégral résultant de cette vente. On ne m'envoya pas même les épreuves de la brochure, épreuves que moi seul pouvais corriger, puisque moi seul connaissais le texte et pouvais ajouter ou supprimer quelques-uns de ces mots que l'auteur a le droit de modifier selon les observations du public.

Je fis signifier à M. Michel Lévy par huissier ma copropriété pour qu'il n'*en ignore*, lui défendant de publier une œuvre dont M. de Girardin ne pouvait disposer seul.

M. Michel Lévy me répondit par huissier, déclarant qu'il avait traité avec un homme sérieux dont la notoriété le mettait à couvert ; qu'il ne me connaissait pas, du moins en cette affaire, et que rien ne prouvait mon droit, si ce n'est mon affirmation, dont il ne faisait aucun cas. Sur quoi il passait outre. Cependant M. Michel Lévy était venu me faire une visite toute cordiale, pour que je ne m'en tinsse pas aux termes rigoureux de son huissier, et il vint une seconde fois m'offrir, de la part de M. de Girardin, la moitié du prix de la vente.

Seulement M. de Girardin, qui avait vendu la propriété pleine et entière de la pièce, sans mentionner son collaborateur dans son traité, bien que ce fût son devoir, qui s'était arrogé le privilége de joindre à la brochure, propriété commune, une préface dont je n'avais pas eu connaissance, s'était réservé, en outre, la faculté de publier dans trois ans la pièce, que cette préface allait déclarer être la mienne, dans ses œuvres complètes, et me refusait obstinément ce droit, qui était mon droit incontestable, droit stipulé dans les statuts des auteurs dramatiques, exercé, garanti et sauvegardé jusqu'à ce jour par l'usage et surtout par la bonne foi des collaborateurs anonymes ou signataires. — Cela devenait incompréhensible.

Les pièces ne sont pas comme les enfants. Elles peuvent avoir ostensiblement deux pères, et si, pour une raison ou pour une autre, un des deux n'a pas cru devoir se nommer, la législation dramatique lui a réservé ce droit dans l'avenir, en vertu de cet article de la législation civile : « Un père peut toujours reconnaître son enfant. » C'est à la pièce à choisir plus tard sa véritable famille. Il est rare qu'elle se trompe, et l'on a vu des œuvres signées de deux noms prendre et garder obstinément devant la postérité un seul de ces deux noms; on en a même vu, signées d'un seul nom, en choisir un autre que personne n'avait prononcé et que tout le monde consacrait, vu la ressemblance de l'enfant inconnu avec les enfants légitimes.

Quant à moi, ma résolution était de me taire, et je me serais tu si l'on ne m'avait arraché à mon silence, et surtout si M. de Girardin n'avait décliné radicalement la paternité de l'œuvre.

Il l'eût acceptée que je n'eusse rien dit, et j'aurais laissé entrer cet enfant littéraire dans cette famille politique.

On aurait été un peu étonné de l'y voir tout seul au milieu de frères et de sœurs d'une tout autre race; on aurait murmuré mon nom pendant quelque temps, puis on n'aurait plus rien dit, car il vient toujours un moment où l'on ne dit plus rien, et M. de Girardin eût passé pour le père unique et véritable. Telles étaient mes intentions formelles.

Je me serais contenté de la conscience intime d'avoir exécuté une œuvre bonne, honnête, *utile*. La récompense du travail est dans le travail lui-même, et l'important pour l'art n'est pas qu'une œuvre soit de tel ou tel écrivain, mais qu'elle soit. Je l'ai dit souvent, et je le répète, je consentirais, pour ne produire que des chefs-d'œuvre, à ce que personne ne sût qu'ils sont de moi. J'accepterais même qu'on les attribuât à un autre.

Je renvoyai à M. de Girardin *ses* ou *mes* deux mille cinq cents francs, comme vous voudrez, et j'attendis sa préface, dernière preuve de cette liberté illimitée qu'il revendique pour lui seul en n'acceptant pas l'équité la plus élémentaire pour les autres. Quel argument pour le rédacteur de la *France!* Ma réponse faite, il me restera encore à voir si je dois mettre les tribunaux dans l'affaire, puisqu'il n'y manque plus que ça pour que la comédie que nous donnons au public soit complétement ridicule.

La voilà enfin, cette préface.

Je la regrette, je la déplore, non pour moi, je ne puis qu'y gagner, mais pour celui qui l'a écrite dans un moment de mauvaise humeur dont je ne puis deviner la cause, ou sous l'influence de mauvais conseils, ou par la seule habitude de la discussion. Elle me met dans la nécessité de convaincre publiquement d'erreur, de parti pris, d'illogisme, un homme dont je serrais la main depuis vingt ans, dont j'estimais le caractère et dont j'admire le talent. Je le fais contre mon gré. Il y a presque de la lâcheté à être trop dans son droit. *Summum jus, summa injuria.*

Je vais discuter cette préface, paragraphe par paragraphe, comme s'il s'agissait de l'Adresse. Je donnerai mes preuves à l'appui, et le public jugera, puisque M. de Girardin l'a choisi le premier pour juge.

Je laisserai de côté les théories dramatiques de mon adversaire. En art comme en tout, les meilleures théories sont celles qui réussissent. Aristote, Euripide, Shakespeare, Racine, Molière, ont établi des bases sur lesquelles nous vivons. Si M. de Girardin en trouve de meilleures, je serai le premier à m'en servir. Jusqu'à présent, il ne m'a pas convaincu. Passons.

Je lis (page 9 de la préface de M. de Girardin) :

« Ainsi s'explique comment j'ai consenti à ce
» qu'une œuvre *à laquelle je n'avais d'ailleurs pas*
» *attaché plus d'importance* qu'elle ne m'avait
» coûté d'efforts, fût retouchée par une autre
» main que la mienne. »

Je propose ce petit amendement :

« Ainsi s'explique comment *j'ai demandé*, » et non *consenti*, etc., ainsi qu'il résulte des explications que j'ai données dans cette réponse.

Voici qui est plus grave : même page :

« *Mais, au lieu de se borner à des coupures et à des remaniements de scènes, conditions restreintes dans lesquelles j'avais accepté l'offre de ce concours*, le collaborateur, qui ne peut se nommer, et que je ne puis nommer, mit trois semaines à faire rentrer dans le moule usé de la vérité factice les personnages dont j'avais demandé l'empreinte au moule toujours neuf de la vérité humaine. »

Erreur. J'avais carte blanche. J'ai déjà dit ce mot, et je le prouverai tout à l'heure. D'ailleurs un travail de coupures et de remaniements n'est pas mon affaire. De plus, il était impraticable. La maison n'était pas à étayer, mais à jeter bas et à reconstruire de fond en comble, ce que j'ai fait.

Pour ce qui est de mon nom, vous pouvez le dire, comme tout le monde le dit, comme je le dis moi-même. En mettant entre vous et moi mes traités avec le Gymnase, je faisais œuvre de délicatesse et de bon goût. Je voulais vous laisser à vous seul le succès de l'ouvrage, comme il convenait à un homme dans votre situation. Mon nom à côté du vôtre eût tiré la pièce à moi ; voilà pourquoi je ne me suis pas nommé. A votre tour, vous n'avez pas voulu signer une pièce qui n'était pas vôtre ; vous avez eu raison, et vous avez fait acte de dignité, comme j'avais fait acte d'abnégation. Quittance sur ce point. Excepté mon temps, ce bruit ne me fera donc rien perdre, surtout auprès de Montigny, de qui cette collaboration était connue. Il y consentait. Il sait mieux que personne quelle part doit me revenir dans le succès du *Supplice d'une femme*, et il en est heureux, Montigny étant pour moi non un directeur, mais un ami qui s'est montré souvent plus soucieux de ma renommée que de ses propres intérêts.

Page 10 :

« La pièce que j'ai lue, le 14 décembre 1864, au
» comité du Théâtre-Français, et qui a été reçue,
» c'est la mienne. »

Hélas ! me voici bien embarrassé. Comment dire publiquement à M. de Girardin qu'il se trompe, et que la pièce qu'il a lue, ce n'est pas celle qu'il avait faite, mais celle qu'il avait *refaite* à l'aide de mon manuscrit à moi, du 3 au 14 décembre ? Ce n'est plus *la sienne*, ce n'est pas encore *la mienne*, et ce n'est pas *la nôtre*, puisque

2.

je n'avais pas été convoqué à ce nouveau travail et que les deux manuscrits avaient été amalgamés par lui seul, sans ma participation, sans mon consentement de collaborateur, que je n'eusse pas donné, dans l'intérêt même de M. de Girardin. La pièce, la véritable pièce de M. de Girardin, est celle qui a été imprimée chez Serrière, rue Montmartre, 131, dont il existe plusieurs exemplaires, et qu'il nous a lue un soir chez lui. Je n'en connais pas d'autre.

Page 11 :

« Comment, aux répétitions, le manuscrit que » je n'avais pas admis a-t-il été SUBSTITUÉ au ma- » nuscrit que j'avais lu au comité ? »

Oh ! oh ! abus de confiance alors ! détournement de mineur ! Voilà bien une autre affaire ! Comment M. Édouard Thierry, directeur du Théâtre-Français, c'est-à-dire du premier théâtre du monde, administrateur au nom du gouvernement, fonctionnaire public, officier de la Légion d'honneur, représentant du ministre des Beaux-Arts et de la maison de l'Empereur, va-t-il recevoir et prendre une pareille accusation ?

Un manuscrit substitué à un autre contre le gré d'un auteur ! à son insu ! Pourquoi pas le vol avec effraction ? ce serait bien plus court.

Que de pareils arguments échappent dans un article politique, dans une discussion rapide sur laquelle on peut revenir le lendemain ; soit, et encore !... Mais ils ne sont pas de mise chez nous, et ils ne doivent pas trouver place en tête d'une œuvre durable, dont on n'attaque le succès que pour en revendiquer la plus grande part. Non, Monsieur, on n'a pas substitué mon manuscrit au vôtre pendant les répétitions. On a remplacé le vôtre par le mien, *avant les répétitions, avec votre consentement*, après une discussion de quatre heures, que j'ai rapportée plus haut, à laquelle vous assistiez, ainsi que M. Édouard Thierry, Régnier et moi, et comme le prouve cette lettre de M. Édouard Thierry à M. Régnier :

« Je vous envoie mon travail terminé, je ne
» veux pas dire définitif. Lisez-le. Voyez si ce que
» j'ai ajouté vous semble se fondre dans le texte
» et en épouser le mouvement. Coupez ce qui
» vous semblera long ou dangereux. M. de Gi-
» rardin ne vous en désavouera pas. Vous êtes
» pour lui la colonne et le pivot de la pièce ; vous
» en êtes le centre, vous en êtes le juge, et il
» vous laisse le maître d'en disposer à votre gré.
» *Il adopte le texte de Dumas fils, soit qu'on y*
» *puisse faire rentrer quelques-uns de ses dévelop-*
» *pements, soit qu'on ne réussisse pas à le faire.*

» Je me suis efforcé de concilier les deux textes
» où j'ai cru le pouvoir. Voyez maintenant,
» prenez votre plume, et renvoyez-moi le manu-
» scrit aussitôt que vous aurez donné votre coup
» d'œil et votre coup de main, afin qu'il aille tout
» de suite à la copie.

» Ed. Thierry.

» 19 mars 1865. »

Régnier donna le coup d'œil, mais ne voulut pas donner le coup de main. Il s'en remit à moi ; c'est donc sur moi seul que porte l'accusation.

Vous avez laissé passer là un mot malheureux, monsieur de Girardin, que je ne demande pas que vous rétractiez, un homme comme vous ne pouvant pas se rétracter ; mais, de mon autorité privée, je le raye de votre préface, dans tous les exemplaires passés, présents et à venir, ici et partout, et nul ne le lira plus parce que j'affirme le contraire.

Il me reste à répondre aux citations que M. de Girardin a faites de *sa pièce*. C'est par d'autres citations que je lui répondrai. Si je reporte celles-ci à la fin de ma réponse, au lieu de les intercaler comme a fait M. de Girardin, c'est pour ne pas ralentir le mouvement de mon récit. Procédé d'auteur dramatique. Et puis une comédie doit finir gaiement.

Je trouve dans la préface de M. de Girardin :

ACTE PREMIER

SCÈNE XI.

ALVAREZ, DUMONT, MATHILDE.

(*Voir la brochure, page* 12.)

SCÈNE XII.

ALVAREZ, MATHILDE.

(*Voir la brochure, de la page* 13 *à la page* 21.)

SCÈNE XIII.

ALVAREZ, seul.

(*Voir la brochure, page* 21.)

Et je trouve au commencement de la page 22 :
« Ainsi finissait le premier acte, etc., etc. »
Je cherche dans le manuscrit de M. de Girardin, celui qu'il nous a lu en petit comité, le seul que je connaisse, que j'aie jamais connu, avant d'avoir écrit ma pièce et même après l'avoir écrite, et je trouve :

ACTE PREMIER

SCÈNE XI.

Les Précédents, ALVAREZ, DUMONT,
MADAME LARCEY, MATHILDE.

MATHILDE.

Si je suis en retard, ce n'est pas ma faute, c'est la faute de ma nouvelle femme de chambre qui ne sait rien trouver.

MADAME LARCEY.

Ma chère, j'ai la loge.

DUMONT.

Quelle loge?

MADAME LARCEY.

La loge d'avant-scène pour la première représentation du *Mariage d'Olympe* qu'on donne ce soir au Vaudeville, et à laquelle Mathilde m'a dit qu'elle serait bien aise d'assister. Il y a quatre places.

DUMONT.

Impossible d'accepter.

MADAME LARCEY.

La raison?

DUMONT.

Alvarez dîne avec nous.

MADAME LARCEY.

Il y a une place pour lui.

DUMONT.

Et Larcey?

MADAME LARCEY.

Il est à la chasse. (On entend sonner sept heures.) Sept heures! déjà sept heures! Je me sauve, car c'est à peine si j'aurai le temps de dîner et de m'habiller. (A Dumont.) Je vous défends de me reconduire. (Mathilde sort avec madame Larcey.)

SCÈNE XII.

DUMONT, ALVAREZ.

ALVAREZ.

Quelle évaporée que cette femme! Quelle navette toujours en mouvement!

DUMONT.

C'est le monde... dont elle est la vivante et parfaite image. La vie est une étoffe dont le temps est la chaîne... il faut bien que le monde en soit la trame.

ALVAREZ.

Je n'en vois pas la nécessité.

DUMONT.

Oh! toi! l'indifférence personnifiée! tu ne vois la nécessité de rien... tu n'aimes rien...

SCENE XIII.

LES PRÉCÉDENTS, MATHILDE.

MATHILDE, apercevant Jeanne dans un petit coin où elle jouait

Que faites-vous donc ici, Mademoiselle? Je vous avais dit d'aller retrouver miss Brown.

ALVAREZ.

C'est moi qui ai sonné pour qu'on dise à Jeanne de descendre... et la chère petite est si sage que personne ne s'était aperçu qu'elle fût là dans un coin du salon... où elle jouait sans dire un mot.

MATHILDE.

Quelle nécessité de la faire descendre?

ALVAREZ.

Le jour de sa fête, n'est-ce pas le moins qu'elle dîne avec son parrain?

MATHILDE.

Vous savez que je suis opposée à ce que les enfants dînent ailleurs que dans la chambre de leur gouvernante.

ALVAREZ.

D'accord, mais par exception...

MATHILDE.

Dès qu'on ouvre la porte à l'exception, la règle y passe.

ALVAREZ.

Comme vous êtes doctorale, Madame!... et sévère pour cette pauvre enfant, qui, le jour de sa fête, au lieu de jouer pendant toute la soirée à côté de nous, va rester seule avec sa gouvernante...

DUMONT, à Mathilde.

Alvarez a raison... tu es trop sévère pour Jeanne... Mais qu'as-tu donc? tu as les yeux rouges... on croirait que tu as pleuré...

MATHILDE.

Non... je suis sortie... peut-être est-ce la poussière.

DUMONT.

Il a plu toute la nuit, il n'y a pas de poussière...

MATHILDE.

Alors, peut-être est-ce un coup d'air. (Apercevant sur la table l'écrin que Dumont a apporté.) Mais quel est cet écrin que je n'avais pas vu? (Regardant Henri.) Encore!

DUMONT.

Pourquoi ce mot : encore ?

MATHILDE.

Parce que tous les jours c'est un présent nouveau. (Elle ouvre l'écrin.) Ah! la magnifique parure d'émeraudes! le beau collier! la belle broche! l'admirable peigne! le délicieux bracelet! Et ce diadème d'impératrice! Henri, tu veux donc faire mourir d'envie toutes les femmes de mes amies qui disent, en te voyant dépouiller ainsi pour moi tous les bijoutiers de Paris, que ce n'est plus de la générosité, mais de la prodigalité...

DUMONT.

Laisse-les dire, chère amie... Est-ce que toutes les perles de la mer, tous les diamants, les rubis, toutes les émeraudes de la terre pourraient jamais valoir l'inépuisable bonheur que me donne ton ineffable tendresse? N'est-ce pas la fête de Jeanne? Donc c'est aussi ta fête, car la fille et la mère sont inséparables dans mon cœur... N'êtes-vous pas les deux anges de ma vie? (Il ouvre ses bras à Mathilde, l'embrasse avec effusion, prend Jeanne dans ses bras et l'embrasse aussi. A Alvarez.) Que te disais-je tout à l'heure, Jean, lorsque je te conseillais de te marier! Allons, marie-toi donc...

SCÈNE XIV.

(Qui termine l'acte.)

Les Précédents, un Valet de Chambre.

LE VALET DE CHAMBRE.

Madame est servie.

DUMONT.

Jean, donne le bras à ma femme... Jeanne, donne-moi la main...

ALVAREZ.

Attendu que c'est la fête de Jeanne... à elle aujourd'hui de passer la première. (Dumont et Jeanne vont en avant.)

ALVAREZ.

Vous n'avez qu'une idée... c'est de tenir cette enfant à l'écart.

MATHILDE.

Et vous qu'une pensée, c'est d'en faire un instrument de supplice pour me torturer.

FIN DU PREMIER ACTE.

C'est ici qu'il y a substitution, car la scène entre Mathilde et Alvarez, dans le manuscrit que je cite, *le seul que je connaisse, etc., etc.*, commence la pièce au lieu de la terminer. Je la trouve ainsi formulée :

SCÈNE III.
ALVAREZ, JEANNE, MATHILDE.

JEANNE, courant vers Mathilde.

Maman, regarde donc la belle poupée et le beau panier à ouvrage que mon parrain m'a donnés.

MATHILDE, avec impatience.

Oui, oui, elle est très-belle et il est très-beau !

ALVAREZ.

D'où venez-vous donc ?

MATHILDE.

Je viens de faire des visites.

ALVAREZ.

Je vous avais dit que je serais ici à cinq heures.

MATHILDE.

Il n'est pas cinq heures.

ALVAREZ.

Il en est six...

MATHILDE.

Déjà six heures !

ALVAREZ.

Il paraît que ce n'est qu'avec moi que le temps vous semble long !

MATHILDE, à mi-voix.

Allez-vous encore me faire une scène ? (Haut à Jeanne.) Jeanne, allez dans votre chambre rejoindre votre gouvernante.

JEANNE.

Chère maman, permets-moi, je t'en prie, de ne pas quitter mon cher petit parrain.- Il est si bon, il m'aime tant... et je l'aime tant !

MATHILDE.

Quand je vous dis de faire une chose, Mademoiselle, vous devez la faire sans répliquer.

ALVAREZ.

La chère enfant se plaît avec nous... Pourquoi la renvoyer si sèchement?

MATHILDE.

Un enfant de son âge ne doit pas avoir d'autres volontés que celle de sa mère. Puis il faut qu'on l'habille pour le dîner.

JEANNE.

Mais, maman, je suis déjà habillée; tu ne le vois donc pas?

MATHILDE.

Eh bien! alors, Mademoiselle, puisque vous êtes habillée, allez embrasser votre père. (Jeanne s'éloigne lentement et la tête basse, emportant sa poupée et son panier à ouvrage; mais elle rentre, embrasse Alvarez et sort.)

SCÈNE IV.

ALVAREZ, MATHILDE.

ALVAREZ, avec une fureur concentrée.

C'est pour me blesser que vous dites à Jeanne d'aller embrasser son père... Ne pourriez-vous donc, Madame, éviter de prononcer devant moi cet odieux mot?

MATHILDE.

De quel mot, Monsieur, voulez-vous donc que je me serve?

ALVAREZ.

De celui que vous voudrez, mais pas de celui-là.

MATHILDE.

Il n'y en a pas d'autre.

ALVAREZ.

Trouvez-en un.

MATHILDE.

Comment voulez-vous que je dise à Jeanne d'aller embrasser son père?...

ALVAREZ.

Vous savez bien que votre mari n'est pas son père, puisqu'elle est ma fille!

MATHILDE.

Voulez-vous donc que je dise à cet enfant de six ans : « Allez embrasser l'ami d'enfance... de l'amant de votre mère?... »

ALVAREZ.

Dites ce que vous voudrez, Madame ; cela vous regarde et ne me regarde pas.

MATHILDE.

Vous faites de mon existence un supplice !

ALVAREZ.

Vous faites de ma vie un martyre !

MATHILDE.

De quoi vous plaignez-vous ?

ALVAREZ.

Je me plains de ce que vous ne m'aimez pas et de ce que vous adorez votre mari.

MATHILDE, avec hauteur.

Et quand cela serait, Monsieur !

ALVAREZ.

Vous n'en avez pas le droit.

MATHILDE.

Je n'ai pas le droit d'aimer mon mari ?

ALVAREZ.

Non.

MATHILDE.

Et cependant si cela était ?

ALVAREZ.

Ah ! si j'en étais sûr, je vous tuerais !

MATHILDE.

Tuez-moi donc tout de suite : c'est tout ce que je souhaite. Je serais délivrée de cette vie qui n'est plus pour moi qu'un long tourment.

ALVAREZ.

Oh ! je le sais bien... Aussi, quelque ardente que soit ma jalousie, quelque violent que soit mon caractère, je saurai me contenir, et cette vengeance que vous appelez ne sera pas la mienne.

MATHILDE.

Que ferez-vous donc ?

ALVAREZ

Ce que je ferai ?

MATHILDE.

Oui.

ALVAREZ.

J'emmènerai ma fille.

MATHILDE.

Vous n'en avez pas le droit !

ALVAREZ.

Si je ne l'ai pas, je le prendrai..

MATHILDE.

Que dirait mon mari ?...

ALVAREZ.

Votre mari dirait ce qu'il voudrait... Quand vous m'exaspérez, tout ce que je souhaite, c'est une explication et une rupture avec lui... Ces efforts continuels que, par condescendance pour vous, il me faut faire pour me contenir et me contraindre quand il est là... toujours là... me sont odieux... Cette contrainte de chaque instant, cette dissimulation de tous les jours, s'aigrissent au fond de mon cœur, y fermentent et s'y changent en haine... Votre mari... je le hais !

MATHILDE.

Vous... le haïr ! c'est impossible, après ce que vous avez fait pour lui...

ALVAREZ.

Ce que j'ai fait, ce n'était pas pour lui, c'était pour vous...

MATHILDE.

Mais est-ce qu'Henri n'était pas votre ami d'enfance, votre camarade de collège ?

ALVAREZ.

Ne l'appelez pas Henri, Madame, je vous le défends.

MATHILDE.

En vérité, je ne sais plus quel nom lui donner quand je vous parle de lui. Si je l'appelle *mon mari*, vous vous emportez ; si je l'appelle Henri, vous devenez furieux... Il n'y a pas de mari insupportable dont le joug ne me parût moins odieux que le vôtre... Que parliez-vous donc tout à l'heure des efforts que vous faisiez pour vous contenir !

ALVAREZ.

La nature est plus forte que la volonté... Comment voulez-vous que je me contienne? vous faites tout ce qu'il faut pour m'irriter.

MATHILDE.

Que fais-je?

ALVAREZ.

Vous ne pensez qu'à votre mari... qu'à votre Henri... et jamais à moi... Vous n'avez de soins, de tendresses, de préoccupations que pour lui!

MATHILDE.

N'est-ce pas tout naturel? Il semble que vous ayez pris à tâche de me le faire aimer par la comparaison de son caractère avec le vôtre, si ombrageux, si défiant, si jaloux, si emporté...

ALVAREZ.

Ah! si vous m'aimiez, je n'aurais pas tous ces défauts que vous me reprochez et qui vous déplaisent... mais vous ne m'aimez pas... vous ne m'avez jamais aimé!...

MATHILDE.

Alors comment expliquez-vous que je me sois mise dans la situation qui m'a brisée?

ALVAREZ.

C'est ce qu'il y a de plus simple à expliquer. Ce n'est pas mon amour qui a triomphé enfin de votre indifférence, c'est mon dévouement.

MATHILDE.

Quelle volupté éprouvez-vous donc à me répéter tous les jours la même chose?

ALVAREZ.

Ah! c'est que je voudrais vous faire dire le contraire... c'est que je voudrais douter de ce dont je suis sûr... Mais la vérité est là qui m'assiége et me poursuit sans cesse... Oui... oui... si le lendemain de la révolution de Février je n'avais pas versé dans la caisse de votre mari...

MATHILDE.

De votre ami.

ALVAREZ.

De votre mari... ce qu'il fallait pour payer ses acceptations, jamais je n'eusse été...

MATHILDE, avec indignation et fierté.

Votre amant... dites le mot, Monsieur! osez le dire... Vous m'avez donc achetée!

ALVAREZ.

Je vous aimais. L'amour est une flamme qui purifie tout.

MATHILDE.

Pourquoi donc la flamme du vôtre m'a-t-elle flétrie?

ALVAREZ.

Vous m'insultez! vous me bravez!

MATHILDE.

Jean, pardonnez-moi une offense qui m'est échappée... J'ai eu tort... je le reconnais et je l'avoue. Quelque abusive que soit votre domination poussée sur moi jusqu'à la tyrannie, je ne dois jamais oublier l'immense service que vous avez rendu à mon mari.

ALVAREZ.

Pas de phrases, Madame... Je vous le répète, ce n'est pas votre mari que j'ai voulu sauver...

MATHILDE.

C'est donc moi que vous avez voulu perdre?

ALVAREZ.

J'avais tout essayé, sans y réussir, pour vous faire partager cette ardente passion qui me dévorait, qui me dévore plus que jamais, que rien n'a assouvie; que rien n'a calmée; il n'y avait que l'exaltation de la reconnaissance causée par un grand service rendu... qui pût faire cesser votre froideur...

MATHILDE.

Alors vous vous êtes dit...

ALVAREZ.

Je ne me suis rien dit... je n'ai rien calculé. J'ai couru chez mon agent de change, et, sans hésiter, sans réfléchir, sans rien écouter de ce qu'il me disait pour m'en détourner, je lui ai donné l'ordre de vendre à tout prix tous mes titres.

MATHILDE.

Combien de fois mon mari, les larmes aux yeux, ne m'a-t-il pas cité ce beau trait d'amitié avec des transports d'admiration!

ALVAREZ.

Ce mot... toujours ce mot : mon mari... Ne vous en déshabituerez-vous donc jamais?

MATHILDE.

Et vous, ne cesserez-vous donc jamais d'en être jaloux?

ALVAREZ.

Comment ne le serais-je pas? N'ai-je pas sur vous autant de droits que lui?

MATHILDE.

Je porte son nom.

ALVAREZ.

Mais vous êtes la mère de ma fille ! vous ne pouvez le nier ! vous me l'avez dit.

MATHILDE.

Si je vous l'ai dit, c'était pour vous calmer dans un de ces emportements qui me font toujours craindre que vous ne deveniez fou... tout à coup... comme votre pauvre père, qu'un subit accès de folie a enlevé en quelques heures...

ALVAREZ.

Qu'importe que mon père ait perdu la raison ! moi je n'ai pas perdu la mémoire... Je n'ai pas oublié vos reproches, vos remords, votre désespoir, le jour où vous vouliez vous ôter la vie pour ne pas la donner à mon enfant !

MATHILDE.

Ah ! que n'ai-je eu le courage de le faire !

ALVAREZ.

Je n'ai pas oublié que cet enfant que j'aime autant que sa mère, que cet enfant que j'idolâtre, vous l'avez mise au monde à la date précise qu'avait marquée le premier et le plus cher de mes souvenirs. Je n'ai pas oublié à combien d'instances il vous a fallu résister de la part de votre protestant de mari, lorsque, cédant à mes supplications les plus pressantes pour que ma fille fût au moins ma filleule... vous avez exigé que Jeanne fût catholique comme votre mère, comme vous, comme moi... N'est-ce donc pas là une preuve ?

MATHILDE.

Invoquer cette prétendue preuve contre l'ami qui vous a fait le sacrifice le plus grand qu'il pût faire... celui de consentir que Jeanne fût de votre religion uniquement afin qu'elle pût vous donner ce nom : mon parrain... ce serait une indignité, ce serait une infamie ! Vous ne l'oseriez pas !

ALVAREZ.

Détrompez-vous !... J'oserais tout contre votre mari s'il avait jamais l'audace, l'imprudence de venir plaider que ma fille est la sienne ! Ah ! le jour où, cité devant un tribunal, je viendrais publiquement affirmer qu'elle m'appartient et qu'elle ne lui appartient pas, qui en douterait ? Si cela n'était pas la vérité, quel intérêt aurais-je à déshériter ma famille... pour enrichir... une petite fille qui ne serait pas mon enfant ?

MATHILDE.

Tribunal ! procès ! condamnation ! vous n'avez jamais à la bouche que ces horribles mots... que ces horribles menaces.

ALVAREZ.

Aimez-moi, et ces mots, ces menaces ne me viendront plus jamais ni aux lèvres ni même à l'esprit.

MATHILDE.

Cela dépend de vous.

ALVAREZ.

De moi ?

MATHILDE.

Oui, de vous, en ne me glaçant pas d'effroi chaque jour, à chaque instant... comme vous le faites... par la crainte d'un éclat qui déshonorerait mon mari...

ALVAREZ.

Et qui l'obligerait à se séparer de vous... Vous seriez donc bien malheureuse, Madame, de vous séparer de lui?

MATHILDE.

C'est une honte à laquelle, vous le savez, je ne survivrais pas.

ALVAREZ.

Oui, je le sais bien... Si je n'en eusse pas été certain, il y a longtemps que j'aurais tout fait pour provoquer cette séparation que vous redoutez tant et qui nous eût à jamais unis l'un à l'autre, ayant entre nous pour lien indissoluble notre chère petite Jeanne.

MATHILDE.

Les tribunaux dont vous me menacez... s'ils condamnaient la mère, ne lui laisseraient pas sa fille... que gagneriez-vous donc au scandale qui me perdrait?

ALVAREZ.

Vous me demandez ce que j'y gagnerais ?... J'y gagnerais d'abord la pleine possession... la libre disposition de ma fille, élevée par moi et m'appelant enfin son père... J'y gagnerais de vous avoir à moi... toute à moi...

MATHILDE.

A ce prix... jamais !

ALVAREZ.

Flétrie par un arrêt vous condamnant à la prison ignominieuse où la justice enferme les femmes qu'elle a convaincues d'adultère... séparée de votre mari... chassée de votre famille... repoussée du monde... vous ne tarderiez pas à changer de sentiment et de langage... Vous ne diriez plus : Jamais!... Enfin j'y gagnerais de rendre à votre mari toutes les cruelles souffrances que je lui dois...

MATHILDE.

Il les ignore !

ALVAREZ.

Eh! que m'importe qu'il les ignore! En ai-je donc moins souffert?

MATHILDE.

Aveugle que vous êtes. Croyez-vous donc que Henri attendrait le jour et l'éclat d'un procès motivé par l'enlèvement de Jeanne pour vous demander réparation, les armes à la main, de la perte de ses illusions... Je ne dis pas de son honneur, car l'honneur d'un homme est dans sa conduite ; il n'est pas dans la conduite de la femme à laquelle il a donné son nom !

ALVAREZ.

Eh bien! nous nous battrions!

MATHILDE.

Et si vous le tuiez?

ALVAREZ.

Eh bien! je le tuerais.

MATHILDE.

Mais non... non... Henri ne se battrait pas avec vous...

ALVAREZ.

Et pourquoi donc?

MATHILDE.

Parce qu'il est votre obligé, Monsieur !

ALVAREZ.

Vous savez bien, Madame, qu'il ne l'est plus. Vous

savez bien qu'en 1852 Henri a voulu absolument me rembourser, sur sa part de bénéfice et avant tout partage, la perte que j'avais réalisée en 1848.

MATHILDE.

Cela ne détruit pas le service rendu.

ALVAREZ.

Faut-il donc vous répéter encore une fois que Henri est mon associé, mais qu'il n'est pas mon obligé !... Qu'ai-je fait ?

MATHILDE.

Vous lui avez prêté onze cent mille francs.

ALVAREZ.

Non, je ne lui ai rien prêté... j'ai versé onze cent mille francs dans sa caisse, mais le même jour je suis devenu son associé par moitié... C'est lui qui a voulu qu'il en fût ainsi... C'est lui qui a voulu que la maison Dumont s'appelât à l'avenir la maison Dumont, Alvarez et Cie. Ma mise de fonds m'a déjà rapporté plus de quatre millions... Vous voyez donc que rien n'eût empêché Henri, votre Henri, votre cher Henri... de se battre avec moi...

MATHILDE.

Avec son associé ! avec son camarade de collége ! Et le monde, qu'en eût-il pensé et qu'eût-il dit ?

ALVAREZ.

Le monde !... vous ne pensez jamais qu'à lui ; moi, je ne pense qu'à vous... je ne pense qu'à toi, Mathilde. Je t'aime tant !

MATHILDE.

Jean, ne pouvez-vous donc m'aimer avec plus de calme et de raison ?

ALVAREZ.

C'est impossible.

MATHILDE.

C'est de la démence.

ALVAREZ.

Démence ou jalousie, qu'importe l'expression! Le soir, quand, au sortir de l'Opéra ou des Italiens, au bas de l'escalier, tu quittes mon bras pour prendre le sien et monter dans ta voiture, quand j'entends les chevaux s'éloigner, quand je le vois te ramener chez toi... chez lui... je ne vis plus, je ne me possède plus, je brûle, je tremble, j'écume ; je ne sais plus que faire, je ne sais que devenir, je ne sais où aller... Ma maison vide m'est odieuse... M'arrive-t-il d'entrer à mon cercle pour ne pas rentrer chez moi... je ne puis m'asseoir à une table de jeu sans gagner toutes les parties. Je sors honteux, — comme si je les avais volées, — des sommes que j'emporte... Tout ce que je touche se change en or sous mes doigts. J'ai un bonheur insensé, et cependant il n'y a pas sur la terre un homme aussi malheureux que moi...

MATHILDE.

Vous vous l'imaginez...

ALVAREZ.

Non, je le sens... Je sens que mes forces et ma patience sont à bout.

MATHILDE.

Que voulez-vous dire ?

ALVAREZ.

Que cela ne peut plus durer ainsi...

MATHILDE.

Mais voilà sept ans que cela dure.

ALVAREZ.

Il y a sept ans, vous n'étiez pas si tendre pour votre mari que vous l'êtes devenue.

MATHILDE.

C'est la jalousie qui vous fait le supposer. Je suis ce que j'ai toujours été.

ALVAREZ.

Mathilde, vous ne dites pas la vérité... Parvinssiez-vous à tromper la vigilance de mes yeux, que vous ne réussiriez pas à tromper la clairvoyance de mon cœur... Soyez vraie, Mathilde ! soyez vraie ! Avouez-moi que vous aimez Henri plus que vous ne l'aimiez avant que...

MATHILDE.

Avant que je fusse votre maîtresse... J'a... chève votre phrase.

ALVAREZ.

Avant que vous fussiez ma femme... car légitimement, Mathilde, tu es ma femme.

MATHILDE.

Moi !... votre femme ?

ALVAREZ.

Oui ! car il n'y a de vrai mariage que celui que la nature a consacré par la naissance d'un enfant. Légalement, tu es la femme de Henri Dumont ; mais légitimement, tu es la femme de Jean Alvarez.

MATHILDE.

Ce que vous dites là est une phrase de mélodrame. Il doit y avoir quelque vieux mélodrame ayant pour titre : *la Femme à deux Maris !*

ALVAREZ.

Garde-toi de railler un amour tel que le mien. Ah! dis-moi, Mathilde, dis-moi que tu m'aimes autant que tu aimes Henri!

MATHILDE, embarrassée et hésitante.

C'est la centième fois que vous me forcez à vous le répéter...

ALVAREZ.

Dis-moi que tu m'aimes plus!

MATHILDE.

C'est un autre sentiment.

ALVAREZ.

Lâche! tu n'oses pas avouer la vérité! Tu n'oses pas avouer que tu l'aimes et que tu ne m'aimes pas.

MATHILDE.

Si cela était, ce serait... votre faute.

ALVAREZ.

Comment?

MATHILDE.

Vous me le demandez, je vais vous le dire! Vous m'avez appelée lâche, je vais être franche.

ALVAREZ.

Oui... Sois-le donc... Ose donc l'être!

MATHILDE.

Cela est vrai, quand je me suis mariée, ou plutôt quand mes parents m'ont mariée, j'ai épousé M. Dumont sans amour et sans haine, sans préférence ni répugnance; je l'ai épousé uniquement parce qu'il avait demandé ma main, qu'il avait une belle fortune et que j'avais une belle dot; que c'était, pour l'un et pour l'autre, un mariage parfaitement convenable. Mon mari était très-occupé et ne semblait ne penser qu'à ses occupations de banque ; j'étais jeune, je ne songeais, moi, qu'aux plaisirs que m'offrait le monde, où j'étais recherchée, fêtée, gâtée... Vous veniez souvent, je vous recevais...

ALVAREZ.

Mais comment me receviez-vous ?

MATHILDE.

Amicalement.

ALVAREZ.

Vous étiez glaciale !

MATHILDE.

J'étais indifférente.

ALVAREZ.

C'est ce qu'il y a de pis.

MATHILDE.

Pourquoi eussé-je été autrement ?

ALVAREZ.

Parce que je vous avais dit que je vous aimais.

MATHILDE.

Suffit-il donc qu'un homme dise à une femme qu'il est amoureux d'elle, pour qu'elle doive aussitôt se passionner pour lui ? La belle raison !

ALVAREZ.

Est-ce qu'il y en a une meilleure pour être aimé que d'aimer éperdument ? Je vous aimais... et je t'aime, Mathilde, comme jamais aucune femme n'a été aimée d'aucun homme.

MATHILDE.

Quand cela serait vrai, est-ce un motif pour tout immoler à votre passion ?

ALVAREZ.

La passion ne calcule rien !

MATHILDE.

Ce n'est pas son éloge, c'est sa condamnation.

ALVAREZ.

Condamnation ou éloge, elle est ainsi.

MATHILDE.

Pour essayer de vous justifier, vous dites que Henri n'est plus votre ami ; mais il l'était alors, et l'amitié...

ALVAREZ.

L'amitié ! Qu'est-ce que l'amitié aux prises avec l'amour ? C'est de l'eau tiède comparée à la vapeur, qui triomphe de tous les obstacles, de toutes les résistances... Et d'ailleurs, entre vous et Henri, il ne semblait pas qu'il existât rien de plus qu'une affectueuse communauté d'intérêts...

MATHILDE.

Oui, cela est vrai. Pendant les premières années de mon mariage, je pensais plus souvent au monde et à ses fêtes qu'à mon mari, qui, afin d'être plus libre de s'adonner à ses affaires, ne contrariait aucun de mes goûts. Pour que j'aie apprécié la bonté inaltérable de son caractère, l'étendue de sa raison, l'élévation de son esprit, la loyauté de tous ses actes, la noblesse de tous ses sentiments, la dignité qu'i mettait dans la confiance dont il m'honorait, et dont il n'a jamais cessé de me croire digne, il a fallu que je fusse aux prises avec un caractère violent et défiant tel que le vôtre, avec une passion telle que votre passion, qui descend et qui monte à chaque instant de la menace à la supplication et de l'injure à l'idolâtrie... qui, dans ses égarements, dans ses excès, est capable de tout... oui, de tout... même d'un crime !

ALVAREZ.

Et c'est là ce qui vous fait trembler, je le sais !... car à peine veniez-vous d'être à moi, que le désespoir le plus violent s'emparait de vous et me livrait le secret de toutes vos craintes et de tous vos remords... Ah ! sans la naissance de Jeanne et la terreur que je vous inspire, il y a longtemps que vous m'eussiez échappé... il y a longtemps que vous m'eussiez éconduit... il y a longtemps que vous m'eussiez brouillé avec votre auguste époux et que vous m'eussiez fermé votre porte !... Ah ! ah ! ah ! (Il ricane avec fureur.) Il y a longtemps que vous m'eussiez brisé comme je brise cette coupe... (Il brise une coupe placée sur une table).

MATHILDE.

Jean ! que faites-vous ? Si mon mari vous entendait !... Si mon mari entrait !...

ALVAREZ.

Eh bien ! il entrerait ! Eh bien ! il entendrait ! Tant mieux ! ce serait la fin d'une situation qui ne peut plus se prolonger... Et, d'ailleurs, de qui aurait-il à se plaindre ? Il apprendrait de votre bouche qu'il a toutes les qualités, toutes les vertus, et que j'ai tous les défauts, tous les vices ! Il apprendrait qu'il est l'homme que vous adorez, et que je suis l'homme que vous redoutez ! Il apprendrait que vous ne me subissez que par dévouement pour lui et par crainte de voir ternir son auréole genevoise ! Il apprendrait enfin que vous n'aimez pas votre fille... parce qu'elle n'est pas la sienne.

MATHILDE.

Vous dites que je n'aime pas ma fille?... C'est faux.

ALVAREZ.

Non, vous ne l'aimez pas... ou du moins vous ne l'aimez pas comme je l'aime... S'il fallait donner votre vie pour sauver l'un des deux, votre fille ou votre mari, ce serait Henri... votre Henri... que vous sauveriez... et ce serait Jeanne... ma Jeanne... que vous laisseriez périr ! Ah ! dites donc que je ne vous connais pas...

MATHILDE.

Cela fût-il vrai que je ne ferais que racheter un tort et accomplir un devoir.

ALVAREZ.

Grands mots empruntés au vocabulaire de toutes les femmes coupables.

MATHILDE.

Après m'avoir déshonorée, injuriez-moi aussi, Monsieur !

ALVAREZ.

C'est vous, Madame, qui venez de m'insulter.

MATHILDE.

De quelle manière ?

ALVAREZ.

En me disant que vous me haïssiez et que vous me méprisiez.

MATHILDE.

Je ne vous l'ai pas dit.

ALVAREZ.

Je l'ai lu au fond de votre pensée.

MATHILDE.

Cela serait, que vous m'avez fait assez souffrir pour que cela fût juste...

ALVAREZ.

Ce que vous avez souffert n'est rien en comparaison, je vous en préviens, de ce que je vous prépare.. Quel âge avez-vous? Vingt-huit ans... Vous avez encore douze ans de beauté... Eh bien! ces douze années de règne seront douze années de martyre... Il y aurait là un bûcher que je vous y ferais monter et que j'y mettrais moi-même le feu... car vous m'avez pris ma raison... je n'en ai plus.

MATHILDE.

Taisez-vous! taisez-vous! J'ai entendu une porte s'ouvrir... Si c'était Henri! (Un instant de silence.) Heureusement, ce n'est personne...

ALVAREZ.

Ah! Mathilde! Mathilde, pardonne-moi! je ne savais ce que je disais. Mais toi, tu ne sais pas jusqu'où peuvent aller les transports d'un amour aiguisé par l'humiliation de sentir qu'il n'est pas partagé! Aime-moi et je deviendrai confiant comme Henri, doux comme Henri, bon comme Henri... Tu n'auras plus rien à redouter de moi... Je me tiendrai dans l'ombre... Je ne ferai aucun éclat : je renoncerai au rêve de mes nuits, celui d'enlever Jeanne et de briser par un scandale judiciaire cet odieux lien qui fait que c'est lui, M. Dumont, que ma fille appelle son père, et qu'il faut, quand il est là, que je te dise : Madame.

MATHILDE.

Jean, combien de fois ne vous ai-je pas pardonné? Une semaine, une seule, s'est-elle jamais écoulée, depuis sept ans, sans que vous ayez commencé par me menacer et sans que j'aie fini par où je vais finir encore?

ALVAREZ.

Cette fois, ce sera la dernière, je te le promets.

MATHILDE.

Dites que c'est un anneau de plus que je vais ajouter à ma chaîne, déjà si lourde et si longue.

ALVAREZ.

Et tu fais bien! car s'il y a des liens indissolubles qu'on peut rompre, il y a des chaînes qu'on ne saurait briser.

MATHILDE.

Oui, ce sont celles qu'on a mérité de porter... Mais, pour oublier, parlons d'autre chose... (Avec impatience.) Parlez-moi donc!

ALVAREZ.

De quoi veux-tu que je te parle? Quand tu es là... près de moi... devant mes yeux... je ne sais... je ne trouve qu'un mot... C'est le mot : Je t'aime...

MATHILDE.

Qu'a fait la Bourse?

ALVAREZ.

Elle a monté... Non, elle a baissé.

MATHILDE.

Quel temps fait-il?

ALVAREZ.

Un temps brumeux... Vous le savez bien, puisque vous êtes sortie...

MATHILDE.

Ah ! c'est vrai, et vous m'en faites souvenir... Je n'ai que le temps d'aller changer vite de robe pour le dîner... Je reviens.

ALVAREZ.

Je ne te laisse pas partir que je ne t'aie embrassée, et que tu ne m'aies dit : « Je te pardonne... »

MATHILDE.

Je vous pardonne... Mais ne me retenez pas. (Il l'embrasse. Elle s'éloigne.)

SCÈNE V.

ALVAREZ, seul.

Je ne pourrai donc jamais me corriger de mes emportements. Ah ! qu'au lieu d'être né en Espagne, on est heureux d'être né en Suisse ! Ces Genevois, comme Henri, ce n'est pas du sang qu'ils ont dans les veines, c'est de la neige. Ils ont bien raison d'être ainsi, car les femmes n'aiment que les hommes qui ne les aiment pas... L'idéal des femmes, c'est une âme glacée... Ce qui devrait les glacer les brûle, et ce qui devrait les brûler les glace... Elles trouvent que ce qui est passionné n'est pas distingué. La distinction ! voilà l'ombre à laquelle même les moins vaporeuses sacrifient tout... Henri est distingué, et je suis passionné... Je suis jaloux, et il ne l'est pas... C'est là son avantage, et c'est là mon tort ; aussi l'aime-t-on, lui, comme s'il était l'amant, et moi ne fait-on que me supporter... comme si j'étais le mari... Ce sont les deux rôles renversés... Ah ! si j'étais raisonnable, je prendrais une grande et irrévocable résolution... Je me marierais... Me marier !... Jeanne... ma chère petite Jeanne que j'aime tant... la priver de ma fortune... Jamais... jamais...

(Il sonne.)

Continuons.

Je trouve dans la préface de M. de Girardin :

ACTE DEUXIÈME

SCÈNE IV.

MATHILDE, après une pause marquée.

(*Voir la brochure, page* 23.)

SCÈNE V.

DUMONT, MATHILDE.

(*Voir la brochure, page* 24 *et suivantes.*)

Je cherche dans le manuscrit que M. de Girardin nous a lu en petit comité, — le seul dont j'aie jamais eu connaissance, etc., etc., et je trouve :

SCENE VI.
MATHILDE, MADAME LARCEY.

MADAME LARCEY.

Bonjour, ma chère, je viens vous remercier pour ma fille.

MATHILDE.

Où donc est-elle ?... Est-ce que vous ne l'avez pas amenée ?... Est-ce que Claire serait malade ?

MADAME LARCEY.

Si Claire avait été malade, je ne serais pas venue... Jeanne a arrêté Claire au passage et l'a retenue. Jeanne retient tous les enfants qui entrent et leur fait un présent... Elle a donné à ma fille un singe qui joue du violon... Les marchands de jouets ne savent qu'inventer.

MATHILDE.

Est-ce qu'il y a déjà beaucoup de danseuses d'arrivées ?

MADAME LARCEY.

Elles arrivent toutes ensemble avec leurs gouvernantes et quelques-unes avec leurs mères... On dit qu'au mois de septembre il n'y a personne à Paris... Cela n'empêche pas qu'il y ait une file de voitures presque aussi longue qu'à une de vos soirées en pleine saison d'hiver... Votre petite Jeanne est un amour. Ah ! ma chère, que vous êtes heureuse !

MATHILDE.

Qu'en savez-vous, Léonie ? Les plus beaux fruits sont souvent ceux qu'un ver choisit pour les ronger.

MADAME LARCEY.

Que dites-vous donc là ? Rien ne manque à votre bonheur ? Vous étiez mariée depuis trois ans... vous n'aviez pas d'enfant... vous regrettiez de n'en pas avoir... Vous le disiez... vous me l'avez dit... vous ne vous en souvenez plus ; mais moi, je m'en souviens. Eh bien ! au moment où vous paraissiez ne plus oser l'espérer, ce que vous souhaitiez si vivement vous est donné... Vos vœux sont comblés, vous avez une fille... et cette fille est un ange ! Vous avez un mari charmant qui semble n'avoir qu'une pensée, celle d'aller au-devant de tous vos désirs et de vous poser sur un piédestal de millions... Vous avez les plus belles parures, un magnifique hôtel, les voitures les mieux attelées, une immense fortune !

MATHILDE.

Vous exagérez, Léonie.

MADAME LARCEY.

Non, je dis la vérité... Votre mari a dix millions au moins.

MATHILDE.

Vous dites mon mari... c'est la maison qu'il faut dire.

MADAME LARCEY.

Soit, la maison. Mais votre mari n'a qu'un associé, et cet associé aime Jeanne comme si elle était sa fille. Aussi le monde dit-il que, pour lui laisser toute sa fortune, M. Alvarez ne se mariera jamais.

MATHILDE.

Ah ! le monde dit cela ?

MADAME LARCEY.

Il faut bien que le monde jase, ma chère... S'il ne disait pas de mal, il en ferait, et il vaut encore mieux qu'il n'en fasse pas et qu'il en dise.

MATHILDE.

En dire, c'est quelquefois en faire.

MADAME LARCEY.

Bah! bah! moquez-vous donc de tout ce qu'on dit.

MATHILDE.

Qu'est-ce qu'on dit donc encore?

MADAME LARCEY.

Mais vous le savez bien, ma chère!

MATHILDE.

Non, je vous jure, je n'en sais rien.

MADAME LARCEY.

Eh bien! l'on dit... mais en l'air et vaguement, que M. Alvarez, auquel on ne connaît aucune maîtresse, a une passion folle pour vous, et l'on ajoute...

MATHILDE.

Qui dit cela?

MADAME LARCEY.

Trois ou quatre femmes... qui vous envient... celles qui vous flattent le plus quand elles viennent chez vous.

MATHILDE.

Qu'ajoutent-elles?

MADAME LARCEY.

Qu'il n'est pas possible qu'une si grande passion ne finisse pas par vous toucher...

4.

MATHILDE.

Elles disent cela?... Elles parlent de moi?...

MADAME LARCEY.

Ça vous étonne ! ça ne devrait pas vous étonner, car M. Alvarez ne vous quitte pas plus que son ombre. Allez-vous à l'Opéra, il est dans votre loge ; allez-vous à quelque petit spectacle, on est toujours sûr de l'apercevoir derrière vous.

MATHILDE, vivement.

Et derrière mon mari. Il ne m'est pas arrivé une seule fois de sortir avec M. Alvarez.

MADAME LARCEY.

C'est précisément ce qu'on a remarqué... Les méchantes langues disent que vous ne mettriez pas tant d'affectation à ménager les apparences si elles ne cachaient rien.

MATHILDE.

Et si je ne les ménageais pas, qu'est-ce qu'on dirait ?

MADAME LARCEY.

On dirait la même chose, avec cette seule différence, qu'on ajouterait que vous les bravez.

MATHILDE.

Qu'y a-t-il donc à faire pour désarmer la médisance ?

MADAME LARCEY.

Rien... Quand on enterrerait la médisance, qu'est-ce qu'on y gagnerait, ma chère ? Est-ce que la calomnie ne lui survivrait pas ?

MATHILDE.

Oh ! c'est bien différent.

MADAME LARCEY.

Entre la calomnie et la médisance, où est la différence ?

MATHILDE.

Elle est énorme... Elle est aussi grande que celle qui existe entre l'hypocrisie et la vertu.

MADAME LARCEY.

Ce qui n'empêche pas le monde de s'y tromper ; car le plus souvent n'est-ce pas à l'hypocrisie qu'il donne la préférence ?

MATHILDE.

Qu'importe ! Contre la médisance on est si faible ! mais contre la calomnie on est si fort !

MADAME LARCEY.

Vous croyez, ma chère ?... C'est une erreur !

MATHILDE.

En quoi ?

MADAME LARCEY.

C'est qu'on ne brave pas la médisance et qu'on brave la calomnie.

MATHILDE.

Eh bien ?

MADAME LARCEY.

Eh bien ! vivre en guerre avec la calomnie est plus dangereux que de vivre en paix avec la médisance.

MATHILDE.

Je ne suis pas de votre avis, Léonie. Il me semble qu'une femme qui n'a rien à se reprocher n'a rien à redouter de la calomnie... Une femme irréprochable est une femme invincible.

MADAME LARCEY.

Alors pourquoi, ma chère, étiez-vous tout à l'heure si troublée quand, à tort peut-être, je vous ai répété ce que disent de vous et de M. Alvarez trois ou quatre femmes qui ne vous aiment pas et qui, en parlant de vous, ont autant de fiel dans le cœur que de miel sur les lèvres ?

MATHILDE.

Je pensais à mon mari.

MADAME LARCEY.

Penseriez-vous que les traits de la calomnie ont moins de prise sur une femme que sur un homme ?... Il y a des suppositions et des commentaires auxquels personne n'échappe... Mais, rassurez-vous, Mathilde, pour avoir le droit de les dédaigner et de les mépriser, il suffit d'avoir la conscience nette et de savoir que ces suppositions ne sont pas vraies... La vérité, heureusement, finit toujours par l'emporter...

MATHILDE.

Laissons là, ma chère, cette conversation qui ne mène à rien... Allons rejoindre les enfants.

MADAME LARCEY.

Volontiers... Mais lorsque les enfants dansent, ils aiment tout autant que leurs parents n'y soient pas.

MATHILDE.

Si vous le préférez, restons...

MADAME LARCEY.

Y a-t-il longtemps que vous n'avez vu votre rivale, madame Berteux ?... C'est celle-là qui est aussi vénéneuse qu'elle est mielleuse !...

MATHILDE.

Pourquoi ma rivale?

MADAME LARCEY.

Parce qu'on dit qu'elle trouve fort à son gré votre ami M. Alvarez.

MATHILDE.

Cela ne serait pas surprenant... Elle a un mari si long... si laid... et si bavard!

MADAME LARCEY.

Bavard est le mot... car, au cercle des commères, dont votre mari et le mien font partie, on ne l'appelle jamais autrement que la portière du cercle... Mais j'en reviens à sa femme... Est-ce que vous n'avez pas remarqué quels regards passionnés elle jette de sa loge dans la vôtre quand il est près de vous? Qu'on chante ou qu'on danse à l'Opéra, elle n'a d'yeux que pour lui...

MATHILDE.

Je n'en avais jamais fait la remarque.

MADAME LARCEY.

Vous ne l'aimez donc pas?

MATHILDE.

Qui?

MADAME LARCEY.

M. Alvarez.

MATHILDE.

J'ai de l'amitié pour lui.

MADAME LARCEY.

De l'amitié seulement?

MATHILDE.

C'est le parrain de ma fille.

MADAME LARCEY.

Cela, tout le monde le sait, et le monde, qui a le nez fin comme un ogre, se défie des parrains, qui sentent la chair fraîche.

MATHILDE.

Ce que vous dites là, Léonie, est affreux.

SCÈNE VII.

LES PRÉCÉDENTS, JEANNE, en tête d'une bande d'enfants, dansant le galop, entrant par une porte et sortant par une autre porte. On entend l'orchestre dans le lointain.

Le monologue de Mathilde et la scène entre Mathilde et Dumont, dans le manuscrit que M. de Girardin nous a lu, etc., etc., occupent les scènes VIII, IX, X, XI, XII, XIII, XIV, XV, XVI, XVII, ainsi formulées :

(Mathilde vient de recevoir la lettre d'Alvarez qu'un valet de chambre vient de lui apporter sur un plateau d'argent.)

SCÈNE VIII.

MATHILDE, seule.

(Elle tombe à demi évanouie sur un fauteuil. Revenant à elle.)

Que vais-je devenir ? (Lisant la lettre qu'elle a à la main.)
» L'indigne femme de chambre que vous avez eu
» l'imprudence de renvoyer la semaine dernière est
» entrée chez une de vos amies, madame Berteux,
» qui l'a perfidement questionnée sur vous, et l'a fait
» adroitement jaser... Il paraît que Rosalie lui a dit

» tout ce qu'elle supposait... Après avoir appris tout
» ce qu'elle tenait à savoir, — dans quel intérêt ? je
» l'ignore, — qu'a fait madame Berteux ? Elle a mis
» avec éclat Rosalie à la porte en lui disant qu'elle
» était une infâme créature qui calomniait odieuse-
» ment la maîtresse qu'elle venait de quitter ; que
» jamais elle ne prendrait à son service une pareille
» vipère... Rosalie, fondant en larmes, a juré qu'elle
» n'avait rien dit qui ne fût vrai et dont elle ne pût
» donner des preuves. Sur ces entrefaites, M. Ber-
» teux est entré chez sa femme, où il a tout appris,
» et il n'a eu rien de plus pressé que de venir ingé-
» nument raconter ce beau trait de sa chaste moitié
» à notre cercle, d'où je vous écris ce billet en toute
» hâte. Il est impossible que cette scène de théâtre,
» dans laquelle madame Berteux s'est drapée héroï-
» quement, n'arrive pas aujourd'hui ou demain aux
» oreilles de votre mari, qui faisait son whist dans le
» salon à côté de celui où cette portière de Berteux
» venait de tirer le cordon à toutes les mauvaises
» langues de Paris. Mathilde, il n'y a plus à hésiter,
» il n'y a plus à reculer !... Prétexte une maladie de ta
» mère ou de ton père pour ne pas dîner avec ton
» mari, et sois à huit heures avec Jeanne, ma chère
» Jeanne, ma bien-aimée fille, à la gare de Lyon ; je
» vous y attendrai... Un compartiment sera retenu.
» Ne te préoccupe d'aucun détail : j'aurai tout prévu.
» Dans trois jours, nous serons à Venise, où, par pres-
» sentiment, j'ai acheté, il y a six mois, sans te le dire,
» un palais qui sera tout prêt à nous recevoir tous
» les trois... Quel bonheur ! » (Après une pause marquée.)
Quelle honte ! Cette fois, comme toujours, l'égoïste qui
m'aura perdue oublie tout pour ne penser qu'à lui !

Mais peut-être ce récit n'est-il pas vrai... Peut-être n'est-ce qu'un piége qu'Alvarez me tend... Dans le doute, que faire? A qui confier mon secret? A ma mère? Mais quel conseil pourrait-elle me donner? Aucun. A mon père? Mais que pourrait-il faire qui imposât silence à un bruit qui serait déjà devenu public? Si je prenais les devants, si j'allais tout dire à mon mari? Non! c'est impossible... S'avouer coupable à l'homme qu'on respecte, à l'homme qu'on aime... plutôt mourir! Ah! si j'avais du poison... Mais comment s'en procurer? Je n'ai pas même à ma disposition ce que la pauvre fille a dans sa mansarde, un fourneau et du charbon! Je ne puis ni m'empoisonner ni m'asphyxier!... Quelle autre mort choisir?... Se jeter par la fenêtre?... se pendre?... aller se noyer?... s'enfoncer la pointe de ses ciseaux dans le cœur?... Ah! pour cela, il faudrait avoir une énergie... que je n'ai pas!

SCÈNE IX.

MATHILDE, JEANNE, Enfants.

On entend l'orchestre. Nouvelle invasion des enfants dansant un autre galop. Jeanne se détache et saute au cou de Mathilde.

JEANNE.

Oh! ma petite mère, comme je m'amuse!

MATHILDE, avec une impatience contenue.

Amusez-vous! amusez-vous, Mesdemoiselles, mais ailleurs que dans cette pièce. (Les enfants sortent en continuant leur galop.)

SCÈNE X.

MATHILDE, seule.

Quelle torture ! Ne puis-je donc y échapper que par la fuite? Une femme quitter le mari qu'elle aime et qu'elle honore pour suivre l'amant qu'elle abhorre, qu'elle méprise... cela ne se serait jamais vu ! C'est que jamais aussi aucune femme n'a été aux prises avec une situation semblable à la mienne... Ah ! du moins si je l'aimais ! si j'aimais celui qui m'a conduite à cette affreuse extrémité, je n'aurais qu'à changer de nom et qu'à emprunter le sien pour vivre heureuse de son amour et du mien... comme tant de femmes qui sont allées sur le lac de Côme, donnant à leur honte le bonheur pour cercueil... Mais à Venise, je le sens, je n'aurais qu'une idée. Cette idée fixe serait là, toujours là... A chaque instant du jour, je me demanderais ce que fait Henri, ce qu'il a dit de moi après mon départ, ce qu'il en a pensé... ce qu'il est devenu... Non, je n'irai point à Venise, non, je n'aggraverai pas ma faute, je l'expierai... Je me retirerai avec Jeanne dans un couvent... Oui, oui, c'est cela... c'est le seul parti que je doive prendre. Ce sera du moins l'honneur dans la honte.

SCÈNE XI.

MATHILDE, DUMONT.

DUMONT.

Que fais-tu donc là toute seule? Comment n'es-tu pas avec la bande joyeuse? Si tu voyais Jeanne, si tu voyais avec quels airs de grande dame elle fait déjà à toutes ses petites amies les honneurs des salons ! Oh ! c'est amusant ! Madame Larcey, avec qui je viens d'en rire, m'a dit que tu lui avais demandé de rester seule pour répondre à une lettre qui avait paru te contrarier très-vivement. Quelle lettre, chère amie, as-tu donc reçue ?

MATHILDE.

La lettre que voici... Henri, lisez-la.

DUMONT, après avoir lu la lettre.

Mathilde ! qu'y a-t-il de vrai dans cette lettre ?

MATHILDE.

Tout.

DUMONT.

Je ne le crois pas... je ne veux pas... je ne peux pas le croire...

MATHILDE.

Croyez-le.

DUMONT.

Il n'est pas possible que cela soit.

MATHILDE.

Cela est.

DUMONT.

Si cela était, ce ne serait pas vous qui me l'affirmeriez. Mathilde, Mathilde, dites-moi que c'est une calomnie que vous dédaignez de relever et dont vous vous faites en ce moment un jeu cruel contre moi...

MATHILDE.

Ce n'est pas une calomnie, c'est la vérité.

DUMONT.

La vérité !... Ah ! tel est le poids dont elle m'accable qu'il m'ôte même la force de l'indignation et de la colère... La vérité !... Qu'ai-je donc fait, mon Dieu, pour mériter de perdre ainsi en un seul instant toutes les illusions qui étaient la récompense de mes efforts? Seigneur, soutenez-moi et guidez-moi! La vérité!.. Quelle résolution puis-je prendre? quelle conduite dois-je tenir? (Montrant Mathilde.) La chasser?... quel éclat!... La garder?... quelle honte!... Que vais-je faire?... que vais-je devenir? (S'adressant à Mathilde.) Et vous, malheureuse, qu'allez-vous devenir et que comptez-vous faire?

MATHILDE.

Ce que vous exigerez.

DUMONT.

Quand ma vie est ainsi brisée, quelle volonté puis-je avoir? Paternité, n'es-tu donc qu'un mensonge! Ainsi cette Jeanne que j'aimais si tendrement n'était pas ma fille... Elle était la fille...

MATHILDE.

D'Alvarez...

DUMONT.

D'Alvarez!... Vous l'aimiez donc bien, madame?

MATHILDE.

Je ne l'ai jamais aimé.

DUMONT.

Vous osez le dire!

MATHILDE.

Je vous le répète, monsieur, je n'ai jamais aimé que vous... Et c'est lui qui m'a fait vous aimer tant!

DUMONT.

Mais alors, comment avez-vous été la maîtresse de cet homme?

MATHILDE.

C'est mon secret... Le dire serait inutile... ce serait par trop invraisemblable... D'ailleurs, à quoi cela servirait-il? Alors même que, confiant en ma sincérité, vous croiriez à la vérité de ce que je vous affirmerais, le monde n'y croirait pas.

DUMONT.

Eh! pourquoi donc le monde serait-il plus incrédule que moi?

MATHILDE.

Parce que, — vous me l'avez dit cent fois, — le monde a pour balance la société et non la nature, la vraisemblance et non la vérité; il applique la règle et non l'exception. Jamais, non jamais le monde n'admettra qu'éblouie par un grand acte de dévouement accompli sous ses yeux et vanté soir et matin à ses oreilles... trahie par son imagination enflammée de reconnaissance... brûlée par les regards ardents d'un homme passionné pendant une longue soirée qu'ils avaient passée seuls... une femme ait agi, dans un instant de fascination et d'égarement, comme si elle eût partagé une passion... qu'en réalité elle n'a jamais éprouvée et dont elle a eu aussitôt horreur... horreur contre laquelle elle se débat depuis sept années, qui ont duré sept siècles!...

DUMONT, vivement.

Le voile qui a trop longtemps couvert mes yeux se déchire... La vérité m'apparaît dans toute sa nudité. Votre possession, Mathilde, a été le prix que l'infâme Alvarez a mis au service qu'il m'a rendu?

MATHILDE.

Non... S'il y eût mis ce prix, s'il eût eu l'infamie

de me proposer un marché, je l'eusse refusé avec indignation. Entre le malheur d'une faillite expliquée par une révolution et la honte d'une femme qui se vend, même pour payer les créanciers de son mari, je n'eusse pas hésité.

DUMONT.

Alors, que s'est-il donc passé ?

MATHILDE.

Est-ce que ce qui se passe dans les mystères de l'imagination d'une femme peut toujours se dire ? Ce qui m'a égarée dans un jour, dans une heure d'indicible entraînement, c'est au contraire la noblesse apparente ou réelle de l'ami qui, pour sauver un ami, venait de faire sans hésiter un sacrifice de plus d'un million.

DUMONT.

Ah ! Mathilde, Mathilde ! je suis encore plus malheureux que si vous étiez plus coupable. Ce que je saisis, ce que je comprends, ce que vous me dites, ce que je crois, oui, vous avez raison, le monde ne le croira pas... Jamais il ne croira que j'aie ignoré pendant si longtemps ce que lui n'ignorait pas... Jamais il ne croira que je n'aie rien soupçonné d'une liaison... que je devais d'autant moins suspecter que j'étais l'obligé d'Alvarez et qu'il était mon associé... Comment la suspecter, moi qui m'étais depuis si longtemps habitué à le considérer comme un frère... à le regarder comme l'oncle de ma fille... Ah ! puissance de l'habitude, voilà que je me surprends encore à dire ma fille !

SCÈNE XII.

MATHILDE, DUMONT, JEANNE, Enfants.

On entend de nouveau l'orchestre. — Troisième invasion des enfants dansant un galop. — Jeanne se détache et va se jeter dans les bras de Dumont.

JEANNE.

Mon petit père, que je t'embrasse... C'est le dernier galop, nous allons goûter... Mais tu parais triste et maman aussi ! Pourquoi donc ? Ah ! je ne veux plus aller goûter... Je veux rester avec vous pour vous consoler tous les deux.

DUMONT.

Non, non, Jeanne ; allez goûter.

JEANNE.

Maman, pourquoi donc que papa me dit : Allez ?

MATHILDE.

Un enfant doit toujours obéir et ne jamais faire de questions.

JEANNE.

Je t'assure que je n'ai rien fait de mal, demande-le à miss Brown !... J'ai été très-sage.

DUMONT.

Va, Jeanne... va goûter, tu vois que toutes tes petites amies t'attendent.

JEANNE.

Ah ! cela m'est bien égal, mes petites amies... quand tu as l'air triste et fâché... Je veux savoir pourquoi tu es en colère contre moi.

DUMONT.

Va! va! ce n'est pas contre toi que je suis en colère.

MATHILDE, sèchement.

Assez, mademoiselle, assez!... Obéissez donc!

(Jeanne sort tristement, ses amies la suivent.)

SCÈNE XIII.

MATHILDE, DUMONT.

DUMONT.

Ah! Mathilde, que je suis malheureux! Ah! mon Dieu! qui m'aviez comblé de tant de faveurs, de quelle faute me suis-je donc rendu coupable, pour que votre colère tombe et s'appesantisse ainsi sur moi?

SCÈNE XIV.

MATHILDE, DUMONT, MADAME LARCEY.

MADAME LARCEY.

Ma chère, puisque vous ne revenez pas, c'est moi qui reviens vous dire adieu... La charmante fête! Oh! comme tous ces enfants se sont amusés!... Claire ne voulait absolument pas s'en aller.

MATHILDE, à part.

En cet instant, ne pas pouvoir rester seuls! (Haut.) Pourquoi l'emmenez-vous sitôt?

MADAME LARCEY.

Je suis attendue.

MATHILDE.

Alors je ne vous retiens pas.

MADAME LARCEY.

A demain?

MATHILDE.

Oui... oui... à demain.

DUMONT, affectant l'air indifférent.

Permettez-moi de vous reconduire.

MADAME LARCEY.

Vous étiez à causer... Pourquoi interrompre votre conversation?

DUMONT.

Je la reprendrai.

SCÈNE XV.

MATHILDE, seule.

Dans un tel moment, ne pas même oser donner l'ordre de fermer sa porte, de peur d'éveiller des soupçons qui demain... demain... seront des arrêts! Se faire de son propre visage un masque pour tromper... qui?... ses domestiques, et retarder de quelques minutes l'heure où ces juges intimes rendront leur sentence... dans l'antichambre où ils siègent!... Et cela parce que, dans un instant de fièvre, d'entraînement et d'oubli, l'amour d'un homme a subjugué la raison d'une femme! Amour, qui inspires les hommes et qui trompes tant de femmes, amour, qui ne sais pas souffrir et qui fais souffrir, tu n'es que l'égoïsme... éloquent!

SCÈNE XVI.

MATHILDE, DUMONT.

DUMONT.

Mathilde, avez-vous réfléchi? Quel parti allez-vous prendre?

MATHILDE.

Il ne m'en reste qu'un seul, je n'ai pas le choix.

DUMONT, avec amertume.

Est-ce que vous seriez décidée à partir ce soir avec celui... que je ne sais plus comment nommer? Mais pourquoi cet embarras? Le nom que je lui donnais est celui qu'il doit continuer de porter, car désormais ce nom sera sa flétrissure... Je l'appelais, je continuerai de l'appeler... mon ami!

MATHILDE.

J'ai mérité l'injure d'une telle supposition... Dites votre bonheur, mais ne dites pas votre honneur... Encore une fois, l'honneur d'un homme ne dépend pas de la fidélité d'une femme.

DUMONT.

Que vous proposez-vous donc de faire?

MATHILDE.

Me retirer dans un couvent avec Jeanne, que je ferai élever sous mes yeux.

DUMONT.

Mais, selon la loi, Jeanne n'en sera pas moins ma fille, et le jour où je mourrai, elle héritera légalement de tout ce que je posséderai.

MATHILDE.

Vous pouvez dénaturer votre fortune, c'est votre droit.

DUMONT.

La pauvre enfant! que gagnerais-je à la punir d'une faute qui n'est pas la sienne? En serais-je moins malheureux? A quoi me servira maintenant d'être riche? Était-ce pour moi que je grossissais cette fortune?

5.

non, c'était pour elle... afin qu'ayant une immense dot, elle n'eût que l'embarras du choix entre tous les maris qui se présenteraient... C'était pour vous, afin que vous n'eussiez pas un désir qui ne fût accompli aussitôt qu'exprimé... Mais ne tirons pas de son écrin de velours un passé qui était trop brillant pour être durable... Je crois que vous avez raison, le parti que vous avez pris est le plus digne de vous et... de moi. (Il essuie furtivement quelques larmes.)

MATHILDE.

Mais vous pleurez! Vous-même, qu'allez-vous faire?

DUMONT.

Je vais dissoudre ma société, liquider ma maison et quitter Paris au plus vite pour aller à Genève où je suis né, m'enterrer vivant... et de mon berceau faire mon tombeau.

MATHILDE.

Malheureuse! malheureuse que je suis! (Elle fond en larmes.) Adieu, Henri...

DUMONT.

Embrassez-moi, Mathilde! (Elle se jette dans ses bras.) Vous êtes un noble cœur!... (Pause.) Non, vous n'irez pas au couvent.

MATHILDE.

Que dites-vous?

DUMONT.

Je dis que nous ne nous séparerons pas.

MATHILDE.

Et le monde?

DUMONT.

Il continuera de faire ce qu'il a fait pendant sept ans : ou il se taira ou il parlera.

MATHILDE.

S'il parle ?

DUMONT.

Alors ce sera avec moi qu'il aura à s'expliquer.

MATHILDE.

Un duel!... un duel pour moi... pour moi qui ai détruit le bonheur de votre vie... un duel, malgré tout ce que je vous ai entendu dire cent fois contre le duel... non, jamais, jamais... Je sens que, si je vivais près de vous, je ne vivrais pas... toutes les minutes de mon existence seraient des siècles d'anxiété... Je serai encore moins malheureuse au couvent... Laissez-moi aller m'y ensevelir!... En m'y voyant entrer pour expier pendant toute ma vie la faute d'une heure, le monde me condamnera, mais il ne cessera pas de vous honorer... Quant à moi, huit jours après que j'aurai disparu de ses rangs, il m'aura oubliée... Adieu donc, Henri... adieu donc... encore une fois, adieu! (Elle lui tend la main et se dispose à s'éloigner.)

DUMONT, la retenant.

Reste, reste... tu es une honnête femme et je me sens assez d'esprit et de cœur pour faire respecter une situation fausse par un caractère ferme!

MATHILDE.

Le monde vous attaquera d'autant plus qu'il vous comprendra moins.

DUMONT.

Le monde a-t-il donc le droit d'être si sévère? Quelles sont les apparences dont il ne consente pas à se payer complaisamment? quelles sont les hypocrisies dont il ne se rende pas le lâche complice? quelles sont les effronteries devant lesquelles il ne courbe pas humblement la tête? quels sont les honteux compromis que sa coupable indulgence n'ait pas sanctionnés?

MATHILDE.

Raison de plus, mon ami, pour qu'il vous accable de ses sévérités et qu'il se venge sur vous de ses lâchetés et de ses inconséquences.

DUMONT.

Et que pourrait-il dire?

MATHILDE.

Il dira que vous avez vendu votre femme à votre associé.

DUMONT.

Ce sera une abominable calomnie.

MATHILDE.

Oui, mais qui aura l'apparence pour elle.

DUMONT.

Après?

MATHILDE.

N'est-ce donc pas assez?

DUMONT.

Après?

MATHILDE.

Il dira que, pour que vous ne vous soyez pas séparé de moi, avec l'austérité qu'on vous connaît, il faut qu'il y ait entre vous et Alvarez un mystère dont chacun cherchera le mot.

DUMONT.

Rassurez-vous, Mathilde, c'est une curiosité que deux personnes n'auront pas.

MATHILDE.

En parlant ainsi, loin de me rassurer, vous m'effrayez! Je le vois... l'idée de duel s'est emparée de votre esprit et l'absorbe... Mon ami, je vous en prie, ne vous exaltez pas, réfléchissez mûrement.. Sortez une heure... Allez prendre l'air...

DUMONT.

Non, Mathilde, je ne vous quitterai pas.

MATHILDE.

Et pourquoi?

DUMONT.

Parce que je vois clair dans votre pensée... Si je vous quittais, je ne vous retrouverais pas.

MATHILDE.

Où donc irais-je?

SCÈNE XVII.

MATHILDE, DUMONT, UN VALET DE CHAMBRE.

MATHILDE.

Qu'est-ce?

LE VALET DE CHAMBRE.

Madame, les musiciens font demander s'ils peuvent s'en aller?

MATHILDE.

Oui, qu'on les paye et qu'ils s'en aillent!

(Le valet de chambre sort.)

SCÈNE XVIII.

MATHILDE, DUMONT.

DUMONT.

Vous me demandez où vous iriez... Vous iriez au

couvent... où je ne veux pas que vous alliez vous enfermer... Ce serait donner à tous les Berteux, hommes et femmes, dont le tribunal de l'opinion se compose en immense majorité, le droit de vous accuser, et ce serait m'ôter le pouvoir de vous défendre... Ce parti d'aller vous enfermer volontairement dans un couvent, ce parti qui d'abord m'avait paru le meilleur, serait le pire... Il m'a suffi, pour m'en convaincre, d'y réfléchir un instant... Il ne réparerait rien, et il aggraverait tout... Mais j'y songe... Il faut penser à tout !... Mon ami vous a écrit qu'il vous attendait à huit heures à la gare de Lyon, pour vous conduire dans le palais qu'il a acheté à Venise... Qu'avez-vous répondu à sa lettre ?

MATHILDE.

Rien.

DUMONT.

N'ayant pas reçu de réponse et ne vous voyant pas arriver avant le départ du train, mon ami ne saura que penser, mon ami ne saura qu'imaginer... Soyez sûre que sous un prétexte quelconque mon ami accourra ici ce soir... Que vous proposez-vous de faire ?

MATHILDE.

Ce que vous aurez décidé.

DUMONT.

Si nous ne sortions pas, nous ne pourrions pas, sans éveiller les soupçons des gens, faire dire à la porte que nous n'y sommes pas... Nous dînerons vite... Vous vous dépêcherez de vous habiller... C'est heureusement notre jour de loge à l'Opéra... Où il est bon que madame Berteux et son mari nous voient ensemble.

MATHILDE.

A l'Opéra... Mais s'il y vient ?

DUMONT.

Eh bien! mon ami y viendra... Et vous le recevrez comme vous avez coutume de le recevoir. Que votre front ne trahisse aucune préoccupation!

MATHILDE.

Henri... tant de calme de votre part me glace d'épouvante... Un projet est déjà arrêté dans votre pensée.. Quel est-il? Dites-le-moi, je vous en supplie!

DUMONT.

Je vous le jure, je n'en ai aucun, sinon de gagner le temps de la réflexion que me donnera la nuit et de tâcher de ne pas rester au-dessous de la difficile épreuve à laquelle je viens d'être si brusquement et si douloureusement soumis... Mais allez donc vous habiller.

(Mathilde, avant de sortir, prend la main de Dumont et la porte précipitamment à ses lèvres. Dumont presse Mathilde sur son cœur.)

MATHILDE, avec exaltation.

Henri, que vous me paraissez grand!

DUMONT, avec simplicité.

Mathilde, ne dites pas que je suis grand, dites que je suis juste.

MATHILDE.

Ah! ce que vous êtes, c'est miséricordieux.

DUMONT.

Miséricordieux et juste, ce sont deux mots entre lesquels le dictionnaire fait une différence, mais l'Évangile n'en fait pas.

Enfin, M. de Girardin cite le troisième acte de

sa pièce reçue, non jouée, escamotée. Je citerai son véritable troisième acte, le seul qui lui appartienne en toute propriété, et tel que je le trouve dans le manuscrit qu'il nous a lu en petit comité, le seul que je connaisse, etc., etc.

ACTE TROISIÈME

Appartement de Mathilde. — Salon. — Jardin d'hiver.

SCÈNE PREMIÈRE.

MATHILDE, UN VALET DE CHAMBRE.

MATHILDE.

Personne n'est-il venu pendant que j'étais sortie?

LE VALET DE CHAMBRE.

Il est venu madame Larcey, qui a demandé à quelle heure Madame rentrerait, parce qu'elle avait absolument besoin de lui parler.

MATHILDE.

Que lui avez-vous dit?

LE VALET DE CHAMBRE.

Que je n'en savais rien... Alors elle m'a dit qu'elle allait attendre Madame dans le jardin d'hiver, où elle est.

MATHILDE.

François, vous n'auriez pas dû l'y laisser entrer.

LE VALET DE CHAMBRE.

Comment aurais-je pu l'en empêcher? Madame sait que madame Larcey vous glisse dans les mains comme une couleuvre... Je ne sais comment elle fait, mais elle a toujours une meilleure raison à donner que celle qu'on lui oppose...

MATHILDE.

Alors prévenez-la que je suis rentrée... mais que je suis pressée, très-pressée, que je ne pourrai la recevoir qu'un instant. (Le valet de chambre sort.)

SCÈNE II.
MATHILDE, seule.

Que peut me vouloir Léonie à cette heure où elle ne vient jamais? Encore quelque bavardage!

SCÈNE III.
MATHILDE, MADAME LARCEY.

MADAME LARCEY.

Si j'avais eu la pensée de vous déranger, ma chère, en venant ce matin, je ne serais certainement pas sortie de chez moi, car je suis sortie exprès pour vous.

MATHILDE.

Qu'aviez-vous à m'apprendre, Léonie, de si urgent et de si important?

MADAME LARCEY.

Quelque chose, qui, j'en suis sûre, Mathilde, vous fera grand plaisir.

MATHILDE.

Quoi donc?

MADAME LARCEY.

Je voulais vous dire que vous n'avez jamais eu plus de succès qu'hier soir à l'Opéra. Tous les regards étaient fixés sur vous... Vous étiez mise à ravir... très-simplement, mais à merveille. On a remarqué que votre mari ne vous a pas quittée une seconde et qu'il paraissait aux petits soins... Madame Berteux, à côté de qui j'étais, n'a cessé de vous lorgner... Elle était furieuse !

MATHILDE.

Furieuse ?

MADAME LARCEY.

Oui, de tous les compliments qu'on venait lui faire.

MATHILDE.

Quels compliments, et à quel titre ?

MADAME LARCEY.

Pour son beau trait.

MATHILDE, inquiète.

Quel beau trait ?

MADAME LARCEY.

Pour avoir mis si rudement à la porte l'indigne femme de chambre que vous aviez renvoyée et qui s'était présentée chez elle... Ah ! je vous assure, ma chère, que si, en blessant cette créature et en la poussant à faire un éclat, votre rivale hypocrite, madame Berteux, cet homme habillé en femme, a voulu vous jouer un mauvais tour, elle a été prise à son propre piége ; car il n'y avait qu'une voix dans toutes les loges où l'on parlait de vous pour blâmer le Berteux, cette femme habillée en homme. J'ai pensé que ces détails vous feraient plaisir à recevoir et je vous les ai apportés.

MATHILDE.

Je vous en remercie, Léonie.

MADAME LARCEY.

Il y a encore une remarque qu'on a faite et que j'allais oublier.

MATHILDE.

Laquelle ?

MADAME LARCEY.

C'est que M. Alvarez, qui est toujours dans votre loge entre vous et votre mari, n'y est pas venu hier... quoiqu'on l'ait aperçu un instant dans la loge d'avant-scène du rez-de-chaussée, au-dessous de la loge de service... On a trouvé que de sa part c'était de très-bon goût... Ce que le monde aime surtout, c'est qu'on paraisse avoir de la déférence pour lui... Il n'y a que madame Berteux, ainsi privée du plaisir de contempler le bel Alvarez de ses rêves, qui se soit écriée que c'était de l'affectation... mais je puis vous assurer qu'elle était seule de son avis... Toutes ces dames étaient unanimes.

MATHILDE.

Vraiment ?

MADAME LARCEY.

Et avec raison... En effet, quelle est celle d'entre nous qui n'aurait pas à trembler pour sa réputation, si cette réputation était à la merci des inventions ou des suppositions d'un domestique vindicatif qu'on renvoie ? Ah ! cette abominable Rosalie, que vous avez comblée, ma chère, peut aller frapper à toutes les portes : il ne s'en ouvrira pas une seule devant elle, malgré le certificat que vous avez eu le tort de lui donner.

MATHILDE.

Est-ce qu'on peut refuser un certificat à une femme de chambre qu'on a gardée quatre ans?

MADAME LARCEY.

Ce que vous dites là, ma chère, est très-vrai, car j'ai renvoyé hier la mienne, qui me volait indignement; j'ai certifié qu'elle était aussi honnête qu'économe... Mais comme elle n'est pas économe, cela ne veut pas dire qu'elle soit honnête... Donc ce n'est pas un mensonge.

MATHILDE.

Ma chère, il faut que j'ôte mon chapeau et que je change de chaussures... Si vous avez encore quelque chose à m'apprendre, venez avec moi dans ma chambre. (Elles sortent.)

SCÈNE IV.
ALVAREZ, UN VALET DE CHAMBRE.

LE VALET DE CHAMBRE.

Je vais prévenir Madame, qui est en ce moment avec madame Larcey.

ALVAREZ.

Mais où donc est Jeanne, que j'ai cherchée?... Je ne l'ai ni vue ni entendue.

LE VALET DE CHAMBRE.

Madame a conduit ce matin Mademoiselle en pension.

ALVAREZ.

En pension! Dans quelle pension?

LE VALET DE CHAMBRE.

Je l'ignore.

ALVAREZ.

Comment, François, vous ne le savez pas?

LE VALET DE CHAMBRE.

Madame n'a pas demandé sa voiture; elle est sortie avec Mademoiselle dans une voiture de place.

ALVAREZ.

Sans valet de pied... Elle qui ne sort jamais seule!

LE VALET DE CHAMBRE.

C'est vrai... jamais Madame n'est sortie seule... mais ce matin Madame n'a emmené personne avec elle.

ALVAREZ.

Est-ce qu'elle n'était pas accompagnée de la gouvernante?

LE VALET DE CHAMBRE.

Miss Brown a été remerciée: elle fait ses malles.

ALVAREZ.

C'est assez. Allez prévenir Madame que je l'attends.

SCÈNE V.

ALVAREZ, seul.

Que se passe-t-il donc? Elle ne m'a rien fait dire. Elle ne m'a rien écrit... pas un mot... pas un seul mot... Et au lieu de venir me rejoindre, elle est allée comme à l'ordinaire à l'Opéra avec son mari. Ce matin, sans me consulter et comme si ce n'était pas ma fille, elle a mis Jeanne en pension... Dans quel pensionnat, dans quel couvent l'a-t-elle enfermée? L'enfermer! la séquestrer! De quel droit barbare m'enlèverait-on ma fille que j'aime de tout l'amour que j'ai pour sa mère?... Car l'enfant que vous a donné la femme qu'on adore, c'est elle-même faite ange et descendue du ciel sur la terre... M'enlever ma fille!... Ah! devant quel nouveau roi Salomon le faux père viendrait-il plaider contre moi, le vrai père, que Jeanne n'est pas ma fille et qu'elle est la sienne?... (Il ricane convulsivement.) Le bon procès! Tout Paris en pâmerait de rire... C'est pour cela qu'il n'aura pas lieu. Jamais Dumont l'évangéliste n'osera affronter un pareil scandale... Voilà ce qu'il fera!... Pour sauver ce qu'il appellera son honneur, le dieu chassera impitoyablement de son temple la mère et la fille... Ah! c'est alors, Mathilde, que je serai bien vengé par lui de ton amour pour lui!... C'est alors qu'abandonnée de tous, tu seras trop heureuse... de te réfugier à Venise avec moi!... Alors tu ne pourras plus tenter chaque jour de te soustraire à ma tendresse! Alors ce sera moi et ce ne sera plus lui que ma fille appellera : Mon père! Mais pourquoi donc Mathilde tarde-t-elle tant à venir? Quelle bavarde intarissable que cette madame Larcey!... A moins que ce ne soit la peur qui retienne Mathilde... Enfin j'entends une porte s'ouvrir... Ah! madame, vous voulez lutter contre moi... Nous allons voir!...

SCÈNE VI.

ALVAREZ, DUMONT.

DUMONT, avec solennité.

Ce n'est pas moi que vous attendiez... vous attendiez ma femme... Asseyez-vous, Alvarez.

ALVAREZ, affectant un ton dégagé.

Henri, pourquoi cet air solennel? Que s'est-il donc

passé entre nous pour que tu aies perdu si vite l'habitude, contractée depuis vingt-cinq ans, de me dire toi?

DUMONT.

Asseyez-vous... vous le saurez. Assis, il est plus facile de rester calme.

ALVAREZ.

Qu'avez-vous donc, monsieur, de si grave à m'apprendre?

DUMONT.

Vous devez le pressentir... Ne me le faites pas répéter une fois de plus. Asseyez-vous... (Ils s'asseyent tous deux.) Je vous parlerai sans détour, répondez-moi sans dissimulation. Deux hommes, dans la situation extrême où nous sommes placés l'un vis-à-vis de l'autre, ne peuvent empêcher cette situation de tomber dans la fange ou le ridicule qu'en ne se cachant rien.

ALVAREZ.

Je vous écoute.

DUMONT.

Vous étiez mon ami depuis vingt ans...

ALVAREZ.

Comme vous étiez le mien.

DUMONT.

Avec cette différence que je suis marié et que vous ne l'êtes pas... Vous êtes depuis sept ans l'amant de ma femme.

ALVAREZ.

Qui vous l'a dit?

DUMONT.

Vous.

ALVAREZ.

Moi ?

DUMONT.

Ne l'avez-vous pas écrit hier de votre propre main dans la lettre que j'ai lue et où vous annonciez à ma femme que vous l'attendiez à la gare de Lyon pour la conduire à Venise... dans votre palais ?

ALVAREZ.

Vous avez donc intercepté la lettre que je lui écrivais ?

DUMONT.

Vous savez bien que je ne reconnais pas à un homme le droit de violer ou de surprendre le secret d'une femme, alors même que cette femme est celle qui porte son nom ?

ALVAREZ.

Qui donc alors vous a remis cette lettre ?

DUMONT.

Mathilde !

ALVAREZ.

Elle ?

DUMONT.

Oui, elle-même, et sans aucune insistance de ma part.

ALVAREZ.

Elle a eu cette audace ?

DUMONT.

Dites cette confiance. Ce n'est pas tout... Vous êtes le père de Jeanne, que je croyais ma fille et que j'aimais si tendrement.

ALVAREZ.

C'est donc pour cela, saint homme, que vous avez

déjà fait lâchement emprisonner ce matin la pauvre enfant dans quelque pensionnat obscur... où je saurai bien la découvrir.

DUMONT.

Alvarez, contenez-vous... vous voyez bien que je me contiens, moi. Si Jeanne, si votre fille, que je croyais la mienne, a été mise en pension ce matin, comme vous le prétendez, je ne l'ai pas su; c'est par la volonté de sa mère et sans mon assentiment, qui ne m'a pas été demandé.

ALVAREZ.

Comment le croire?

DUMONT.

Ne suffit-il donc pas que je vous le déclare? M'avez-vous jamais entendu dire une chose qui ne fût pas la vérité?

ALVAREZ.

Puisque vous l'affirmez... je vous crois.

DUMONT.

Je continue. Voilà sept ans qu'à mon insu je donne au monde l'indigne spectacle d'un mari ridicule par l'excès de sa naïveté et peut-être même d'un mari infâme par l'apparence de sa complicité.

ALVAREZ.

Ce que vous dites là n'est point exact, car il n'est pas de ménagements, je le sais, dont votre femme n'ait été l'esclave, afin qu'il ne pût jamais être rien articulé ni sur vous ni sur elle.

DUMONT.

Cela ne change rien au fait. Vous étiez mon ami de collège, vous étiez l'associé de la maison; nos deux noms, unis l'un à l'autre, formaient la raison sociale et n'en faisaient qu'un seul ; je n'avais laissé ignorer à personne le service que vous m'aviez si généreusement rendu...

ALVAREZ.

Oubliez-le.

DUMONT.

Pour que je puisse l'oublier, ce service me coûte trop cher.

ALVAREZ.

Ce n'était pas un service.

DUMONT.

Qu'était-ce donc ?...

ALVAREZ.

Si c'était un service... vous vous êtes amplement acquitté, puisque votre habileté a doublé, triplé, quadruplé ma fortune.

DUMONT.

Dites que l'association a été heureuse. Je n'en suis pas moins votre obligé.

ALVAREZ.

Vous ne l'êtes pas.

DUMONT.

Il me convient de le demeurer.

ALVAREZ.

En parlant ainsi, où voulez-vous en venir ?

DUMONT.

Vous le saurez... Vous me connaissiez, vous n'ignoriez pas que, si j'étais un mari confiant, je ne serais pas un mari complaisant'... que, si je hais les exagérations sentimentales et les lieux communs, je ne hais pas moins les compromis tacites qui énervent les caractères et avilissent les situations... Quelles résistances n'avais-je pas eu à vaincre pour que ma femme consentît à vous admettre dans notre intimité! Il a fallu toute l'insistance que j'y ai apportée, insistance fondée moins encore sur la confiance que j'avais en elle que sur la confiance sans bornes que j'avais en vous. En poussant ma femme à l'oubli d'elle-même jusqu'à ce point de l'amener à devenir votre maîtresse... votre maîtresse!... sans vous souvenir qui j'étais, sur quel avenir comptiez-vous donc?... Répondez!

ALVAREZ.

L'amour fait tout oublier.

DUMONT.

L'amour faux... non pas l'amour vrai!... L'amour vrai vit des sacrifices qu'il s'impose; l'amour faux, de ceux qu'il exige.

ALVAREZ.

Nous ne sommes pas du même pays, nous ne sentons pas de même.

DUMONT.

Tant pis pour votre pays et tant mieux pour le mien... Il y a de mauvaises excuses qu'un honnête homme ne s'abaisse jamais à donner.

ALVAREZ.

Expliquez-vous!... Qu'appelez-vous un honnête homme?

DUMONT

C'est à moi que vous osez le demander! Mais ce n'est pas à moi de répondre à cette question... c'est à vous, car c'est vous que j'interroge et que j'ai le droit d'interroger... Appelez-vous un honnête homme l'homme qui estime le bonheur d'un ménage et l'honneur d'une femme moins que le sou, qu'il ne déroberait pas, eût-il besoin de ce sou pour acheter un morceau de pain et ne pas expirer de faim ! Mais je m'arrête et ne veux point insister... Je me suis dit que je ne vous adresserais aucun reproche.

ALVAREZ

Alors à quoi bon cet entretien prolongé ?

DUMONT.

Vous verrez qu'il était nécessaire... Non, je ne vous adresserai point de reproches, qui ne remédieraient à rien... Ce que je veux vous demander, c'est un conseil.

ALVAREZ.

A moi ! un conseil ?

DUMONT.

Oui, à vous... un conseil... N'étiez-vous pas mon ami ? N'êtes-vous pas encore mon associé ? A ce titre, tout ce qui touche à la considération et au crédit de la maison ne vous intéresse-t-il pas par moitié, et autant que moi ?

ALVAREZ.

Ce n'est pas sérieusement que vous parlez ainsi ?

DUMONT.

Comment pourrais-je m'y prendre pour ne pas parler sérieusement dans une circonstance aussi sérieuse ? Rentrez en vous-même, Alvarez... Si les rôles étaient renversés, si vous étiez à ma place, si je vous eusse rendu un service signalé, si, après vous avoir rendu ce service, j'étais devenu votre associé ; si, étant devenu votre associé, j'étais devenu l'amant de votre femme ; si, étant devenu l'amant de votre femme, j'avais eu d'elle une fille qui, étant la mienne, eût passé pour la vôtre, que feriez-vous ? Répondez !

ALVAREZ.

Il y a des situations où l'on ne prend conseil que de soi-même et de sa dignité.

DUMONT.

Pour prix de tout le bonheur que vous m'avez enlevé, est-ce donc trop exiger que de vous demander ce qu'à ma place... entendez bien !... ce qu'à ma place vous feriez ?

ALVAREZ.

Ce n'est pas à moi de vous le dire.

DUMONT.

Et pourquoi donc ?

ALVAREZ.

Parce que jamais il n'est arrivé à un homme placé dans votre situation de demander à un homme placé dans la mienne ce qu'il avait à faire.

DUMONT.

Ce n'est pas une raison. Est-on donc obligé de toujours faire ce qui s'est toujours fait ?

ALVAREZ.

Oui, quand on ne peut pas faire autrement.

DUMONT.

Ma résolution est irrévocablement prise. J'exige que vous me disiez ce qu'à ma place vous feriez.

ALVAREZ.

Je ne vous le dirai pas.

DUMONT.

Vous me le direz.

ALVAREZ.

Comment pourriez-vous m'y contraindre?

DUMONT.

Si vous ne me le dites pas, j'interpréterai votre silence.

ALVAREZ.

Interprétez-le.

DUMONT.

C'est ce que je vais faire... A ma place, vous m'eussiez déjà traité de misérable, d'infâme, peut-être même m'eussiez-vous déjà souffleté, afin de rendre inévitable un duel qui eût été le sceau de la honte imprimée publiquement à la réputation d'une femme et à la destinée d'une enfant... d'une jeune fille Soyez franc ; n'est-ce pas là ce que vous eussiez fait?

ALVAREZ.

Peut-être.

DUMONT.

Eh bien ! c'est ce que je ne ferai pas... Je ne prendrai point quatre témoins pour confidents d'un secret qu'ils ne garderaient pas ; je ne placerai pas l'amant et le mari en face l'un de l'autre, un pistolet ou une épée à la main, pour que la chronique de tous les journaux déborde le lendemain de tous les détails vrais ou faux de ce duel et de ses causes ; et d'ailleurs, si l'un des deux n'était que grièvement blessé, qu'arriverait-il ?

ALVAREZ

Il y a des duels à mort...

DUMONT.

Les témoins s'y opposent ; lorsque ce n'est pas par humanité, c'est par la crainte d'être poursuivis, emprisonnés, condamnés...

ALVAREZ.

En les choisissant bien...

DUMONT.

On peut se tromper. Il n'y a pas, il ne saurait y avoir de garantie. Si vous me blessiez sans me tuer, on ne manquerait pas de dire que vous m'avez charitablement épargné, et si je vous blessais sans vous tuer, où serait la réparation ?

ALVAREZ.

Où serait-elle si vous me tuiez ?

DUMONT.

Vous avez raison... Vous tuer, ne serait pas une réparation ; il n'y a pas de scandale qu'un duel ait jamais étouffé. Aussi ne nous battrons-nous pas ; aussi n'aurons-nous à redouter ni les hésitations des témoins, ni les versions des journaux, ni les sévérités des juges.

ALVAREZ.

Abrégez, abrégez donc !

DUMONT.

Pourquoi donc abrégerais-je? Rien ne me presse... Mais vous voulez que j'abrège ; soit... Prenez cette plume qui est sur cette table... (Il prend une feuille de papier, la plie en deux avec soin et la sépare en deux moitiés parfaitement égales.) Choisissez entre les deux moitiés de cette feuille de papier.

ALVAREZ.

Où voulez-vous en venir ?

DUMONT.

Vous le saurez. Auriez-vous peur ?

ALVAREZ.

Ce n'est pas sérieusement que vous m'adressez cette question ? Dictez !... Que voulez-vous que j'écrive.

DUMONT.

Votre nom.

ALVAREZ.

Rien de plus ?...

DUMONT.

Rien de plus... (Il prend la plume et écrit. — A Alvarez.) Pliez ce carré de papier, qui est le vôtre, comme je plie celui-ci, qui est le mien. (Il plie et replie le carré de papier.)

ALVAREZ, imitant ce que fait Dumont.

Après ?

DUMONT.

Faites ce que je fais. (Après avoir paru chercher, il voit et prend la corbeille, qui était sur un meuble, à côté des deux poupées et d'une foule de jouets d'enfants, et y dépose le bulletin sur lequel il a écrit son nom. Alvarez y dépose le sien également.)

ALVAREZ.

Que voulez-vous faire de cette corbeille ?

DUMONT.

Vous allez le voir.

ALVAREZ.

C'est la corbeille que j'ai donnée hier à Jeanne pour sa fête.

DUMONT.

Tant mieux pour vous ! Cette corbeille vous portera bonheur... Vous êtes si heureux !

ALVAREZ, d'un air sombre.

Heureux !... moi ?

DUMONT, après avoir agité la corbeille.

Maintenant, faisons nos conventions.

ALVAREZ.

Lesquelles ?

DUMONT.

Celui des deux dont le nom sortira le premier partira demain pour les montagnes de la Suisse ou pour les montagnes des Pyrénées, et fera ce qui sera nécessaire... pour y trouver la mort dans un gouffre, comme s'il avait péri par accident.

ALVAREZ.

Ce que vous me proposez là, c'est un suicide... c'est un duel... sans combat.

DUMONT.

Dites un duel... sans éclat.

ALVAREZ, avec ironie.

Je vous en fais mes compliments... C'est un moyen ingénieux de garder intacte la réputation de votre femme !

DUMONT.

Et la naissance de votre fille... ingrat !

ALVAREZ.

Ingrat !... Ah ! ce dernier mot a trouvé le chemin de mon cœur... Je sens fléchir en moi le sentiment qui m'aveuglait... j'entends le remords s'éveiller et crier au fond de ma conscience étouffée par la passion... Mes torts, que je ne voyais pas, m'apparaissent en ce moment dans toute leur étendue, dans toute leur profondeur, dans toute leur horreur... Henri, pardonne-moi.... dis-moi que tu me pardonnes !

DUMONT.

Vous pardonner me serait facile, car il ne reste plus de place pour la haine et la vengeance, quand la douleur est si grande qu'elle absorbe tout autre sentiment... Mais vous pardonner !... ce serait trop tôt !

ALVAREZ.

Ces deux bulletins de mort sont inutiles. (Il va pour retirer avec vivacité de la corbeille les deux bulletins.)

DUMONT.

Que voulez-vous faire ?

ALVAREZ.

Les déchirer...

DUMONT.

Je m'y oppose...

ALVAREZ.

Hier, je comptais partir avec elles deux... Ce soir, je partirai seul, et avant trois jours vous aurez appris que j'ai cessé d'exister... Une grâce, une seule grâce !... Je ne voudrais pas partir avant d'avoir embrassé Jeanne... Faites que je la voie... Faut-il que je vous le demande à mains jointes ?

DUMONT.

Ce que vous me proposez, si j'étais assez lâche pour l'accepter, ne serait plus ni un duel, ni un suicide, ce serait un assassinat...

ALVAREZ.

Non, ce serait la condamnation que je mérite.

DUMONT.

Il n'y a pas de condamnation sans juge, et je ne saurais être le vôtre, car un juge qui n'est pas désintéressé n'est pas un juge... Vous venez de m'appeler Henri, à mon tour je vous appelle Jean, et je vous dis : Jean, n'insistez pas ! Il faut que l'un de nous deux cesse d'exister... car il n'y a pas d'autre moyen de rompre sans éclat le lien qui nous lie.

ALVAREZ.

Je m'éloignerai... j'irai au bout du monde... et ne reviendrai jamais.

DUMONT.

Cela ne suffirait pas, car, si loin que vous alliez, je n'en serais pas moins contraint de mentir impudemment chaque jour, sous les yeux de ma femme, en continuant d'appeler ma fille l'enfant dont je sais maintenant que c'est vous qui êtes le père...

ALVAREZ.

Que ce soit moi qui meure, ou que ce soit vous qui mourriez, ni ma mort ni la vôtre ne fera pas que Jeanne n'existe...

DUMONT.

Oui... mais si c'est moi qui meurs, vous la légitimerez... en l'adoptant.

ALVAREZ.

Mais si c'est moi que le sort a justement condamné ?...

DUMONT.

Alors je pourrai ne plus voir et je ne verrai plus en

elle qu'une orpheline dont la volonté de Dieu m'aura confié la tutelle et la destinée... Indiquez-moi une autre issue pour sortir de cette impasse où vous m'avez enfermé... Indiquez-moi une autre conduite à tenir, et, si elle est meilleure, je la suivrai. (Alvarez garde le silence.) Le silence que vous gardez est la preuve qu'il n'y en a pas d'autre... C'est sans colère et sans aveuglement que je vous dis : Tirez!... vous hésitez encore?

ALVAREZ.

J'hésite... Jamais, non jamais, je ne me déciderai à tirer de cette urne fatale un arrêt de mort qui pourrait n'être pas le mien.

DUMONT.

Puisque vous ne pouvez vaincre cette hésitation, à moi donc d'avoir la résolution qui vous manque. Mais avant que la Providence ait prononcé entre nous, jurez-moi, comme je vous le jure, que, quel que soit son arrêt, il sera par vous, comme il le sera par moi, scrupuleusement exécuté.

ALVAREZ.

Vous le voulez?

DUMONT.

Je l'exige.

ALVAREZ.

Alors je le jure...

DUMONT.

Jurez aussi sur votre honneur, et devant Dieu, que vous renoncez au pouvoir de me dégager de ma parole, comme je jure de renoncer au pouvoir de vous dégager de la vôtre.

ALVAREZ.

Henri! Henri! au nom de nos vingt années d'amitié, je t'en prie, je t'en supplie, ne me demande pas d'ajouter ce second serment au premier.

DUMONT.

Je ne vous le demande pas... je vous l'impose.

ALVAREZ.

Je le refuse.

DUMONT.

Le refuser quand je l'exige est un droit que vous avez perdu... Avez-vous donc oublié qu'entre vous et moi il n'y a pas seulement une femme, — la mienne, — qui, par son repentir, pouvait, à mes yeux, racheter sa faute, mais qu'il y a une fille... la vôtre!... Comment lui défenderais-je de continuer à m'appeler son père, et comment consentirais-je à garder ce nom qui vous appartient et qui ne m'appartient pas? Les scrupules que vous avez aujourd'hui, monsieur, c'était il y a sept ans qu'il fallait les avoir... Croyez-vous donc que la vie que vous craignez de m'ôter a plus de prix que le bonheur que vous n'avez pas craint de m'enlever? La vie n'est plus pour moi qu'un pesant fardeau dont j'aspire à être délivré... Pas de fausse et tardive générosité!... je n'en veux pas... Prêtez donc le serment que je vous demande!

ALVAREZ.

Non, non, je ne le prêterai pas... cela m'est impossible.

DUMONT.

Impossible! c'est un mot que je n'accepte point. Est-ce que j'exige de vous rien de plus que ce que vous eussiez fait, si, vous rendant outrage pour outrage, je vous eusse forcé de vous placer devant moi une épée ou un pistolet à la main?

ALVAREZ.

Il n'y a pas de similitude.

DUMONT.

Entre le duel que vous eussiez accepté sans hésiter et celui qu'il s'agit de vider en ce moment, sinon qu'il n'y aura ni témoins, ni poursuites, ni scandale, où donc est la différence?

ALVAREZ.

A l'épée ou au pistolet, vous étiez le maître, vous, de m'ôter la vie; mais j'étais le maître, moi, de respecter la vôtre.

DUMONT.

Respecter ma vie quand vous n'aviez pas respecté ce que j'avais de plus cher et de plus sacré au monde... mais c'eût été mettre le comble à l'insulte!... Respecter ma vie! Ah! ces mots me rendent toute mon indignation et me mettraient en fureur si j'étais moins habitué à me contenir... Allons... allons, plus de phrases... Il faut en finir... Je suis l'offensé... j'ai le choix des armes... J'ai choisi.

ALVAREZ.

Dès que vous revendiquez ainsi ce titre et ce droit, je n'ai rien plus à répliquer.

DUMONT.

Alors, jurez donc, sur votre honneur et devant Dieu, que vous renoncez au pouvoir de me dégager de ma parole, comme je renonce au pouvoir de vous dégager de la vôtre.

ALVAREZ.

Je le jure.

DUMONT.

Maintenant, que la Providence prononce! (Il tire de la corbeille, après l'avoir agitée de nouveau, un bulletin qu'il déploie lentement et solennellement; il le lit.) Henri Dumont!

ALVAREZ.

Ah! tout ce que je redoutais!

DUMONT.

Et moi tout ce que je souhaitais!

ALVAREZ.

Henri, tu n'exécuteras pas ce fatal arrêt... Je saurai bien t'en empêcher.

DUMONT.

Pour m'en empêcher, comment pourriez-vous vous y prendre?

ALVAREZ.

En te devançant s'il le faut.

DUMONT.

Vous me devanceriez que cela ne me dégagerait pas.

ALVAREZ.

Alors, je vais prévenir ta femme, qui se jettera à tes pieds et saura bien vaincre une résistance qui, si elle n'en triomphait pas, serait aussi sa mort... Car, Henri, heureux et malheureux Henri, tu ne sais donc pas qu'elle n'a jamais aimé que toi, et que c'est son amour pour toi, — amour que je n'ai jamais pu réussir à éteindre, — qui a porté jusqu'à la frénésie ma passion pour elle...

DUMONT.

Vous préviendriez ma femme, que cet avertissement ne serait qu'un tourment de plus que vous mettriez encore dans sa vie. Cet avertissement n'arrêterait rien... L'arrêt est prononcé... Il s'exécutera tel qu'il doit s'exécuter... Mais, pour que ma mort ne puisse donner naissance à aucun soupçon, c'est vous, l'ami de ma jeunesse, l'associé de ma maison, que j'ai nommé mon exécuteur testamentaire et le tuteur de Jeanne.

ALVAREZ.

Henri, que tu es cruel!... car tu pousses le raffinement de la cruauté jusqu'à me faire envier comme un bonheur pour moi ce que je déplorais tout à l'heure comme un malheur pour toi.

DUMONT.

C'est vous, Alvarez, qui m'appelez cruel!... Vous ne m'avez pas tué, mais vous avez tué mon bonheur... Les martyrs pardonnaient à leurs bourreaux... les princes assassinés pardonnent à l'assassin qui vient de les frapper mortellement... méritant ainsi le pardon qu'ils attendent par le pardon qu'ils accordent... Prêt aussi à mourir, je vous pardonne, Jean, et je vous tends la main. (Il tend la main à Alvarez, qui la saisit, la mouille de ses pleurs et la porte plusieurs fois à ses lèvres avec transport.)

ALVAREZ.

Henri, vois mes pleurs, vois mon désespoir! vois mon humiliation, vois ma honte! Comment tout cela ne te fléchit-il pas?

DUMONT.

Et quand tout cela me fléchirait, à moins que je ne perde la mémoire et la raison, cesserais-je de savoir ce que je sais? N'insistez plus, Alvarez, n'insistez plus... Séparons-nous pour ne plus nous revoir..

que dans le monde de l'égalité de tous devant le repentir. Je vous dis adieu.

SCÈNE VII
ALVAREZ, DUMONT, MATHILDE.

MATHILDE, à Alvarez.

Restez!... (A Dumont.) J'ai tout entendu.

DUMONT.

Vous écoutiez donc?

MATHILDE.

Oui, j'écoutais l'oreille collée à cette porte... me soutenant à peine... et croyant à chaque détail de cet horrible duel sans armes et sans témoins, que j'allais tomber morte... Dieu m'a donné des forces... J'ai voulu tout entendre... jusqu'à la fin, et j'ai tout entendu... tout... heureusement! car, Henri, vous n'exécuterez pas votre résolution.

DUMONT.

Elle est irrévocable.

MATHILDE.

Vous la révoquerez...

DUMONT.

C'est impossible. Je suis lié par un serment.

MATHILDE.

Vous n'êtes pas lié!... Un serment qu'on n'a pas le droit de prêter est nul. Il est nul devant Dieu, il est nul devant les hommes! Non, la résolution que vous avez prise, vous ne l'exécuterez pas!

DUMONT.

Qui pourrait m'empêcher de l'exécuter?

MATHILDE.

Votre conscience avertie, qui s'y opposera... En ce moment suprême qui va décider de deux existences, (Regardant Alvarez.) de trois existences peut-être, de votre vie, de la mienne.... de la sienne....en ce moment suprême, la femme qui vous parle n'est plus celle que le poids de sa faute avait accablée... La femme qui vous parle est celle que l'excès de sa douleur a purifiée, et qu'inspire l'épouvante que lui a causée tout ce qu'elle vient d'entendre... Voyez mes cheveux ! que cette épouvante a blanchis... Touchez ma main... vous sentirez qu'elle est froide comme si déjà j'avais cessé de vivre !...

DUMONT.

N'insistez pas, Mathilde !

MATHILDE.

Vous me dites de ne pas insister ! Voulez-vous donc que je meure avant que vous ayez consommé votre crime ?... Oui, votre crime, car ce serait un crime !...

DUMONT.

Mathilde ! Mathilde ! ne prononcez pas cet horrible mot !...

MATHILDE.

De quel mot voulez-vous donc que je me serve pour qualifier un suicide, un duel, un meurtre, un homicide enfin ? Ah ! vous prétendez que vous êtes chrétien ! Ah ! vous dites que vous croyez en Dieu ! Eh bien ! si vous croyez en Dieu, comment donc agissez-vous comme si vous n'y croyiez pas ?

DUMONT.

Arrêtez-vous, Mathilde !

MATHILDE.

Non, non, je ne m'arrêterai pas... Je vous dirai ce que je pense, tout ce que je pense de ces subtilités de votre caractère si droit et de votre conscience si pure...

DUMONT.

De quelles subtilités voulez-vous parler ?

MATHILDE.

De la subtilité qui vous aveugle jusqu'à vous empêcher de voir que tirer au sort lequel de vous deux se donnerait la mort, c'était commettre un homicide qui, pour être ingénieux, n'en serait pas moins coupable.. De la subtilité qui a fait de vous un fataliste et vous a égaré jusqu'à vous faire croire que c'était la Providence, et non le hasard, qui avait prononcé et qui vous avait désigné... Si ce ne sont pas là des subtilités, moins que cela encore, des supercheries, prouvez donc le contraire ! (Silence profond.) Vous voyez bien que vous n'avez pas de réponse à me faire !... C'est qu'en effet il n'y en a pas... S'il y en avait une, vous l'eussiez déjà trouvée... (Montrant Alvarez.) Ce que vous lui disiez tout à l'heure, à mon tour je vous le dis : Votre silence est votre condamnation.

DUMONT.

Le parti que j'ai pris était le seul qu'il y eût à prendre pour vous sauver.

MATHILDE.

C'est vous qui dites cela, vous, Henri, vous dont la Bible est le code et dont l'Évangile est la loi ! Ah ! après la faute que vous m'avez pardonnée et que je ne me pardonne pas, j'étais tombée bien bas dans mon estime ; mais regardez-vous, et vous verrez que vous tomberiez plus bas encore que moi dans la vôtre si vous persistiez dans un dessein dont la générosité irréfléchie vous a égaré... Non, non, il n'est pas possible que vous, Henri Dumont, tel que je vous connais, tel que je vous honore, vous mettiez l'opinion des autres au-dessus de votre propre conscience, et les considérations du monde au-dessus des préceptes de votre foi !... Vous dites que le parti que vous avez pris... vous l'avez pris pour me sauver !... Il ne me sauverait pas, car, je vous le jure sur la tête de tout ce que j'ai de plus cher au monde, je ne vous survivrais pas...

ALVAREZ.

Ni moi !... Henri, je t'en donne ma parole d'honneur.

DUMONT.

Il y a des situations...

MATHILDE.

Où la mort qu'on se donne est un contre-sens et n'est pas un dévouement... où il n'y a d'autre dévouement qu'en mettant sa conduite d'accord avec sa croyance..... Vous m'avez pardonnée ! vous m'avez relevée... (Montrant Alvarez, qui, les bras croisés, se cache les yeux dans une de ses mains.) Vous lui avez pardonné, vous lui avez tendu la main, ne restez pas à la moitié du chemin.

DUMONT.

Jusqu'où donc voulez-vous que j'aille ?

MATHILDE.

Jusqu'au bout !

DUMONT.

C'est impossible !

MATHILDE.

Impossible, et pourquoi ?

DUMONT.

Mathilde, ne me forcez pas de vous le dire.

MATHILDE.

Dites-le ! dites-le sans craindre de me blesser... Mon cœur n'est plus qu'une plaie... Rien maintenant n'en pourrait augmenter les souffrances.

DUMONT.

Vous le voulez ! Eh bien ! je vous le demande à vous-même : à présent que je n'ignore plus rien de tout ce que j'étais si loin de supposer... est-ce que, sans manquer à toute dignité, à toute convenance, il serait possible qu'Alvarez demeurât mon associé et qu'il parût encore mon ami... et le vôtre ?

ALVAREZ.

Deux lignes chez un notaire, et l'association sera dissoute... La maison liquidée... je retournerai en Espagne, d'où je ne reviendrai jamais en France... J'en prends ici l'engagement solennel...

DUMONT.

Et Jeanne ?... à qui serait-elle ? Jean, et vous, Mathilde, vous voyez bien que c'est la Providence elle-même qui a voulu que je mourusse pour expier et racheter votre faute à tous les deux !

MATHILDE.

Henri, ne faites pas plus longtemps à la Providence l'injure de prendre le hasard pour elle. Dans votre bouche, cette méprise prolongée est un blasphème !

DUMONT.

Si c'est une méprise, si c'est un blasphème, si je me trompe, si c'est le hasard, et si ce n'est pas la Providence qui a prononcé, alors qu'elle parle donc par votre voix, et qu'elle m'en donne la preuve en m'ouvrant une issue qui me dégage de mon serment.

MATHILDE.

Ne vous faut-il que cette preuve?

DUMONT.

Oui... mais vous ne pourrez pas me la donner!...

MATHILDE.

Cependant, si je vous la donne, et si cette preuve vous dégage pleinement, me promettez-vous de vous en contenter?

DUMONT.

Je vous le promets.

MATHILDE.

Solennellement?

DUMONT.

Solennellement... Mais vous vous abusez, Mathilde...

MATHILDE, à Dumont.

Je ne m'abuse pas, et pour vous donner cette preuve que Dieu, qui m'inspire en cet instant, a fait jaillir tout à coup dans mon esprit comme un éclair... je ne vous demande qu'un instant... (A Alvarez.) En n'essayant même pas de combattre l'aveugle passion qu'à sa naissance il vous eût été si facile de vaincre, et dont pendant si longtemps vous m'avez imposé le joug par la crainte d'un éclat et d'une séparation que la lâcheté de ma soumission n'aura fait que retarder sans les empêcher... en immolant à votre égoïsme tout ce que l'honneur vous imposait le droit de respecter : une amitié de vingt années, la fidélité d'une femme aimant son mari, le bonheur d'un ménage, le repos de deux familles, reconnaissez-le, monsieur; vous avez été bien coupable !...

ALVAREZ.

C'est vrai ! Mais pour réparer les torts que j'avoue, que faut-il que je fasse ? dites le... Faut-il en laver la honte dans mon propre sang et donner ma vie ? Je suis prêt à tous les sacrifices... aucun ne me coûtera...

MATHILDE.

Et vous aussi vous donneriez votre sang et votre vie que cela ne laverait et ne réparerait rien... Qu'est-ce que le sang a jamais lavé ? Le sang ne lave pas la honte... La honte s'expie, mais ne se lave pas... Qu'est-ce que la mort a jamais réparé ? La mort détruit, mais elle ne répare pas... Il ne s'agit donc ici ni de sang ni de mort...

ALVAREZ.

Alors, de quoi s'agit-il ?

MATHILDE.

Je vais vous le dire... (Regardant alternativement Alvarez et Dumont, et s'adressant d'abord à Alvarez.) Aujourd'hui même, vos intérêts seront séparés, et demain vous aurez quitté la France... Vous emmènerez Jeanne, votre fille... elle vous appartient... vous l'emmènerez !... (A Dumont.) Vous, Henri, vous partirez pour Genève... où, à ma demande, vous ferez prononcer notre divorce.

DUMONT.

Cette pensée ne m'était pas venue.

MATHILDE.

C'est un droit que vous donnent votre pays, vos lois, votre religion... Ce droit, avouez-le, vous dégage de votre fatale détermination, car elle n'aurait plus aucun sens et deviendrait absurde! Moi je me retirerai dans un couvent pour y prier Dieu de vous consoler de toute l'affliction dont je vous ai couvert et de vous rendre tout le bonheur que je vous ai fait perdre...

DUMONT.

Si je provoquais ce divorce, dont jamais l'idée ne m'avait et ne m'était apparue, dont l'idée vous appartient, quelle serait donc l'expiation infligée à la femme qui n'a connu ni la honte, ni le remords? Renoncer à la vie ne me coûtait plus rien... (Regardant affectueusement Mathilde.) Pour sauver la tienne (Regardant Alvarez.) et la sienne, une porte légale m'étant ouverte toute grande, je serais sans excuse si je ne rétractais pas la résolution irréfléchie sur laquelle (Regardant Mathilde.) tu viens de faire luire à mes yeux la lumière divine... Oui, en effet, c'eût été un crime que tu m'épargnes, et m'engager par serment à le commettre est un droit que je n'avais pas... Sois heureuse, sois fière du triomphe que ta raison, inspirée par le repentir, vient de remporter sur ma raison égarée par le désespoir! (A Alvarez.) Jean, tu m'as proposé de partir... tu partiras.

ALVAREZ.

Ce soir même j'aurai trouvé, pour partir demain, un prétexte plausible... Je sens qu'il n'y a plus en moi qu'une seule ardeur qui brûle... celle de l'abnégation. Ah ! que n'ai-je appris plus tôt que, pour vaincre ses passions, il suffisait d'élever ses pensées !

DUMONT, à Alvarez.

Tu partiras... mais sans ta fille qui doit tout ignorer et que je continuerai d'aimer comme je l'aimais quand je la croyais la mienne... je la garderai jusqu'au jour où en se mariant elle changera de nom... Ce sera ton châtiment.

ALVAREZ.

Châtiment mérité et que j'accepte en te bénissant.

DUMONT, à Mathilde.

Je n'irai pas à Genève... Le divorce ne rompra pas le lien que la dignité de ta conduite vient de resserrer... Si je provoquais le divorce dont l'idée t'a apparu, quelle serait donc l'expiation infligée à la femme coupable qui n'a connu ni la honte, ni le remords ?... Nous vivions en époux, nous vivrons en frères...

MATHILDE.

Henri, vous oubliez le monde !

DUMONT.

Je ne l'oublie pas... S'il apprend ce qui vient de se passer entre nous, comme il finit toujours par applaudir à tout ce qui est juste, il m'approuvera.

Voyons, lecteur, ami ou ennemi, sois franc, cette pièce était-elle possible ? Laissons de côté la forme que le public n'eût pas supportée pendant la moitié du premier acte, et ne nous occupons que de l'idée, de ce que M. de Girardin appelle son Idéal.

Quel est le titre de la pièce? *Le Supplice d'une femme*. C'est clair. M. de Girardin ayant eu la liberté de choisir le titre qui convenait le mieux à sa conception, j'ai le droit d'exiger, moi spectateur, que la conception réponde au titre. Or, où est le supplice de Mathilde, dans la pièce de M. de Girardin que je viens de citer? Son mari lui pardonne dès le second acte, il la garde, elle et son enfant, au troisième acte, après avoir suivi les conseils que lui donne cette femme adultère, conseils qu'elle a perdu le droit de donner, et il la débarrasse à tout jamais d'Alvarez dont elle ne savait comment se débarrasser. Hé mais! c'est tout bénéfice, et non-seulement il n'y a pas supplice, mais il n'y a pas même punition, il y a peut-être même encouragement pour les autres femmes dans la même situation, et cela ne peut être cependant ce que vous avez voulu. Vous vouliez évidemment, sans quoi ce n'eût pas été la peine de changer votre genre de travaux et de monter à une nouvelle tribune, vous vouliez évidemment faire réfléchir les femmes coupables et retenir celles qui se disposent à l'être; vous vouliez fournir un exemple et donner une leçon sur un fait malheureusement trop fréquent dans la société actuelle; c'était votre droit, c'était même votre devoir, du moment que l'idée vous en venait. Enfin, vous deviez vouloir dire à la femme mariée : « Si tu oublies, ne fût-ce qu'une minute, tes devoirs d'épouse, sache à quel supplice tu t'exposes :

» Cette minute d'erreur peut donner naissance à un enfant que tu seras forcée d'imposer à ton mari par les plus honteux subterfuges.

» Tu t'apercevras que tu n'aimeras pas ton amant, et tu seras cependant forcée d'agir comme si tu l'aimais, tant tu auras peur de sa jalousie, de sa colère, de sa dénonciation même.

» Tu n'aimeras pas ton enfant autant que tu voudrais l'aimer, parce que tu le considéreras comme la cause de tous tes malheurs. Sans lui, en effet, la faute serait peut-être réparable ; à cause de lui, elle ne l'est plus.

» Tes amies intimes auront le droit de te questionner, de te surveiller, de te torturer, tes femmes de chambre de te dénoncer, le monde de te repousser, et tu baisseras la tête à toute heure du jour devant mari, amant, enfant, amies et valets. Enfin tu seras contrainte de tout avouer à ton mari pour ne pas tomber plus bas. Alors ton mari te frappera, t'insultera, te comparera aux filles perdues, te chassera sous un prétexte qui déshonorera ton caractère, qui te fera vile, méprisable, *ingrate* ; il gardera ton enfant, qui, libre de choisir, préférera rester avec lui plutôt qu'avec toi. »

Ainsi Supplice avant la pièce, Supplice pendant, Supplice après, voilà la leçon, complète, effroyable, *utile*, telle que nous devons la donner quand nous nous mêlons de ces grandes questions de morale et de société, et c'est à cette leçon incessante que moi, à qui vous aviez confié vos intérêts, je devais faire converger les moindres détails de l'œuvre. C'est ce que j'ai fait, c'est ce qu'il était de mon devoir de faire pour vous, pour le public et pour moi, et non-seulement je n'ai pas faussé vos caractères, mais je les ai redressés, — pour ne pas dire créés, — car la première condition d'un caractère, c'est la logique, et vos personnages se démentent à chaque instant, comme on a pu le voir si l'on a lu *votre véritable pièce*. Pour conclure, quand on a fait choix d'une idée : Ne pas la perdre de vue un seul moment ; que tous les personnages, toutes les scènes, tous les mots concourent à l'expression, à la déduction, à la preuve de cette idée, sous quelque forme que vous la présentiez, drame ou comédie. Rappelez-vous cette loi invariable du théâtre, Monsieur de Girardin, et ne vous en écartez pas quand vous écrirez *les Deux Sœurs*. C'est le dernier conseil dramatique que j'ai l'occasion de vous donner, mais ce n'est pas le plus mauvais.

Je devrais ici, pour que le dossier du procès fût complet, mettre mon manuscrit, à moi, sous les yeux du lecteur ; mais M. de Girardin, qui a une idée par jour, en ayant eu deux dernièrement, dont la seconde a été de vendre ce manuscrit en toute propriété, je me trouve être à peu près le seul homme, dans le monde, qui ne puisse plus le publier. On le trouvera du reste dans la brochure qui porte ce titre, le *Supplice d'une Femme*, drame, en trois actes, avec une préface, par Émile de Girardin, — de la page 57 à la page 143.

Maintenant, que j'écrive comme un télégraphe ou comme un mélodrame ; que le public ait tort ou raison d'applaudir mes vérités factices ; que M. de Girardin continue à me croire un petit garçon, parce qu'il m'a presque vu naître ; que je sois son élagueur ou son traducteur (j'accepte ce dernier mot, sa langue dramatique ayant encore besoin d'être traduite) ; qu'il aime mieux être sifflé qu'applaudi, fantaisie qu'il se passera facilement quand il n'aura plus de collaborateur ; qu'il ait laissé représenter la pièce pour ne pas *me faire un tort pécuniaire !* ou parce qu'il ne pouvait pas faire autrement ; que je sois le geai, et qu'il soit le paon, — que je ne tiens pas à être, à cause du ramage surtout, et l'avenir, du reste, décidera dans quelles catégories d'oiseaux nous devons être classés tous les deux, — tout cela est sans importance. Ce qu'il importe de démontrer, c'est l'incontestabilité des faits et la franchise et la netteté de ma conduite.

« Chercher la vérité, » telle est la devise de M. de Girardin.

« La dire, » telle est la mienne.

Elles se valent.

LETTRE

SU

LES IDÉES DE MADAME AUBRAY

A monsieur Georges Seigneur, directeur du journal catholique *Le Croisé*, à propos des *Idées de madame Aubray*.

Monsieur,

Je ne discute jamais publiquement mes œuvres, non pas que je fasse fi de la critique, je lui dois trop pour cela, mais je serais entraîné dans des questions d'esthétique où je finirais par me perdre, si je voulais y suivre mes contradicteurs. Ma réponse à toutes les objections doit être d'avance dans mon drame ou dans mon livre. Si on ne l'y voit pas, c'est que je n'ai pas su l'y mettre ou qu'on ne veut pas l'y voir.

Dans les deux cas, tout ce que je pourrais dire après, et rien, ce serait la même chose. Mais si je ne discute pas avec mes adversaires de parti pris, je discute ou plutôt je cause volontiers avec ceux de mes juges qui sont du même avis que moi sur presque tous les points et qui ne diffèrent plus que sur quelques nuances. Vos deux articles dans le *Croisé* et l'article de M. Boissin dans *Mémorial catholique*, donnent tout à coup aux *Idées de madame Aubray* une telle importance que je crois devoir d'abord vous remercier de l'appui que vous me prêtez l'un et l'autre, et ensuite causer avec vous de cette question *théâtre* un peu délicate à traiter devant le public spécial auquel votre journal s'adresse.

Au lieu de rire au nez de madame Aubray, de la traiter de folle et d'immorale, et de me jeter la pierre comme l'ont fait d'autres journaux catholiques, vous acceptez ses Idées jusque dans leur conclusion, et vous reconnaissez en elle une des vôtres. Au lieu de croire, comme ces juges sans péché que je ne veux pas nommer, ne me sentant pas de force à lutter avec eux, au lieu de croire que cette thèse, nouvelle au théâtre, n'a été pour moi qu'une ficelle purement dramatique, que j'ai joué de la religion comme j'avais joué du demi-monde, et qu'en véritable acrobate qui veut attirer la foule, après avoir dansé sur la corde de Cupidon, j'ai passé dans les cerceaux de Jésus, histoire de varier mes exercices pour l'Exposition universelle, vous avez senti dans l'œuvre une émotion sincère, un projet hardi, une conscience en mouvement : vous avez eu, ainsi que M. Boissin, le courage de dire ce que vous pensez, dans les feuilles religieuses où le théâtre n'est pas condamné d'avance, et des *Idées de madame Aubray*, développées tous les soirs devant le public par de simples comédiens sur les tréteaux du Diable, vous avez vu sortir franche, nette et pure l'idée de l'auteur. Je serais un ingrat si je ne vous remerciais pas, et un maladroit si je ne profitais pas de l'occasion pour tâcher de réconcilier le théâtre avec l'Église, bien entendu comme on réconcilie un fils coupable avec sa mère, en réservant à celle-ci toute sa supériorité et tous ses droits sur celui-là.

Pour traiter en quelques mots la question générale, je me permettrai seulement de dire ceci à vos lecteurs, qui vont s'en étonner et s'en scandaliser peut-être : que la famille humaine aurait déjà fait un pas immense si elle se mettait à vivre tout à coup selon la morale de la plus mauvaise de nos comédies. Il n'y a pas un de nous, petit ou grand, qui puisse conclure dans une œuvre dramatique, autrement que par la punition du vice et par la récompense de la vertu.

Si le théâtre pouvait modifier les mœurs, cette modification eût été faite par nous au profit du bien et non du mal, depuis longtemps; déjà le monde serait, sinon parfait, du moins fort amélioré, et l'Église n'aurait plus tant à faire. Nous avons à notre service, il faut l'avouer, des moyens puissants, le rire, les larmes, la satire, la colère, la jeunesse, la beauté, la grâce, la passion sous tous ses aspects, la vie sous toutes ses faces. Nous pouvons prendre ceux qui nous écoutent par les yeux, par les oreilles, par le cœur, par la réflexion, par la surprise, par les sens enfin. Pendant un temps plus ou moins long, deux ou trois heures, l'homme et la femme nous appartiennent. Si nous avons du génie ou seulement même de l'habileté, nous faisons d'eux ce que nous voulons.

Nous pénétrons jusqu'au fond de leur âme, nous la mettons à nu, nous la faisons palpiter d'enthousiasme, ou crier de douleur, ou reculer d'épouvante. Nous jetons leurs secrets en pleine lumière, et ils sont forcés de dire : C'est vrai!

Notre domination est sans limites; mais, hélas! elle est aussi sans durée. La toile tombée, le lustre éteint, après un dernier frémissement, notre empire s'évanouit. Notre action est énorme, notre effet est nul. C'est à recommencer tous les jours aussi laborieusement, aussi inutilement que la veille. Nous ne corrigeons personne. La comédie est un miroir dans lequel on ne voit que son voisin. Il y a tout autant de Célimènes, d'Alcestes, d'Arnolphes et de Tartuffes que du temps de Molière. Chacun de nous les reconnaît, mais ils ne se reconnaissent pas. Le vice n'a rien perdu, l'art y a gagné, voilà tout. Nous avons Molière, c'est beaucoup, mais ce n'est peut-être pas assez.

En voyant cette insuffisance du théâtre, insuffisance inexplicable, puisque le théâtre parle à des milliers d'individus tous les jours, à la même heure, dans tous les pays civilisés et dans toutes les langues connues, je me suis demandé ce qui nous faisait si inférieurs comme résultats à une foule de harangueurs bien inférieurs à nous, comme valeur, comme travail et comme sincérité, et je me suis dit : Cela vient peut-être de ce que nous ne faisons appel qu'à la curiosité, à l'intelligence, à la passion, à la nature, aux sens, à l'âme externe, pour ainsi dire, de la foule. Si nous interpellions tout à coup son for intérieur, sa conscience, son âme cachée, si, sans la prévenir, quand nous la tiendrons là, sous prétexte de l'amuser, et en l'amusant, nous lui soumettions une grande question morale, humanitaire, chrétienne, qu'elle serait forcée de résoudre, séance tenante, si nous faisions enfin au profit du bien ce que nous avons vainement tenté contre le mal, la cause étant plus élevée, est-ce que nous n'élèverions pas en même temps le niveau du théâtre et le niveau de la foule?

Nous ne sommes pas des païens, les mystères de la bonne déesse d'aujourd'hui, la Charité, peuvent être divulgués sur la scène sans que le révélateur moderne soit chassé pour cela. La religion emprunte à l'art sa peinture, sa statuaire, sa musique, ses décorations, ses pompes, son encens, tout ce qui peut lui servir enfin, et il ne vient à l'esprit de personne de lui reprocher ces moyens humains et sensuels; pourquoi ne lui emprunterions-nous pas la grande idée sur laquelle elle repose, qui fait sa force et son autorité, qui est la source même du bien, comme on le comprend aujourd'hui, et qui porte en elle l'avenir de l'humanité?

Ne refaisons ni *Athalie*, ni *Esther*, ni *Polyeucte*, qui sont bien faits d'ailleurs, laissons de côté l'histoire, le passé, l'allusion, le symbole; ne désintéressons pas le spectateur de l'action que nous allons lui soumettre; pas de finesse, pas de malice, pas de supercherie, qu'il sache bien que c'est de lui qu'il est question et non de la fille d'Achab, de la femme d'Assuérus ou du soldat de Mélitène dont il se soucie fort peu, descendons dans sa raison, dans sa conscience, dans cette partie de son âme qu'il croit avoir laissée chez lui en venant chez nous, et disons-lui nettement: « Holà! chrétien, qu'est-ce que tu penses au fond? »

Voilà pourquoi et comment j'ai écrit *les Idées de madame Aubray*. Ce n'a pas été pour faire admirer avec quelle audace je puis faire tenir une idée au bout de ma plume, comme un clown fait tenir une plume sur le bout de son nez, mais ç'a été par un sentiment généreux, par une inspiration loyale, par un impérieux désir d'attirer l'attention et même la discussion sur les grands principes de solidarité, de charité, de pardon, qui servent de base à la morale du Christ, et sans lesquels la morale n'est qu'une légende et le culte n'est qu'une habitude, — pour ne pas dire une hypocrisie.

Vous, Monsieur, que je n'avais pas l'honneur de connaître, et qui rédigez une feuille chrétienne, vous comprenez mon but et vous épousez mon idée. Vous le dites à vos lecteurs, merci; mais vous trouvez que je n'ai pas encore été assez loin, vous regrettez que je n'aie pas poussé l'idée jusqu'à l'exaltation du dogme et que je n'aie pas fait passer Jeannine par les épreuves et les purifications de l'Église.

Je n'ai qu'une raison à vous donner. La chose

était impossible. D'abord je ne suis qu'un chrétien du dehors, comme vous appelez ingénieusement ceux qui sont dans les idées chrétiennes, sans être dans le dogme catholique, et puis le théâtre n'est pas la chaire.

Certains mots sont absolument rayés de notre langue dramatique. On rirait chez nous de ce qu'on vénère autre part. Question de milieu que tout artiste doit connaître et respecter. C'est à vous, chrétiens du dedans, de compléter notre pensée si vous la trouvez édifiante, utile à votre cause, de l'expliquer alors aux fidèles, dans les formules consacrées, et, comme vous l'avez fait, Monsieur, de nous traduire un peu, afin de montrer à ceux qui croient en vous que nous ne sommes pas aussi noirs qu'on le dit.

Maintenant une dernière explication après laquelle nous nous entendrons tout à fait, je pense, littérairement parlant. Je dois vous faire connaître les nécessités auxquelles nous sommes astreints pour répandre une idée quelle qu'elle soit. De même que pour faire un civet, il faut un lièvre, de même, pour parler à une foule, il faut d'abord une foule. La première condition pour nous, hommes de théâtre, est d'attirer cette foule, — et pour l'attirer il n'y a qu'un moyen, c'est de l'intéresser, de l'émouvoir, de l'amuser, sinon elle se dérobe, et quand il n'y a personne pour l'entendre énoncer, si bonne que soit une idée, elle n'est plus rien. Il faut deux choses aux paroles : la bouche qui les dit et l'oreille qui les recueille. L'une ne peut se passer de l'autre.

Il nous faut donc à nous qui ne nous appuyons pas comme vous sur une vérité acceptée d'avance, sur un texte respecté, sur une loi reconnue divine, il nous faut, pour réunir et retenir notre public, employer tous les moyens du milieu où nous sommes placés.

Le plus beau discours de Bossuet ou de Bourdaloue qui passionnerait, exalterait et ferait tomber à genoux ceux qui l'entendraient dans une église, endormirait profondément ces mêmes auditeurs dans une salle de spectacle où ils seraient venus pour entendre autre chose. Ceci est bien évident, n'est-ce pas, et M. de la Palisse pourrait proclamer ces vérités s'il n'était mort un quart d'heure après qu'il était encore en vie ! Ensuite, outre que nous n'avons ni ne réclamons le caractère sacré du prêtre, nous ne saurions procéder comme lui. Autorisez un rapprochement d'une minute. C'est pour me rendre tout à fait intelligible.

Le prêtre a affaire à la conscience interne de l'individu, il y pénètre à voix basse, dans l'ombre d'un confessionnal avec la persuasion du mystère, du secret et de la solitude ; nous, nous avons affaire à la conscience collective de la foule. Nous l'interrogeons en pleine lumière, dans le bruit et le tumulte. Nous ne refoulons pas la passion en dedans, nous la faisons jaillir en dehors. Ce n'est pas une réflexion qu'il nous faut, c'est un cri ; nous ne sommes pas chargés de convaincre pour toujours, mais de prouver à l'instant.

Je parle de ceux qui, comme moi, veulent, par le théâtre, faire entrer dans l'esprit de la foule une vérité sociale, morale ou philosophique. L'intensité du moyen augmente ou diminue selon le but à atteindre, mais le moyen est invariable, et qui veut s'y soustraire, tombe.

Une fois l'idée en nous, il s'agit de trouver un fait qui la rende vivante, logique, concluante pour l'intelligence du spectateur. De ce fait, nous ne pouvons nous passer, c'est notre lièvre.

Le fait dont je me suis servi et que je n'ai plus besoin de raconter, puisque vous vous êtes donné cette peine ici même, est-il intéressant, émouvant, dramatique? Oui! évidemment. Faut-il le prendre au pied de la lettre? Non. De bonne foi, l'auteur des *Idées de madame Aubray* a-t-il voulu conseiller aux mères de famille de marier leurs fils avec des pécheresses, aux jeunes gens qui s'amusent de réparer les fautes de leurs amis en épousant celles qui ont péché avec eux, aux honnêtes femmes enfin d'accueillir toutes les filles-mères qu'elles rencontreront ?

Il n'y a pas songé et le public de la première représentation, en acclamant le dénouement qu'il prévoyait, sanctionnait, imposait, a prouvé à l'auteur qu'il l'avait compris. Au point d'exaltation où le public se trouvait amené, il ne jugeait plus avec son esprit, mais avec son âme, et il se souciait peu des détails pratiques de la vie ordinaire : on lui posait cette question : Les bonnes gens et les honnêtes gens valent-ils mieux que les gens mauvais et malhonnêtes ? La foi dans les principes est-elle préférable à l'apostasie ? Quand on fait le mal, vaut-il mieux s'en repentir, au risque de tomber dans l'excès du bien, si le bien peut avoir ses excès, ou vaut-il mieux persévérer dans le mal ?

Quand on a jeté sur la terre un enfant qui ne demandait pas à y venir, est-on son père ou ne l'est-on pas ? Doit-on l'abandonner ou l'élever ? Quand on a aidé une femme à déchoir, faut-il lui jeter la pierre ou la défendre ? Quand on a, par conviction, par charité évangélique ou rationnelle, peu importe, tendu la main à un pécheur qui se repent, faut-il le laisser retomber dans l'abîme si on le trouve trop lourd ou tenter un dernier effort pour le sauver tout à fait ? Faut-il enfin renier la vérité comme Galilée ou mourir pour elle comme Jésus ? Répondez.

Le public a répondu ce qu'il devait répondre.

C'est que le public dégage admirablement l'idée du fait. Il sait très-bien que nous sommes chargés de lui montrer la nature humaine non pas telle qu'elle est absolument dans chaque individu, mais telle qu'elle est dans son total. Ce n'est pas vous ou moi que j'ai à peindre, c'est vous et moi, et beaucoup d'autres avec nous deux. Je suis donc forcé de prendre une moyenne qui, examinée avec l'œil individuel, paraît hors des proportions humaines, et qui, contemplée avec l'œil collectif, se montre harmonieuse et pondérée.

Si je ne peins que vous, je vous trouverai incomplet ; si je ne peins que moi, vous en direz autant de mon personnage. Ce qui nous manque à nous deux, un autre l'a, à qui manque à son tour ce qui est le propre d'un quatrième ; mais si l'homme est incomplet, l'humanité, composée de tous les hommes, est complète, et, c'est là que je voulais en venir, je n'avais plus à peindre l'homme, mais l'humanité.

Ceux qui n'ont cherché qu'eux seuls dans mon œuvre, ont crié à l'exagération, à l'impossible, à l'utopie. Eh bien ! que ceux-là, au lieu d'appliquer leur microscope sur mon œuvre, ou de peser dans les balances de la vie quotidienne des habitudes routinières, des petites conventions sociales, appliquent directement et loyalement ce microscope sur eux-mêmes, sur vous, sur moi, sur n'importe qui, s'il leur déplaît de se voir trop grossis, et ils retrouveront avec étonnement, dans les types les plus ordinaires, les monstruosités de vices et de vertus que je vous peins, parce qu'au microscope, l'homme c'est l'humanité en germe avec tous ses vices, toutes ses vertus, toutes ses petitesses, toutes ses grandeurs, toutes ses défaillances, toutes ses aspirations, contenant le mal à doses énormes, et le bien à doses supérieures, car, somme toute, l'homme naît et meurt bon.

Eh bien ! le théâtre, c'est le microscope de la foule. Il grossit tout, parce que deux mille personnes étant réunies pour voir un seul objet, il faut que cet objet soit visible pour deux mille personnes, et que, sans ce grossissement artificiel, il y aurait plus des trois quarts des spectateurs qui ne verraient rien du tout.

Le procédé de critique que l'on emploie aujourd'hui nous étonne donc toujours, nous, hommes de théâtre, et fait naître entre nos juges et nous un malentendu éternel. Ce n'est pas plus notre faute que la leur. Nous ne regardons pas les mêmes objets du même point ni avec les mêmes instruments, voilà tout. Aussi résulte-t-il de cette différence entre la foule et l'individu des accidents tout à fait imprévus.

Le même spectateur qui m'avait applaudi hier

dans une salle de spectacle, avec quinze cents autres personnes, rentré chez lui, repris de nouveau par sa vie individuelle, revient sur son émotion et sur sa sympathie. Il commence à me discuter, à me critiquer. Pour un peu, il me sifflerait, s'il n'était trop loin du théâtre. C'est l'homme qui se détache peu à peu de l'humanité, qui ne veut plus être solidaire, et qui s'écrie : mais je ne suis pas *comme ça*, moi. Donc, ce n'est pas vrai.

« En effet, Monsieur, vous n'êtes pas *comme ça* quand vous êtes tout seul, mais vous êtes *comme ça* quand vous êtes avec vos *semblables;* parce que tout seul vous n'êtes qu'une partie et qu'avec d'autres vous êtes un tout. »

Pour conclure, je suis convaincu que le monde entier est ou sera bientôt dans les *Idées de madame Aubray*, que le monde entier voudrait voir l'humanité parfaite et heureuse, et cela d'aujourd'hui à demain, que quelques-uns, même parmi les chrétiens du dehors, feraient et font tous les jours très-simplement le sacrifice de leur fortune, de leur vie, pour la satisfaction de leur conscience, de leurs idées, mais que le reste aime mieux que la chose prédite arrive sans que ça lui coûte rien.

Tout le monde veut le bien, et le veut sincèrement. On ne le voudrait pas par conviction qu'on serait forcé de le vouloir par intérêt. Ce n'est pas le désir qui manque, ce n'est même pas la volonté, c'est la persévérance, c'est l'union surtout. Les *Idées de madame Aubray* répondent à ce besoin secret, à ce désir intime. Voilà pourquoi, depuis plus de deux mois, une comédie a pris tant d'importance et a soulevé tant de discussions, même dans le Temple!

Un dernier mot.

On me demande dans un grand nombre de lettres que je reçois, et vous paraissez vous-même, Monsieur, me demander pour qui je suis, moi l'auteur, si c'est pour madame Aubray ou pour Barantin?

Je suis pour madame Aubray — absolument.

A. DUMAS.

30 mai 1867.
Le journal *le Figaro*, 19 juin 1867.

LETTRE A M. MIRÈS

SUR LA QUESTION D'ARGENT

A M. le rédacteur du Figaro.

Monsieur le rédacteur,

Voulez-vous me prêter vos colonnes pour quelques lignes de réponse qu'il me faut faire à M. Mirès et que j'aime mieux pour lui dans votre journal qui est très-répandu, que dans le sien qui ne l'est guère, sans compter que si je les adressais directement à M. Mirès, il ne les imprimerait probablement pas.

Dans son numéro du 28 juillet dernier, M. Mirès imprime et signe sous cette rubrique : A M: Émile Pereire, un article intitulé : La *Question d'argent*, où, après avoir accusé Augier d'avoir voulu le mettre en scène dans *Ceinture dorée*, il arrive à cette phrase : « Vous vous entendez avec

M. Alexandre Dumas fils, et la *Question d'argent* voit le jour. »

Ainsi M. Mirès *sait* que M. Émile Pereire s'est entendu avec moi, et on devine ce que le mot *s'entendre* peut vouloir dire entre un financier riche qui tient à se venger d'un rival, et un homme de lettres qui lui prête ou plutôt qui lui loue sa plume.

Comment M. Mirès a-t-il pu savoir cela? Je croyais le secret bien gardé. Nous avions pris tant de précautions, M. Émile Pereire et moi, que pas un être dans le monde ne peut dire qu'il nous a vus causer ensemble avant la première représentation de la *Question d'argent*, ni même avant la représentation du *Fils naturel*, qui eut lieu un an après. Enfin M. Mirès le sait, nous avons été trahis; mieux vaut tout avouer.

M. Émile Pereire m'a donc *fait venir* une fois, et il m'a tenu à peu près ce langage :

— Je voudrais traîner M. Mirès sur la scène et le déshonorer définitivement. J'ai jeté les yeux sur vous; combien ça me coûtera-t-il?

— Combien avez-vous donné à Augier pour faire *Ceinture dorée?*

— Trois cent mille francs, cent mille francs par acte.

— Eh bien! moi je vous ferai cinq actes au même prix, c'est-à-dire pour cinq cent mille francs; mais ça sera tapé, je vous en réponds.

M. Isaac Pereire, présent à cet entretien, trouva que c'était un peu cher. Je tins bon en exigeant de ces messieurs, que le marché se fît ou ne se fît pas, une parole d'honneur qu'ils ne diraient jamais ce qui se passait entre nous. Quant à moi, j'avais tout intérêt à me taire. Je suis sûr que ces messieurs ont tenu leur parole. Par qui M. Mirès a-t-il donc connu ces détails ? Bref, le marché se conclut à deux cent cinquante mille francs, une fois le manuscrit remis au Gymnase, et à deux cent cinquante mille francs, une fois la comédie présentée: plus une bonne loge de face pour M. Pereire, loge qu'il tenait à payer pour ne pas éveiller les soupçons.

J'ai pu tenir mes engagements, ces messieurs ont tenu les leurs. La pièce a été jouée et j'ai reçu les cinq cent mille francs. Seulement j'ai voulu être tout à fait malin pour ne pas dire tout à fait canaille, et convaincu, surtout après avoir lu la lettre que M. Mirès m'adressa à cette époque dans le *Constitutionnel*, que M. Mirès était encore plus fort que M. Pereire, j'ai, avec mes cinq cent mille francs, acheté des actions de la Caisse des chemins de fer, et j'ai tout perdu peu de temps après. Argent mal acquis ne profite jamais. J'ai voulu recommencer avec MM. Pereire, mais je n'avais plus leur confiance, et ils m'ont préféré Augier, à qui ils ont donné un million pour qu'il fît les *Effrontés;* mais il faut dire aussi que le Théâtre-Français est plus grand que le Gymnase. Augier, lui, a acheté des terrains avec cet argent, et il a doublé son capital. Tout lui réussit.

De sorte que, dernièrement, quand j'ai publié mon *Théâtre complet*, je me suis bien gardé, comme vous l'avez remarqué sans doute, de faire aucune allusion, dans la préface de la *Question d'argent*, ni aux affaires financières de ce temps, ni aux personnages qui m'avaient soi-disant servi de type. J'avais trop peur de recevoir sur les doigts. J'ai donc cousu à cette pièce un souvenir d'enfant, je ne sais quelle idylle qui n'avait aucun rapport avec elle. M. Mirès voit bien où le bât me blesse et il en abuse. Il veut me déshonorer aux yeux de mes concitoyens qui mettent une certaine obstination à m'estimer. C'est mal. Je vais essayer tout de même de me défendre; il s'est bien défendu, lui, et à la place de la première histoire que j'ai contée, je vais vous en broder une autre. Nous vivons dans un si drôle de temps, que je parierais qu'on choisira la seconde, toute fausse qu'elle sera.

Quand j'ai eu l'idée, à moi tout seul, de composer cette comédie en cinq actes, intitulée *la Question d'argent*, je voulais peindre un caractère d'homme assez commun dans ce siècle comme dans les siècles passés, l'homme qui croit que l'argent, à n'importe quelle source il est puisé, remplace tout d'abord et même à tout ensuite, même à la considération. J'avais nombre d'exemples sous les yeux. M. Mirès veut absolument en être un. Va pour M. Mirès. Autant lui qu'un autre. Il est plus connu. Je voulais faire de mon héros ce qu'on appelle un bon garçon, mal élevé, spirituel, reluisant, à talons dorés, généreux au besoin, charitable même, grand seigneur de la boue, tenant plus de Figaro que de Turcaret et capable de devenir honnête le jour où ça lui rapporterait plus que le contraire; mais en attendant, opéré pour ainsi dire du sens moral et fonctionnant dans son inconscience parfaite du mal et du bien. Instinctivement, il devait comprendre qu'il avait besoin pour monter de se faire faire la courte échelle par quelques honnêtes gens et par quelques gens du monde qu'il enrichirait de son trop-plein, et qui se feraient, dès lors, ses garants et ses protecteurs. Il mettait trop brutalement le pied sur l'échelle humaine qui se cassait et il tombait par terre au moment d'escalader le dernier mur qui lui restait à franchir. Il était un peu étourdi de la chute, puis il se secouait comme un chien qui a reçu un coup de pied au moment où il dérobait un morceau de viande, et il s'en allait ainsi, sans y rien comprendre, jusqu'à la catastrophe définitive qu'un des personnages lui prédisait dans le courant de la pièce, et que l'auteur, facilement prophète, laissait entrevoir dans un avenir prochain. Comme je voulais que la pièce se passât de nos jours, j'avais eu soin de me mettre au courant des questions financières actuelles. Le Père Enfantin avec qui j'étais très-lié me conseilla de rechercher les conférences économiques que M. Émile Pereire avait faites en 1832, rue Taitbout, je crois, à l'aurore du saint-simonisme et qui avaient été publiées en une brochure devenue très-rare.

Impossible, en effet, de trouver cette brochure. Je priai Bixio de demander à un de ces messieurs Pereire, qu'il voyait journellement, s'ils en avaient un exemplaire à me prêter. M. Bixio me remit, de la part de ces messieurs, le seul exemplaire qui leur restât, avec recommandation d'en avoir grand soin. Je lus cette petite brochure, où je trouvai, en germe, toutes les grandes institutions de crédit qui se sont développées depuis lors ; je présentai, le plus gaiement possible, ces questions un peu ardues pour un public de théâtre, et je fis ma pièce, bonne ou mauvaise, peu importe. Je rendis à Bixio le livre qu'il m'avait prêté, et, la veille de la première représentation, j'envoyai à M. Pereire une des meilleures loges du théâtre. M. Pereire m'écrivit pour me remercier. Un an plus tard, je donnai le *Fils naturel*. M. Pereire voulut à son tour louer une loge ; il la loua, et, quelques jours après, comme je traversais la rue du Havre (quelle mémoire !), un monsieur, que je ne connaissais pas, m'aborda et me dit :

— Je suis M. Émile Pereire ; il faut pourtant que nous fassions connaissance.

Quelques compliments que vous voyez d'ici, et depuis ce jour M. Pereire m'invita à ses bals, et moi je l'invitai à mes pièces.

Voilà.

M. Mirès est bien ingénieux. Je le défie pourtant de faire cinq actes avec ça.

Maintenant, je déclare très-volontiers que je n'ai jamais eu l'intention de mettre en scène M. Mirès personnellement. J'ai voulu peindre l'homme que j'expliquais tout à l'heure. Si l'on y a reconnu M. Mirès, s'il s'y est reconnu lui-même, ce n'est pas ma faute ; mais je ne crois pas qu'il se soit reconnu. Puisque la comédie corrige les mœurs, s'il s'était reconnu, il se serait corrigé, et sa lettre aujourd'hui prouve qu'il ne l'est pas encore.

Le seul personnage vivant alors que j'aie transporté sur la scène, c'est le Père Enfantin, grand économiste comme chacun sait, grand travailleur, grand inspirateur de grandes entreprises, et honnête homme s'il en fût. Je lui ai donné le nom de M. de Cayolle, et il ne s'y est pas reconnu. Ça lui paraissait si naturel que tout le monde fût honnête !

Quinze jours après la représentation de la *Question d'argent*, parut dans le *Constitutionnel* un article signé Mirès, que l'on me dit alors avoir été écrit par M. Solar. Cet article me secouait de la belle manière, en faisant entendre que j'étais un ingrat, que j'avais reçu des services de l'homme que je livrais à la risée publique, que je n'entendais rien aux affaires, et qu'avant d'écrire cette comédie, j'aurais dû venir demander des renseignements à M. Mirès, le seul financier, le seul économiste des temps modernes et des temps à venir. Il était facile de répondre et de faire du tapage auprès de la pièce nouvelle. D'abord, je n'avais jamais reçu le moindre service de M. Mirès, excepté l'autorisation de vendre à un libraire un roman de moi qu'il avait acheté en toute propriété et publié dans le *Pays*; ensuite, j'aurais pu développer sur ma façon de voir en matière d'argent quelques aperçus tout contraires à ceux de mon antagoniste, mais auxquels l'avenir devait donner raison. Je me contentai d'écrire à M. Mirès ces seuls mots :

« Eh bien ! c'est convenu, mon cher monsieur Mirès, quand je ferai une pièce vertueuse, j'irai vous demander des conseils, et quand vous ferez une opération honnête, j'irai vous demander des actions. »

La lettre écrite, je la montrai à quelques amis parce que je la trouvais drôle, et je ne l'envoyai pas. Un chroniqueur en eut connaissance, ces chroniqueurs savent tout, et l'imprima. Quand on en parla à M. Mirès, il jura ses grands dieux qu'il ne l'avait jamais reçue ; on ne voulut pas le croire. On se dit : « Il l'a reçue, il ne veut pas en convenir. »

Il disait pourtant la vérité. Pas de chance.

Vous savez comme les événements confirmèrent cette phrase de M. de Cayolle dans la *Question d'argent*, phrase que M. Mirès a la bonté de citer lui-même :

« Ce Jean Giraud sera peut-être un jour, par ses capitaux et l'élasticité de ses moyens, une des premières puissances brutales avec lesquelles les administrations les plus sérieuses sont quelquefois forcées de compter. Ces puissances-là sont rares. *Beaucoup, avant d'arriver au but, s'écroulent dans le scandale !* mais il en est qui résistent et alors deviennent incontestables.

En 1861 ou 1862, la fortune de M. Mirès s'écroula, les aphorismes financiers éclatèrent comme des bombes mystérieuses en faisant sauter tout ce qui était autour, sa bonne foi fut mise en doute, sa liberté fut compromise, sa raison même fut menacée, dit-on. Il y avait de quoi perdre la tête au milieu de toutes ces détonations et de toutes ces ruines. Ce fut la seule chose que M. Mirès ne perdit pas, et nous avons tous vu et, pour mon compte, j'ai admiré avec quelle présence d'esprit, un peu violente de temps en temps, avec quelle conviction de son innocence, il se défendit pendant près de dix-huit mois. Il était devenu intéressant, presque sympathique, à Douai. Celui-là n'était pas un homme ordinaire, coupable ou non, qui faisait ainsi face à l'adversité. Quelle volonté ! quel cerveau ! quelle poitrine ! quel équilibre du corps ! M. Mirès sortit de cette lutte, comme on sort de toutes les luttes prolongées, quelque peu meurtri. Il n'était ni vainqueur ni vaincu, il était acquitté, ce qui est encore le mieux possible quand on est accusé ; mais ce qu'il faut tâcher cependant de ne jamais être. Il put voir de près l'ingratitude des hommes. Les courtisans de son opulence, ses parasites, ses obligés, ses débiteurs, lui tournèrent le dos. Un soir, je le rencontrai aux Italiens, errant tout seul dans le corridor du premier étage, le long des loges, sa petite badine à la main. Les gens qui passaient le regardaient du coin de l'œil comme une curiosité et chuchotaient ou riaient en s'éloignant.

Après ce qui s'était passé entre M. Mirès et moi, je n'avais pas de raisons pour le saluer, le premier surtout, si je l'eusse retrouvé dans sa fortune, tapageuse et insolente ; je crus en avoir beaucoup pour le saluer dans son isolement et dans son abandon. Je portai la main à mon chapeau, avec ce respect extérieur auquel ont droit toutes les grandes infortunes méritées ou imméritées, dans une société qui se dit chrétienne. M. Mirès vint droit à moi et me prit le bras, je ne dirai pas avec reconnaissance, mais avec plaisir. Il me raconta longuement et passionnément toutes ses affaires, me fit part de ses projets et m'annonça ses représailles. En le quittant, j'avais la preuve que, comme tant d'autres, il n'avait, dans le malheur, rien oublié et rien appris.

Lorsque M. de Girardin publia en tête du *Supplice d'une femme* cette préface à laquelle je crus devoir répondre, je me rendis au Palais de Justice pour me renseigner je ne sais trop sur lequel de mes droits auprès d'un avocat ami. La première personne que j'aperçus dans la salle des Pas-Perdus fut naturellement M. Mirès qui était là à poste fixe se débattant au milieu de cent cinquante procès dont un seul désespérerait un de nous. Il me demanda ce que je venais faire dans cette galère ; je le lui appris, et alors avec esprit et même avec bon sens, il me prêcha la conciliation ou tout au moins l'indifférence.

— Il faut défendre son honneur, me dit-il, jamais son amour-propre.

Le lendemain, il arriva chez moi de très-bonne heure. Il insistait, à l'insu de M. Émile de Girardin, pour être mon intermédiaire entre lui et moi, tant il désirait arranger *tout ça*. Je refusai. Je n'en voulais pas à M. de Girardin, mais il me convenait de faire assaut avec ce joueur redoutable, puisqu'il m'offrait le combat.

Ce jour-là M. Mirès fut étincelant de verve. Il revint sur son passé comme un véritable moraliste : il m'expliqua par l'ivresse de la fortune et la toute-puissance du journalisme, les allures pompeuses, grotesques et irritantes qu'il avait revêtues pendant si longtemps. Il était redevenu bonhomme, tout simple, comme vous et moi. Il s'excusait gaiement d'avoir été si ridicule et si désagréable. Il m'annonça que sa fille, devenue veuve, allait jeter au panier son titre de princesse et rentrer par un nouveau mariage dans cette bonne bourgeoisie, dont il avait eu la sottise de la faire sortir autrefois. Bref, il me donna le spectacle le plus consolant qu'on puisse avoir, celui d'un esprit égaré rentrant dans la bonne voie.

Je ne le revis plus que de loin en loin, d'un trottoir à l'autre. A une des représentations des *Idées de madame Aubray*, il était à l'orchestre. Au moment où madame Aubray consent au mariage de son fils avec Jeannine, il se leva avec indignation et s'écria en sortant :

— C'est à dégoûter de la vertu.

Ah! si j'avais eu ce mot-là avant la *Question d'argent!*

Vous me demanderez peut-être pourquoi je réponds si longuement à l'accusation de M. Mirès que j'aurais pu mettre à néant en deux lignes avec un démenti pur et simple, et pourquoi je raconte et précise mes relations avec lui : c'est premièrement parce que je suis à la campagne et que je n'ai rien à faire ; secondement parce qu'il est bon, à ce qu'il paraît, d'établir une fois pour toutes les termes dans lesquels on est avec les financiers ; troisièmement parce que M. Mirès est un type si curieux, un mélange si bizarre de finesse, d'esprit, de bonne foi, de ruse, d'audace, d'inconscience, d'impudence et de naïveté, que je n'ai pu résister au désir de l'esquisser en passant ; quatrièmement, parce que je devais une réponse à son article de 1857, et qu'il ne faut rien devoir à personne, surtout à M. Mirès.

J'ajouterai que je ne lui en veux aucunement. Je suis convaincu qu'il croit ce qu'il a écrit, c'est-à-dire que je me suis entendu avec M. Émile Pereire, que j'ai reçu renseignements et rémunération de ce dernier pour faire une pièce contre lui, Mirès, et je suis sûr qu'il trouve la chose toute naturelle. S'il me la reproche, ce n'est pas pour le tort qu'elle aurait pu faire à mon honneur, mais pour le dommage qu'elle a causé à son industrie. Je mets le tout pêle-mêle à son compte dans la colonne des indulgences, et je n'ai même pas à lui pardonner après. Il est de ceux à qui on a pardonné avant.

Je l'ai bien prouvé, lorsqu'en publiant mon théâtre complet, je n'ai fait, en tête de la *Question d'argent*, aucune des allusions faciles que M. Mirès s'attendait à y voir. Je ne jette pas plus la première pierre que je ne donne le dernier coup de pied. Pour me remercier, M. Mirès se plaît à insinuer, au moment de soutenir son cent-cinquante-et-unième procès, que je l'ai diffamé en plein théâtre, à l'instigation et aux gages de son adversaire. Augier en aurait fait autant et à deux reprises. M. Mirès voit des persécuteurs partout. C'est un symptôme bien connu de folie incurable. Mais qui sait si la folie n'arrangerait pas mieux que personne les affaires de M. Mirès, à cette nouvelle phase de sa carrière difficile ? La folie n'est pas toujours un malheur, mais c'est toujours une excuse.

UNE

NOUVELLE LETTRE DE JUNIUS

A SON AMI A. D.

Mon cher ami,

Mon procédé est bien simple ; quand j'entends parler d'un grand homme je me procure son portrait — sa photographie. J'analyse ses lignes, et je sais presque toujours au bout de très-peu de temps, s'il est au-dessus ou au-dessous de ce qu'on dit de lui, ce que les événements auxquels il est mêlé ont de concordant avec son être physiologique, si sa destinée est de les dominer ou de les subir ; à quel héros de l'antiquité, à quel dieu de la fable, à quel animal il correspond ; j'établis les rapports, les influences, ne faisant fi de rien, ni de ce que la science pure démontre, ni de ce que l'observation spéculative propose ; tout m'est bon — l'anatomie et la Kabbale ; Lavater et Bichat ; Cuvier et Paracelse. Il est évident, pour vous comme pour moi, que les lignes, les plans, les formes du visage et du corps humain servent non-seulement à distinguer physiquement les races, les types et les individus entre eux, mais aussi à les déterminer dans l'ordre moral ; ce n'est pas impunément qu'on a le teint brun, blanc, rose, ou jaune, les cheveux blancs et plats de l'albinos, ou les cheveux noirs et crépus du nègre, les mains courtes ou longues, minces ou grasses, molles ou dures ; bref, vous êtes bien convaincu comme moi qu'on ne saurait être César avec le masque de Grassot, ni Raphaël avec la face de Marat.

Tout se tient et s'enchevêtre dans la nature, dans la physiologie, plus peut-être que dans aucun autre réseau. Celle-ci ne semble compliquée que parce qu'elle est complète. Moi, je la crois très-simple. A mon avis, il y a trois ou quatre moules dans lesquels la nature jette les hommes. La plupart prennent la forme précise du moule : c'est l'homme — l'homme ordinaire avec quoi on fait le troupeau ; quelques-uns chez qui la nature a été plus prodigue de matière font prêter le moule, le font craquer quelquefois : c'est l'homme supérieur, avec quoi on fait les bergers. Les uns et les autres, l'observateur les reconnaît, et les classe selon certains signes auxquels ils ne peuvent se soustraire, et qu'ils ne peuvent dissimuler. L'homme qui possède certains de ces signes, fût-il au dernier échelon de la société, montera au sommet. La grande fatalité, c'est-à-dire l'utilité dont il doit être dans le mouvement humain, l'a marqué au front; le *Tu Marcellus eris* flamboie au-dessus de sa tête. C'est le gardien de pourceaux qui sera Sixte-Quint, c'est le lieutenant d'artillerie qui sera Napoléon.

Ceci admis, et connu de tout le monde, je crois, passons à notre sujet.

Vous me demandez ce que je pense des grands événements qui s'accomplissent, des hommes qui en sont les instruments ou les moteurs, et du dénouement que le tout doit avoir? Je vais vous le dire.

Quand du fond de ma retraite, j'ai entendu la Prusse et la France se quereller et se déclarer la guerre, j'ai acheté les photographies de M. de Bismark, du roi Guillaume, du Prince-Royal, du prince Frédéric-Charles et de la reine Augusta. Il ne faut jamais, dans l'étude de l'homme, oublier celle de la femme qui lui est associée, surtout quand l'homme est d'une valeur douteuse. Je n'ai pas cru devoir me procurer le portrait de madame de Bismark. Madame de Bismark n'a et ne peut avoir aucune action sur l'homme dont elle porte le nom, et dont elle a des enfants.

Faites ce que j'ai fait, achetez ces photographies, ainsi que celle de l'empereur Napoléon, si vous ne l'avez jamais vu, regardez-les bien, et suivez-moi.

Il n'est pas d'observateur, si novice qu'il puisse être, qui ne soit frappé du caractère particulier des traits de M. de Bismark, et, quand bien même le nom du grand chancelier ne serait pas dessous, l'observateur s'arrêterait devant son image, s'il la rencontrait par hasard, et s'écrierait : « Oh, oh! voilà un homme! »

Quand on est l'adversaire politique d'un homme comme celui-là, il faut ou l'assassiner, ou le corrompre, ou le convaincre.

Des trois moyens le plus facile serait l'assassinat, mais ce serait en même temps le plus bête ; on l'immortaliserait du coup. Et puis il faut toujours laisser vivre un grand homme politique. Comme il n'a pas de pire ennemi que lui-même, il y a mille à parier contre un qu'il nous vengera de lui mieux que nous ne le ferions. Laissons donc vivre M. de Bismark.

Le corrompre? Il n'y faut pas songer! Seuls les hommes de second ordre sont corruptibles. M. de Bismark (je suppose toujours que vous avez son image sous les yeux) n'a même pas d'ambition. Sa célébrité l'ennuie plus souvent qu'on ne le croit. Il n'a voulu être un homme supérieur que pour se consoler de n'avoir pu être un homme heureux, car il a dû se demander bien souvent, à son réveil (quand il avait dormi), pourquoi il ne se brûlait pas la cervelle. Il a une grande volonté devant les hommes, mais il ne vous raconte pas toutes ses défaillances dans la solitude, et combien de fois il s'est dit : « A quoi bon? » Surtout quand il voyait ses forces physiques lui refuser ce qu'il leur demandait — humiliation qu'il a dû subir ou prévoir plus d'une fois en face de circonstances délicates dont nous n'avons pas à nous occuper ici, malgré l'influence indirecte qu'elles ont pu avoir sur ses déterminations les plus graves et d'un ordre tout différent.

Il n'y a donc ni nécessité de tuer M. de Bismark ni possibilité de le corrompre. Il reste la ressource de le convaincre. De quoi? De l'intérêt qu'il a autant et plus qu'elle-même peut-être à faire la paix avec la France, avant de commencer le siége de Paris [1], quels qu'en doivent être les résultats. Qui vous dit qu'il n'en est pas convaincu? S'il ne fait pas la paix, ce n'est

---

[1]. On devine que cette étude a été commencée avant l'investissement de Paris.

point qu'il ne veut pas, c'est qu'il *ne peut pas* la faire.

M. de Bismark, de premier ordre comme valeur personnelle, n'est que de second degré comme situation et comme pouvoir. Devant lui il y a le roi qui n'a que des instincts auxquels son ministre est forcé souvent de subordonner ses idées. C'est par les instincts du roi Guillaume que M. de Bismark s'est emparé de lui. Tant qu'il est conforme et utile à sa politique de les flatter, les choses vont toutes seules ; mais quand il faut les combattre et les supprimer, c'est une autre affaire, et il y a de grandes luttes. Regardez, en passant, la tête du roi, et vous comprendrez que la discussion avec lui n'est pas toujours facile, la persuasion encore moins. Il y a là un orgueil immense qui n'existe pas chez M. de Bismark.

On reconnaît les hommes d'élite à l'absence complète de l'orgueil. Ils écoutent tout ce qu'on leur dit ; quand ils y sentent une valeur, ils en prennent tout ce qu'il y a de bon, et si on leur présente un argument sérieux, ils s'y rendent et changent immédiatement leurs plans, sans effort et sans malaise. Donc, en admettant qu'il n'entre pas dans les idées de M. de Bismark de faire la paix, à cette heure, il la ferait si vous lui donniez une bonne raison ; malheureusement, il n'est plus le maître de la situation ; le roi et les hommes de guerre commencent à le déborder et à lui gâter son œuvre.

Il n'y a donc pas plus à essayer de le convaincre, qu'à essayer de le corrompre ou de le tuer. Qu'est-ce qu'il y a à faire alors ? Il y a à l'étudier et à le connaître, d'abord parce qu'on gagne toujours à étudier et à connaître les hommes de cette importance, et puis parce que c'est le seul moyen de le combattre ou de l'utiliser dans l'avenir.

M. de Bismark a-t-il un très-grand amour de la patrie et un très-ardent désir de la grandeur de la Prusse ? Oui et non. Oui, comme moyen et comme résultat ; non, comme principe. Ces hommes-là n'ont pas de patrie dans le sens topographique du mot. Le pays où ils sont nés n'est que l'endroit tout trouvé où ils doivent faire de grandes choses, et qu'ils éprouvent le besoin d'élargir à leur taille. Ils ont fait craquer les frontières de leur pays comme ils font craquer les parois du moule ; mais appartenant au groupe des hommes de génie ils forment une famille à part. Leur véritable patrie n'est pas de ce monde ; elle s'appelle l'Action.

De plus, M. de Bismark est joueur — excessivement joueur ; s'il eût été un homme ordinaire, il eût passé ses nuits dans les tripots. Il n'a peut-être jamais touché une carte. Il a mieux que cela ; il joue sur les caractères, sur les passions, sur les hommes et sur les empires. Jeu royal, et je comprends que l'on y prenne goût. Il fait à ce qu'on appelle le Hasard les concessions auxquelles a droit l'Inconnu qui fonctionne sous cette appellation ; seulement, il est comme Henri IV, il ne recule pas, pour gagner, devant l'idée de tricher un peu. Son plus grand plaisir n'est pas de dépouiller son partetenaire, c'est de le voir perdre, et il le plaisante tout le temps que dure la partie. Il a plus de circonspection que de prévoyance, c'est-à-dire que du premier coup d'œil, n'importe dans quel lieu ou dans quelle situation il se trouve, il voit tout ce qui l'entoure, le plus petit objet ou la plus petite conséquence, mais il ne se donne pas, comme on le croit, une peine infinie, pour prévoir et pour préparer les événements. Il les pressent plutôt et les attend, sûr, d'après certaines déductions, qu'ils viendront fatalement se placer devant lui par le côté qu'il devra saisir. Il connaît leur enchaînement et leur logique, et comme il voit naturellement de loin, il a de la patience. C'est un chasseur au rabat, qui ne tire jamais hors de portée. Quand il a vu poindre l'incident Hohenzollern, qu'il avait fait lever du gîte, il savait d'avance où les chiens le mèneraient, et il a dû bien rire en entendant donner de la voix du côté de l'Ouest.

Ce n'est pas ce qu'on peut appeler un homme de science, mais c'est un homme d'assimilation prompte, et sa mémoire, qui est très-grande, rejette ce qu'elle a pris en trop ou ce dont elle n'a plus besoin. Ceux qui devinent n'ont pas besoin d'apprendre. Quand on se sert du présent pour fonder l'avenir, on ne prend du passé que juste ce qu'il en faut pour éviter les redites.

Maintenant M. de Bismark a-t-il eu, dès le principe, la notion des qualités qui font de lui l'homme le plus important du moment? Non. Il sentait remuer quelque chose en lui ; mais il ne savait si ce serait mâle ou femelle, et il a dû dépendre de bien peu qu'il ne fût pas l'homme considérable qu'il est devenu.

En vérité, plus j'observe ce visage, plus j'y découvre un mélange bizarre : l'Idéal le plus élevé, le plus pur, et des manifestations des plus grossières. Cet homme est ce qu'en Kabbale, nous appelons un damné. Il se débat dans les contradictions les plus étranges. Il a au fond le culte exalté, presque virginal, du beau, du bon, du juste ; il a la douceur, la bienveillance, la vénération, et (qui le croirait chez nous) la bonne foi. Il ne trompe *qu'à son corps défendant*, et seulement quand on veut être plus rusé que lui. Avec tout homme qu'il reconnaît sincère, il est, ou tâche d'être d'une sincérité irréprochable, à moins que cet homme ne soit un imbécile — auquel cas il s'en amuse et s'en sert jusqu'à ce que ledit imbécile ne soit plus bon à rien. Ce moment venu, il le rejette comme une loque, en quoi il a raison. Les imbéciles ne sont pas faits pour autre chose, en politique surtout, car c'est là qu'ils sont le plus dangereux. Leur bêtise compromet des millions d'existences. Nous le voyons de reste à cette heure.

M. de Bismark a dû être vicieux, dans le sens élégant que nous prêtons au mot; aucune des passions humaines ne lui a été étrangère. Il a dû être libertin, avec rage, avec colère, avec désespoir, comme pour se venger de l'Idéal qu'il n'a pu réaliser, ni en amitié, ni en amour. Il croit à l'amitié. L'amitié serait son grand repos, sa grande joie, sa grande réparation. On peut être un ami dans sa situation, il est moins facile d'en avoir un. Cependant en Allemagne, ça se trouve encore. Quant aux femmes, il ne les méprise que parce qu'elles ne sont pas ce qu'il voudrait qu'elles fussent, mais il ne les méprise pas autant qu'il voudrait le faire croire. Il a cherché, comme tous les hommes supérieurs, son équivalent dans l'autre sexe, et il ne l'a pas plus trouvé que les autres hommes supérieurs. Les qualités par lesquelles les femmes sont nos égales, quand nous sommes des hommes exceptionnels, sont justement celles qui les séparent de nous et dont nous ne savons que faire. Toute sa vie, M. de Bismark a dû rêver une certaine femme, faut-il dire le mot, une certaine vierge, car il a l'adoration intérieure de tout ce qui est intact et immaculé, et la jeune fille l'a troublé longtemps. S'il avait rencontré la vierge qu'il rêvait, il se serait soucié de la politique, de l'ambition, des hommes et des rois comme de toutes les autres femmes qu'il a eues à sa discrétion. Il le croit du moins et c'est ce qui lui donne ce regard à la fois méprisant et triste. C'est bien le Satan qui a commencé par être le plus beau des anges. Quelle joie il eût éprouvée à adorer cette créature qui n'a vécu que dans son imagination; quelle volupté presque mystique il eût goûtée à caresser des noms les plus tendres et les plus respectueux une seule et unique femme, lui qui a dû jeter à la tête de tant de femmes, tout haut ou tout bas, alors qu'elles le croyaient le plus à elles, les épithètes les plus grossières; car, chose remarquable, le mot grossier, le mot technique d'en bas lui vient toujours aux lèvres en face de l'individu qu'il méprise, et si celui-ci s'en va sans l'avoir entendu, le mot n'en a pas moins été dit.

Il faut lui rendre cette justice, que n'étant pas arrivé à réaliser son idéal féminin, il a fait tout ce qu'il a pu pour le tuer en lui. Je doute qu'il y soit arrivé. Quand on en a été une fois troublé on ne peut pas plus le tuer que le saisir. Bref, ce qui dominait primitivement en cet homme singulier, c'était le besoin d'aimer et d'être aimé. Il ne s'est mis à jouer de l'Homme que parce qu'il n'a pu s'emparer de la Femme.

Ceci posé, passons à ses relations avec les hommes.

J'entends souvent, depuis quelque temps surtout, accuser M. de Bismark de duplicité. C'est une accusation qui ne manque pas de candeur. Le premier droit, je dirais presque le premier devoir, d'un diplomate, c'est la duplicité ; et la grande originalité de celui-ci est, au contraire, d'avoir introduit dans la politique une nouvelle manière de tromper les hommes : la franchise. M. de Bismark pensait souvent tout ce qu'il disait, seulement il ne disait pas toujours tout ce qu'il pensait. Ce qu'il voulait accomplir en Allemagne était tellement invraisemblable qu'il a compris tout de suite que le seul moyen qu'on ne le supposât pas et qu'on ne s'y opposât pas, était de l'annoncer à tout le monde. Il disait à qui voulait l'entendre : « Nous ferons ceci; nous ferons cela » — et il le faisait. A chaque expérience nouvelle, on restait convaincu que, son procédé étant connu, il n'allait plus s'en servir — et il s'en servait de nouveau. Aussi le seul homme qui ait embarrassé un moment M. de Bismark, c'est l'Empereur, parce que l'Empereur a été avec lui *sincèrement* franc. L'ambassadeur a hésité alors, ne pouvant pas croire au premier abord qu'un souverain se découvrît aussi complétement. Il s'est demandé s'il n'avait pas affaire à plus fin que lui, si l'Empereur n'avait pas deviné son jeu et s'il ne le lui jouait pas, sans sourciller. Pas le moins du monde ; l'Empereur en cette circonstance, comme en beaucoup d'autres, était plus que franc, nous le répétons, il était sincère.

Louis Napoléon qu'on a cru, pendant vingt ans, le plus malin des hommes d'État, était un des hommes les plus naïfs qui aient jamais existé. Toute sa vie le prouve, depuis la tentative de Strasbourg jusqu'à la déclaration de guerre à la Prusse. Ses amitiés — ses amours surtout — dénotent une naïveté d'enfant. Sa seule malice — et encore lui venait-elle de son tempérament

— était de ne rien dire, dans un pays où tout le monde parle. Naïf! Il n'était pas seulement naïf, il était sentimental. Il n'a jamais pu se dégager complétement des romances maternelles, et ses velléités guerrières n'étaient que musicales. Ce n'est pas qu'il manquât de courage. Il opposait au danger plus que le courage, il lui opposait l'indifférence. Il n'y croyait pas. Il était convaincu qu'il avait une étoile, une destinée particulière, et qu'il ne mourrait pas sans l'avoir accomplie jusqu'au bout. Il ne se trompait pas, comme on a vu. Il avait horreur de verser le sang, malgré l'argument du 2 Décembre, qu'il aurait voulu absolument pacifique et qui ne pouvait pas l'être avec un peuple comme le nôtre. C'était un homme qui croyait vraiment que toutes choses pouvaient s'arranger à l'amiable, du moment qu'elles avaient passé par son esprit. C'est cette horreur du sang qui lui a fait faire la paix de Villafranca et la reddition de Sedan. Vous retrouverez le même procédé dans la défaite que dans la victoire. C'est le même homme partout.

Sedan n'est que Villafranca retourné.

On lui a prêté les combinaisons et les préméditations les plus machiavéliques. Autre erreur. Malheureusement, il ne prévoyait et ne combinait pas assez. Il n'avait de Machiavel, qu'il n'a peut-être jamais lu (les hommes comme lui ne peuvent pas lire, ils ne voient qu'en dedans, le dehors ne leur apprend rien, à moins que le dehors ne se traduise par des formes, des couleurs, une action excessive), il n'avait de Machiavel que le masque, et s'il était enveloppé de mutisme, c'est qu'en réalité il n'avait presque jamais rien à dire. Il tremblait toujours qu'on ne s'en aperçût dans ce pays où la parole a tant de charmes. C'était un Sphinx qui n'avait pas d'énigme ; aussi les gens qui le connaissaient bien faisaient-ils de lui tout ce qu'ils voulaient, à moins qu'il n'eût eu un pressentiment, une double vue, un songe ; auquel cas il ne démordait plus de son idée qu'il prenait pour une inspiration du ciel et qu'il ne communiquait à personne. Il l'emportait avec lui, la couvait, la développait, mystérieusement, dans l'ombre ; il la cachait dans tous les coins, venait la reprendre quand il était bien sûr de n'être pas vu, et à l'heure qu'il avait fixée (il choisissait de préférence un anniversaire) il la faisait éclater au grand étonnement de ses plus intimes et de ses plus proches. Fataliste au premier chef, il se croyait en commerce secret avec une puissance supérieure dont il relevait directement et n'admettait pas qu'il eût des comptes à rendre aux hommes de sa mission sur la terre.

Il avait à accomplir cette mission, voilà tout. Venu trop tard ou trop tôt, il était non-seulement le souverain le plus incompatible avec le temps présent, mais le type le plus antipathique au caractère français, en vertu de cet axiome d'alchimie : « Les essences ne se mêlent pas aux phlegmes. » Aussi, malgré les huit millions de voix du premier plébiscite et les sept millions de voix du second, n'y a-t-il jamais eu communion intime entre l'Empereur et le pays. Il y avait une sorte de convention entre eux contre l'*Aléa*, contre l'Inconnu auxquels il avait promis de faire face, mais on sentait un malaise, une défiance réciproques. C'était sa faute, disons-le. Chaque fois qu'il prononçait un discours, on y espérait le mot qui allait rompre la glace et l'on s'apprêtait à se jeter dans ses bras. Le mot ne sortait pas, et chacun rentrait chez soi, le souverain et la nation, sans s'être compris. C'était toujours remis à une autre fois. Il eût régné cent ans que ce mot attendu ne fût jamais sorti.

Cependant cet homme était bon, extrêmement bon. Il n'oubliait jamais ceux ou celles qui l'avaient aimé, si peu que ce fût. Il aimait son enfant, il aimait sa femme, il aimait ses amis, il aimait ses maîtresses, il aimait son chien, il aimait le premier venu qu'il rencontrait et qu'il pouvait secourir. Il s'attendrissait facilement, il pleurait pour un rien, il pardonnait avec une facilité extrême; mais, malgré tout cela, il lui était, *en raison de son type*, impossible de se projeter aussi loin qu'il aurait fallu, quelques efforts qu'il eût faits pour cela. Il ne rayonnait pas ; c'était un astre froid. Ce n'était pas de l'atmosphère qui l'enveloppait, c'était du brouillard, et les attractions directes devenaient impossibles avec lui.

Ce qui fait les véritables grands hommes, c'est la faculté qu'ils ont dans le temps, comme Dieu l'a dans l'éternité, de se donner et de se reprendre, de se livrer toujours sans s'épuiser jamais, et par ce va-et-vient perpétuel d'éclairer, d'échauffer et de féconder ce qu'ils touchent et ce qu'ils traversent. L'Empereur n'avait pas cette faculté. Aussi il n'a pas donné ce qu'on attendait de lui. Pas un de ceux qui auraient voulu voir le progrès de la France par le développement régulier et continu des institutions libérales qui ne se dit : « Qu'est-ce que l'Empereur attend donc pour être un grand homme ? » Les circonstances, les intérêts, les esprits, tout était prêt pour sa gloire. Jamais souverain, et deux plébiscites sont là pour le prouver, n'a eu pareilles occasions de s'immortaliser. Il avait sur la France une lettre de crédit illimité. Il s'est défié des autres et de lui-même. Il ne se répandait jamais, cela ne lui est arrivé qu'une fois — avec M. de Bismark. Il en est mort, politiquement. Homme de transition, chargé de faire passer la France d'un état à un autre état, complétement opposé, il aura été à la fois cette ombre douteuse et ce jour incertain qu'on appelle le crépuscule, durant lequel les objets prennent les formes les plus étranges et les plus diverses, selon qu'ils sont éclairés par les dernières étoiles de la nuit ou les premières clartés de l'aube. Puis tout à coup le soleil éclate à l'horizon, fait évanouir toutes les vapeurs, disperse tous les fantômes. Napoléon III sera resté toute sa vie hésitant entre ce qui allait mourir et ce qui allait naître, ne voulant pas rétrograder dans la nuit, n'osant pas s'élancer dans le jour, enténébré par les théories du moyen âge dont il était la dernière incarnation, aveuglé par les rayons de l'avenir dont il n'a pas su être le premier metteur en œuvre, bien qu'il en eût de vagues visions. Il n'avait pas de foyer propre. C'est une de ces lueurs que la lumière éteint. Le vrai jour venu, il n'y en a plus trace dans le ciel.

Quand M. de Bismark est venu en France la première fois comme mandataire de la Prusse, il ne pouvait encore juger l'Empereur que d'après ses actes dont l'audace et le succès avaient étonné et inquiété l'Europe. Il se disait donc : « Je vais trouver là un adversaire, ou un allié » digne de moi. Je vais entamer une lutte inté-« ressante avec cet homme, ou nous allons faire » de grandes choses ensemble. » Quand le diplomate, alors obscur ou tout au moins ignoré, s'est trouvé en présence de Napoléon III, celui-ci ne s'est pas rendu compte tout de suite de sa valeur particulière, car l'Empereur n'était nullement observateur ; il jugeait des hommes en masse, et il était tout à fait incapable d'en discerner un dans la foule et de l'en extraire, si cet homme ne se manifestait pas violemment de lui-même. Comme tous les hommes qui se croient providentiels, Napoléon III était convaincu que tous les instruments étaient bons. Il ne leur demandait que d'être souples et maniables. Peu lui importait qu'ils fussent fragiles. Il aurait dû se donner la peine de les faire lui-même, dans un temps surtout où ils étaient incapables de se faire tout seuls. Les regards de Louis n'ont jamais enfanté de Corneille quoi qu'en ait dit Delille, mais on peut leur demander, à ces regards, de voir Corneille quand il y est. Disons que Louis Napoléon a vu et essayé tout ce qui paraissait valable. On lui a reproché de n'avoir pas appelé à lui les capacités. C'est injuste; il n'y avait pas de capacités, et la preuve, c'est que, lui disparu, et dans des circonstances qui ne peuvent être plus propices, et sur un plan absolument disponible, il ne s'en produit pas une, excepté Trochu. Et encore faut-il attendre la fin ! On me répondra que son système a tout éteint et tout corrompu pour longtemps ; ce n'est pas vrai, on n'éteint que ce qui ne peut pas brûler. C'est sous le système le plus corrupteur, c'est dans l'atmosphère la plus viciée que les encyclopédistes ont fait ce qu'ils avaient à faire. Les Louis XV n'éteignent pas plus les Voltaire que les Louis XIV ne font naître les Corneille, et que les Louis Napoléon n'empêchent les uns et les autres. L'Empereur a accueilli tout ce qui est venu à lui avec une apparence de loyauté et de valeur, depuis M. de Larochejaquelein jusqu'à M. Émile Ollivier, qui était, avec M. Rouher et M. Thiers, la seule valeur politique de la Chambre. Si M. Thiers avait voulu conseiller l'Empereur dans son cabinet au lieu de le conseiller du haut de la tribune, M. Thiers eût peut-être — eût certainement — sauvé la France. C'est un grand historien, un grand philosophe, un grand politique. Il est vrai qu'en sauvant ainsi la France, il eût affermi l'Empire, et ce n'était pas dans ses idées. Tant pis. Moi, je crois que les véritables hommes d'État ne sont pas ceux qui combattent le pouvoir, mais qui l'utilisent, et qui s'en couvrent modestement pour accomplir les grandes choses qu'on ne leur permettrait pas d'accomplir en leur nom seul. Pour un véritable homme politique, un souverain n'est pas un homme, c'est un lieu. C'est le plan supérieur, convenu, qui domine les foules et d'où l'on peut faire entendre ce qu'on a à dire, et réaliser ce qu'on a à faire. Tant mieux pour l'homme de génie si ce plan est occupé par un homme médiocre. C'est pour les Richelieu que sont faits les Louis XIII ; c'est pour les Pitt que sont faits les Georges III. Seulement il faut être un homme de génie, ce qui n'est pas facile. Aussi trouve-t-on plus simple en France depuis quatre-vingts ans d'attaquer le pouvoir et de le renverser pour l'occuper entièrement et se substituer à lui. Nous avons renvoyé notre Georges III, où est notre Pitt ? Nous nous sommes délivrés de notre Louis XIII, où est notre Richelieu ? Et là-dessus regardez cet homme au sourire railleur, à l'œil profond, qui, malgré la conscience de sa force, à cause de cette conscience, n'a pas songé à renverser le pouvoir, mais qui s'en est abrité pour faire son œuvre, et qui vous répond impitoyablement, maintenant que son œuvre est faite : « Messieurs, où est le pouvoir avec lequel « nous pouvons traiter ? »

La première fois que l'Empereur a vu M. de Bismark (comment n'a-t-il pas senti, ce fataliste, que c'était le destin, *le Fatum*, l'Inévitable qui entrait chez lui ?) il l'a traité bien, certainement, comme il traitait tous les nouveaux ambassadeurs, avec une grâce presque féminine, mais il ne lui a dit naturellement que ce qu'il voulait lui dire. Pour M. de Bismark, qui est un observateur, lui, cette première entrevue n'a pas dû se passer de la même façon. Il a regardé, il a pressenti peut-être, mais il n'a pas voulu se fier à ce premier examen. Cependant il a dû rentrer chez lui, en se disant : « Tiens, on dirait que » cet homme n'a pas ce que l'on croit qu'il a et » ce qu'il croit avoir. Ce serait curieux, nous » verrons. »

A l'entrevue suivante, l'ambassadeur a dû lancer deux ou trois mots destinés à faire dresser l'oreille à son illustre interlocuteur et celui-ci (le dehors se mettait en formes et en action) a dû le regarder d'une certaine manière, et se dire à son tour : « Tiens ! Est-ce qu'il y aurait » quelque chose dans cet homme-là ? Défions-» nous. »

M. de Bismark voyant que l'Empereur rentrait en lui et ne présentait plus que ses surfaces, a joué son grand jeu, il s'est découvert subitement et il a parlé avec la plus entière franchise des intérêts de la Prusse, de ce qu'elle attendait de la France, et de ce que les deux pays pouvaient faire ensemble. L'Empereur, comprenant alors qu'il avait devant lui *quelqu'un*, a fait ce qu'il faisait toujours en pareil cas, il a abattu son jeu et a riposté par la même franchise. A partir de ce moment, la partie devenait intéressante, et c'est à partir de ce moment aussi qu'il a dû entrer dans l'esprit de M. de Bismark de jouer l'Empereur. Le Diable reprenait ses droits. Il faut dire aussi que c'était tentant. Duper le souverain qui passait en ce moment pour le premier homme d'État de l'Europe, abaisser la France qui tenait alors la tête des nations — c'était là un morceau de roi, et M. de Bismark s'y prit si bien que l'Empereur eut en lui une confiance absolue dont il n'a jamais voulu se départir, jusqu'à l'incident Hohenzollern, ce qui prouve cette naïveté dont je parlais plus haut. Pour M. de Bismark, habitué aux mots techniques — à partir du moment où l'Empereur avait confiance en lui, ministre de Prusse — l'Empereur n'était plus qu'un imbécile.

Ah ! il ne faut pas se le dissimuler, il doit y avoir de grandes émotions et de grandes joies dans ce jeu des empires, surtout quand on voit les principaux atouts vous arriver dans la main. Cependant M. de Bismark aurait mieux aimé ne pas faire la guerre. Il n'aime pas ce moyen-là, il le trouve bête, et quand ce moyen est devenu indispensable, il le redoute. Pour lui, la véritable stratégie est dans l'esprit et non dans un champ de betteraves. On ne doit remettre la destinée des empires, surtout aujourd'hui, au cours d'un ruisseau ou à la position d'une colline, que lorsqu'on ne peut plus faire autrement. Et puis, il sait aussi bien que moi que les empires ne s'agrandissent jamais par ce qu'ils prennent matériellement aux autres, mais parce qu'ils donnent d'eux-mêmes aux autres intellectuellement, moralement, politiquement. Que les plus grands savants, les plus grands écrivains, les plus grands artistes, viennent se réfugier demain et se grouper à Bruxelles, la Belgique deviendra tout à coup le premier pays du monde. C'est elle qui versera la lumière et toute la politique de M. de Bismark et tous les canons de M. de Moltke ne pourront pas faire que cela ne soit pas ainsi.

M. de Bismark n'est cependant pas sensible comme l'Empereur. La vue du sang ne l'émeut pas ; mais elle le dégoûte. Il méprise les hommes de guerre (lesquels ont le soupçon de ce mépris et s'en vengent à cette heure en se substituant à lui dans les péripéties de la guerre); il méprise les hommes de guerre parce qu'ils font du bruit, et qu'il a le bruit en horreur ; il les méprise encore parce qu'ils ne savent pas ce qu'ils font, et tuent et se font tuer pour des choses qu'on ne leur explique même pas. C'est là leur héroïsme, et leur infériorité. Forcé jusqu'à nouvel ordre d'accepter et d'employer ce mécanisme traditionnel, M. de Bismark a du moins ajouté à la Théorie tout un chapitre nouveau, et, comme pour affirmer davantage son mépris, il a fait de l'espionnage une vertu militaire. Il doit avoir hâte que la guerre cesse, pour jouer avec des cartes neuves, et surtout avec des cartes propres, car il va falloir trouver une politique nouvelle. La lutte actuelle poussée à l'excès, contre le gré du ministre, n'aura pas seulement détruit un million d'hommes, elle aura détruit tout le vieux système politique. La diplomatie est morte, les alliances sont mortes, les traités sont morts, la parole d'honneur des rois est morte, et très-certainement la royauté est morte avec le reste.

Après avoir jugé l'Empereur, M. de Bismark s'est mis à étudier le peuple français et il s'est dit : « Voyons un peu ce que c'est que ce peuple,
» qui s'intitule le plus intelligent, le plus spiri-
» tuel, le plus brave — en un mot le premier
» peuple du monde, et qui s'est donné à cet
» homme naïf. » Quand vous nous avez eu bien

regardés, monsieur le comte, on prétend que vous avez dit : « Peuple léger. » Ce n'était pas tout à fait le mot ; c'était encore naïf, qu'il fallait dire. Peuple naïf en effet : c'est là notre danger et notre force. Nous croyons tout, nous admettons tout, mais aussi nous expérimentons tout, excepté ce qui a besoin d'un long examen. Nous avons, il est vrai, horreur de l'étude persévérante, des abstractions, et nous rions au nez des choses et des gens que nous ne comprenons pas tout de suite. Vous pouvez nous conquérir, vous pouvez nous démembrer, vous pouvez nous détruire, nous prendre nos forteresses et nos millions, vous ne vous ferez pas lire la philosophie de Hegel, pas plus que celle de Kant. Nous nous en tenons à Jésus et à Descartes, et le roi Guillaume nous imposerait, à l'heure où j'écris ces lignes, pour unique condition de paix, de lire jusqu'au bout un de vos philosophes que nous dirions : « Qu'on nous ramène aux remparts ! » et nous y retournerions en riant. Tandis que les autres peuples, y compris les Allemands, cherchent, à force d'études, des moyens de civilisation, nous les trouvons sans les chercher, et nous les essayons tout de suite, au risque de nous blesser avec cette arme nouvelle que nous ne savons pas démonter. Nous sommes sans prévoyance, sans réflexion, mais sans envie, sans défiance, sans haine. Nous croyons à la parole d'honneur même des femmes. Nous avons plus de vanité que d'orgueil, plus d'amour-propre que de vanité; nous revenons très-facilement sur notre opinion, et il n'est même pas besoin pour cela que le raisonnement de notre adversaire soit convaincant; il n'a besoin que d'être spirituel, ingénieux, fin, rapide surtout, car nous aimons l'esprit et la clarté avant tout. C'est ce qui fait que nous disons au milieu des épouvantables malheurs dont on a le droit de vous accuser : « Ce Bismark est un fier homme ; » comme vous vous êtes dit, vous, à mesure que vous nous avez mieux connus : « Quel malheur » que je ne sois pas le ministre de ce peuple-là ! » quelles grandes choses nous aurions faites en- » semble ! » En Prusse vous n'avez pu, en effet, que vous substituer à un roi ; en France, vous auriez incarné une nation, *et si vous nous en voulez de quelque chose, ce n'est pas de ce que nous sommes Français, c'est de ce que vous ne l'êtes pas.*

Nous sommes bavards avec délices, indiscrets avec passion. Dire quelque chose nous paraît être le commencement du génie; faire quelque chose ne vient qu'après. Nous vivons sur des phrases, qui parfois ne signifient rien du tout, mais dont le bruit et la résonnance nous plaisent et dont nous avons contracté l'habitude de bonne heure.

L'homme qui a trouvé un mot dure longtemps en France, et le mot dure toujours. « Paris vaut bien une messe, » mot d'où sortira la révocation de l'édit de Nantes ; « l'État c'est moi, » mot d'où naîtra le despotisme du dix-septième siècle et l'immoralité du dix-huitième ; « nous sommes ici par la volonté du peuple, nous n'en sortirons que par la force des baïonnettes, » d'où devait naître la Terreur ; « il n'y a qu'un Français de plus, » d'où la Révolution de Juillet a jailli ; « l'Empire c'est la paix, » qui nous a donné les guerres de Crimée, d'Italie, du Mexique, et, pour conclure, celle que nous avons. Dès que nous sommes couverts par un mot nous sommes tranquilles ; aussi, étant le peuple le plus ignorant, sommes-nous le plus littéraire qui soit. Nous vivons de littérature, c'est-à-dire *de la représentation par des mots d'une réalité qui n'existe pas*. C'est ce qui nous a fait croire à la fin de juillet que nous étions déjà à Berlin parce que nous avions chanté la Marseillaise. Nous ne lisons pas, à moins que ce ne soit des fictions. Je ne dis pas que nous aimons à écouter, mais nous aimons à entendre parler, de n'importe quoi dont nous parlerons après. Aussi nous abondons en avocats, en auteurs dramatiques, en comédiens, en discoureurs parlementaires, en conférenciers, en journalistes, en histrions, en pitres de carrefour. Partout où il y a un homme qui parle chez nous, fût-ce un homme ivre, il y a un cercle de cinquante individus la bouche ouverte. Quel bavardage depuis le commencement de la guerre ! Tout le monde était renseigné ; tout le monde avait un plan ; tout le monde avait une solution ; tout le monde parlait enfin. Un mot nous abat, un mot nous transporte. Voilà sur quoi vous avez jugé à première vue, et quand vous avez eu passé de l'autre côté des mots, vous avez dit : « Peuple léger ». Si vous nous aviez regardés attentivement, vous auriez dû, cependant, voir autre chose.

Nous avons des qualités de premier ordre et qui tiennent au fond même de notre race. N'oubliez pas qu'en grattant le Latin chez nous vous trouverez le Celte — le Celte qui le premier de tous les peuples a cru à l'immortalité de l'âme — le Celte qui méprisait tellement la mort qu'il combattait tout nu le Romain bardé de fer. Nous sommes prompts à la confiance, c'est un défaut dans la politique, soit, mais c'est une vertu dans les sociétés, et les politiques passent, et les sociétés restent. Rien de ce qui a été fondé par la ruse ou par la force n'a duré, ni religion, ni État, ni gouvernement. Nous sommes francs, extrêmement francs, on ne peut être à la fois bavard et dissimulé ; c'est-à-dire que nous sommes les sociables par excellence ; et voilà pourquoi les femmes de tous les pays nous préfèrent à tous les autres hommes, pour l'amour, pour ce qui le précède, pour ce qui l'accompagne, et même pour ce qui le suit. Aussi toutes les étrangères oisives viennent-elles se faire aimer par nous, car nous sommes peu voyageurs, et nous préférons notre ciel et notre sol à tout autre sol et à tout autre ciel. Nous sommes enthousiastes, généreux, et — je vais bien vous étonner — et moraux ! Le type de M. Prud'homme, type essentiellement français, n'est que l'expression exagérée et comique de cette vertu, qui, ne l'oubliez pas, va nous sauver. A cette heure, nous sommes affamés de morale, et nous allons donner au monde, dans cet ordre-là, un spectacle auquel il ne s'attend guère. Nous sommes religieux, très-religieux, nous sommes toujours prêts à manger du prêtre, et nous ne laissons jamais offenser Dieu, un Dieu que nous sentons et que nous nous gardons bien de vouloir expliquer. Avant un an nous aurons peut-être séparé l'Église de l'État, et nous irons plus que jamais à l'église parce que rien ne nous forcera plus d'y aller.

Si j'avais été Bazaine, j'aurais fait placer une image de la Vierge au milieu de mon armée, le 15 août — non parce que c'était la Saint-Napoléon mais parce que c'était la Sainte-Marie — et j'aurais livré bataille au Dieu que le roi Guillaume tire de temps en temps de sa poche, derrière lequel il parle comme un ventriloque, et qui n'est pas le Dieu des batailles, par la raison bien simple qu'il n'y a pas de Dieu des batailles. J'aurais dit à mes soldats : « Mes enfants, je mets la Vierge » au milieu de vous. La Vierge c'est la fille, c'est » la fiancée, c'est la femme, c'est la sœur, c'est » la mère. Il y a là, en face, un Dieu masqué » qui veut la violer, défendez-la et gagnez-lui une » bataille pour sa fête. » Et je vous aurais battus. Il y a, il y aura toujours dans le soldat français, du Frank de Clovis et du croisé de saint Louis.

Nous sommes enthousiastes, reconnaissants du bien, oublieux du mal. Vous voyez, nous ne nous rappelions pas le mal que vous nous avez fait en 1815. Nous avions mis ce souvenir en romans, en drames, en odes, en chansons, en pièces militaires, et notre haine une fois devenue de la littérature, nous n'avons plus pensé à vous haïr. Nous ne vous soupçonnions même pas de nous détester, et nous vous ouvrions toutes nos portes. Pendant ce temps-là vous qui étiez, depuis Iéna, élevés dans l'exécration du Français, et qui êtes aussi tenaces que nous sommes confiants, aussi fermés que nous sommes ouverts, vous preniez l'empreinte de toutes nos serrures et faisiez faire une double clef de toutes nos portes. Vous nous avez tendu un piége, nous y sommes tombés ; vous étiez prêts, nous ne l'étions pas, et quatre fois plus nombreux que nous, vous nous avez écrasés, sans que nous eussions rien prévu, rien combiné. Pas un plan dans nos cartons, pas un espion chez vous. Pas de politique, pas de rancune, pas de prévoyance, pas de ruse. Un ambassadeur qui écrit sous votre dictée, et qui vous laisse sa copie ; un empereur qui fait un plébiscite et qui vous apprend par le vote de l'armée que notre armée est de trois cent mille hommes, éparpillés çà et là, quand la vôtre est de douze cent mille, massée sous votre main ; un ministre qui dit : « Nous sommes prêts, » quand nous ne le sommes pas ; des gamins qui crient : « A Berlin ! » sur les boulevards; des comédiennes qui chantent la Marseillaise dans les théâtres; des chroniqueurs qui partent à la suite de notre armée — tout cela ressemble-t-il à de la haine, à de la politique, à de la vengeance ? Une fausse nouvelle arrive — « Fritz est prisonnier avec 25,000 hommes. » C'est absurde — et possible, depuis Ulm, et depuis Sedan, hélas ! mais il n'y a pas de sang versé. La guerre est finie ! On illumine et on s'embrasse. Tandis que vous chassez nos nationaux à coups de crosse, nous gardons les vôtres au nombre de quarante mille. Tout le monde chez nous avait un ami allemand, dont il était sûr. On ne voit que Parisiens allant à la Préfecture pour garantir et conserver un Prussien. Peuple léger ! n'est-ce pas ? — Peuple loyal, monsieur le comte, peuple chevaleresque, bon enfant, humain, héroïque dans le combat, généreux dans la victoire, simple dans la défaite, se décourageant vite, se réconfortant plus vite encore, prêt à la révolte contre ses chefs et se faisant tuer pour eux cinq minutes après ! C'est Kléber, trahissant presque, en Égypte, et reprenant, à main armée, huit jours après, les forteresses qu'il a livrées dans un accès de mauvaise humeur. C'est Ney, promettant à Louis XVIII de lui ramener Napoléon dans une cage de fer, et tombant aux pieds de Napoléon quand il le revoit. Nous sommes ainsi, vous ne nous referez pas, mais tels que nous sommes, nous étonnons, nous inquiétons, nous amusons, nous éclairons, nous modifions le monde, et, somme toute, nous l'entraînons dans notre mouvement. Il finit toujours par nous suivre parce qu'il voit bien que nous allons toujours quelque part où les autres n'ont pas encore été.

Or, savez-vous pourquoi nous sommes battus aujourd'hui, et par vous? C'est que depuis vingt ans déjà nous ne croyons plus à la guerre, que nous n'en voulons plus, et que lorsque nous ne voulons plus d'une chose, cette chose meurt,

11.

parce que c'est nous que Dieu a chargés de juger les choses, et de dire à l'humanité : Cela est bon ou cela est mauvais, quoi qu'il doive nous en coûter. C'est nous qui frappons la monnaie de la civilisation, et nous jetons au rebut toutes les pièces fausses. La France c'est le Reims des idées, dirait Victor Hugo ; c'est là qu'elles viennent se faire sacrer. Si on lit vos grands poëtes, c'est que nous les avons traduits ; si on ne lit pas vos philosophes, c'est que nous n'avons pas pu les comprendre. C'est nous qui avons découvert, développé, ressuscité, dédommagé, par l'immortalité, vos grands musiciens, depuis Mozart jusqu'à Meyerbeer depuis Schubert jusqu'à Weber, quand vous les aviez laissés dans la misère ou dans l'oubli. Wagner est là qui attend à notre porte un permis de circulation. Il ne sera pas, tant que nous n'aurons pas dit : « Qu'il soit ». Nous sommes non-seulement le contrôle, nous devenons la patrie de toutes les valeurs de l'esprit — voilà pourquoi nous sommes éternels, et si vous mettez votre casque sur notre lumière, votre casque prendra feu, mais vous ne nous éteindrez pas. Nous sommes ce qui est — et ce qui sera.

Donc nous avons déclaré, depuis vingt ans, que la guerre était décidément un moyen barbare — pire que barbare, absurde et inutile — et nous nous sommes découverts ; vous qui croyez à la

guerre, vous vous êtes armés, et nous voilà vaincus. Et le monde s'étonne ! Et le monde s'effraie ! La France est vaincue ! Qui aurait jamais cru cela ? Qu'allons-nous devenir ? Tenons-nous cois ! Ne disons rien ! La Prusse nous dévorerait ! Armons-nous en silence à notre tour. Il n'y a plus que ce moyen-là. Si nous pouvions inventer un canon qui porte à quinze mille mètres ! une essence qui volatilise un corps d'armée en cinq minutes ! un feu grégeois qui détruise une capitale en une seconde. Inutile ; ne cherchez pas : la guerre est morte ; la France n'y croit plus, et l'effort que vous venez de faire faire à votre peuple, prouve bien qu'il doit être le dernier. Vous ne pourrez pas le recommencer tous les ans, vous venez de le dire vous-même. Il y a des succès dont on ne se relève pas, il y a des triomphes dont on meurt. Vous n'avez préparé cette guerre formidable que parce que vous sentiez venir l'invincible amour de la paix. Vous vous êtes dit :
» La force matérielle peut encore gagner une
» partie dans le vieux monde qui va finir ; ga-
» gnons cette partie, ce sera toujours ça de pris.
» Nous verrons ensuite ce que nous ferons. » Eh bien, vous nous aurez aidés à tuer la guerre. L'humanité, en effet, ne peut passer sa vie derrière des murs de mitrailleuses, les hommes faisant l'exercice, les femmes faisant des cartou-

ches, et les uns et les autres faisant, dans leurs moments perdus, des enfants qu'on mettra dès l'âge de dix-sept ans devant la gueule des canons et sous la pluie des obus. Avant vingt ans d'ici, les hommes, même les Allemands, ne voudront plus aller à la guerre sans savoir pourquoi, et comme il sera impossible de leur donner une bonne raison, ils n'iront pas. Mais si vous n'avez plus la guerre, monsieur le comte, que restera-t-il à votre peuple auquel vous n'avez cru devoir donner que ça ? Car vous n'avez ni littérature, ni arts, ni commerce, ni industrie, ni finances, ni religion. J'ai gardé ce mot pour le dernier, parce que c'est le plus important, et que vous prétendez avoir recommencé, non-seulement la guerre des races, mais la guerre des consciences et des âmes, et la preuve c'est que vous l'avez inaugurée par le jeûne et par la prière, et que votre maître s'est déclaré, au nom du Dieu de Luther, le Justicier de l'Europe.

Je commence par vous dire que je n'ai nullement l'intention d'insulter le roi Guillaume. Rien n'est plus lâche que d'insulter à un ennemi vaincu, rien n'est plus bête que d'insulter un ennemi vainqueur. Je ne hais pas le roi Guillaume, pas plus que je ne vous hais : je vous observe, je vous regarde faire les uns et les autres, je cherche à quoi vous servez dans l'évolution humaine, à quels types vous appartenez, quelle cohésion ces types ont avec les événements qui s'accomplissent, et à quelle finalité Dieu vous fait servir. Je vous juge, enfin, avec la plus grande impartialité, comme doit faire un homme qui s'est depuis longtemps placé en dehors et au-dessus des passions du moment.

Or, s'il y a un homme dans le monde qui n'était pas fait pour être un grand homme, et qui ne le sera jamais, quels que soient votre génie et vos succès personnels, c'est bien le roi Guillaume. Vous avez fait là, monsieur le comte, de la génération spontanée. Mais vous devez avoir besoin de beaucoup de précautions dans vos rapports avec *votre enfant*. Vous êtes un Pygmalion bien embarrassé, en face de cette statue de bois que vous avez fait marcher. Il y a des jours où elle veut vous embrasser, il y en a d'autres où elle doit vouloir vous jeter par la fenêtre. Au fond, vous en avez pris votre parti, parce que c'est vous qui avez la clef de ce joujou colossal. Étudions ce roi. Il est brave, non sans prudence. Il est convaincu qu'il ne manque jamais à sa parole ; comme tous les êtres passionnés, il est en effet de bonne foi, quand il la donne et quand il la reprend. Dans le premier cas, il n'avait pas prévu ; dans le second, il a oublié. Abandonné à lui-même, il eût fait de la Prusse une immense caserne, mais voilà tout. Il était né, en physiologie pure, pour être un sergent instructeur, aussi exact à l'inspection qu'à la table d'hôte. C'est ce que les soldats appellent un chien de cour, et les collégiens un pion. L'exercice, la discipline, la hiérarchie, les cadres bien complets, l'uniforme bien propre, les armes bien fourbies, les buffleteries bien nettes, la règle enfin : voilà, avant vous, ce qui lui remplissait l'esprit. Il déteste les Français, parce que les Français ont battu les Prussiens à Iéna, et que Napoléon est entré à Berlin. Il n'y a pas d'autres raisons. Entrer à Paris était son idée fixe, il en parlait toujours, mais il comptait et recomptait ses hommes sans se décider à tenter la chose, quand vous êtes apparu, et lui en avez fait entrevoir la possibilité. Maintenant qu'il est parti pour ça, s'il n'y entre pas, il en mourra, non pas de chagrin, le chagrin lui est interdit, mais de colère. S'il y entre, il y fera sonner ses éperons, il posera sa large main tachée de sang sur un des pilastres de l'Arc-de-triomphe, comme Mahomet sur le mur de Sainte-Sophie, après quoi il se fera haranguer à Notre-Dame, et trinquera avec son Dieu sur l'autel du nôtre. S'il meurt dans son lit, ce dont je doute, il mourra en

disant : « Ça m'est égal, je suis entré à Paris. »
Mais ce qu'il ne sait pas, c'est que, dans le
cas même où Paris ouvrirait ses portes, vous
ne le laisseriez pas, lui le Roi, entrer dans Paris.
Il faut que vous le rameniez à Berlin, empereur
d'Allemagne et vivant, et vous savez bien que
Paris ne vous en rendrait que les morceaux,
et les morceaux d'un roi ne sont pas bons
pour ce que vous avez encore à faire. Quoi qu'il
arrive, les dernières années de cet homme seront
donc empoisonnées, et il reviendra chez lui,
triste, triste, triste ; car même victorieux, il ne
comprendra rien à sa gloire, si la gloriole lui a
manqué.

En dehors de cette idée fixe, le Roi n'est pas
méchant. Je parierais qu'il aime les enfants, et
qu'il leur découperait des militaires en papier,
pendant toute une soirée, sans ôter son sabre,
et en leur expliquant bien les uniformes et les
armes. Il doit avoir ce qu'on appelle de l'esprit
naturel, et de grosses saillies doivent éclater
dans sa barbe comme des obus dans des buissons.
A propos de barbe, regardez son menton
et sa bouche. Quels signes d'obstination et de
ténacité ! Le menton avance comme un coup
de poing, les mâchoires sont fermées comme
des tenailles. S'il m'était permis de comparer à
un animal un homme qui me menace tous les

jours de brûler mes livres et de briser mes cornues, je le comparerais à un boule-dogue, et je dirais qu'il faut lui mordre la queue jusqu'au sang pour lui faire lâcher ce qu'il tient entre ses crocs.

Il doit rire en secouant ses épaules, comme tous ceux chez qui la gaieté vient de l'estomac, mais il reprend son sérieux tout de suite. Et la couronne! Et sa mission! Il faut de la tenue! Diable! Je donnerais beaucoup, relativement — parce qu'il ne me reste pas grand'chose — pour l'entendre, dans son intimité, parler de Napoléon III. Il doit le bombarder des épithètes les plus burlesques, il doit imiter ses gestes et ses intonations, contrefaire sa prononciation allemande, faire sa charge en un mot, et finir par rire aux éclats. Si la servante se trouvait là, à la suite de cette scène, il lui prendrait la taille et l'embrasserait de façon sonore — ce qui exprimerait définitivement l'état de son âme — mais en tout bien, tout honneur; il est chaste.

Son âme? A-t-il une âme? Croit-il en ce Dieu dont il parle toujours? Est-il vraiment religieux? Se considère-t-il réellement comme un élu suscité par la colère divine pour le châtiment des coupables et pour l'avènement de la justice sur la terre? Avoir une âme! C'est bientôt dit. Et puis il y a âme et âme. Le roi Guillaume en a

une, à sa façon. Regardez le sommet de sa tête, l'organe de la vénération s'y trouve, il n'y a pas à dire le contraire, mais la religion qu'il a est une religion à part ; il a son Dieu pour lui tout seul, et il est très-sincère quand il l'invoque. Avec ce Dieu particulier il a fait une convention secrète, tout comme avec l'empereur de Russie ; il lui a dit : « Voulez-vous, Seigneur Dieu, m'ai-
» der à châtier ce peuple français que je déteste
» pour son immoralité et parce qu'il nous a
» battus à Iéna ? Je vous promets, si vous me se-
» condez, de tout faire en votre nom, de rap-
» porter tout à vous, et de vous répandre et pro-
» pager de par le monde, à l'encontre des dieux
» catholique, musulman et grec, malgré mon
» alliance avec ce schismatique d'Alexandre —
» mais ça, c'est de la politique. Je reconnaîtrai
» que vous êtes avec moi à tels et tels signes ; si
» telles et telles chose s'accomplissent d'ici à tant
» de temps, c'est que ce sera une affaire conve-
» nue ; alors comptez sur moi, le roi Guillaume
» ne manque pas à sa parole. »

En quoi il ne ressemble pas à son père si c'est vrai. A la suite de cette évocation politico-mystique, le roi s'est agenouillé et il a prié avec ferveur pour donner le denier à Dieu ; puis il s'est relevé, il a attendu les signes qu'il avait indiqués, et ces signes étant apparus, il n'a plus douté une seule minute de sa mission, et il est parti en guerre, les yeux levés au ciel comme Godefroy de Bouillon, le derrière bien planté sur sa selle comme M. de Marlborough, et disant à part lui : « Je suis tranquille. » Si Dieu, le Dieu du Roi, n'avait pas répondu au Roi par des signes manifestes, le Roi fût devenu à tout jamais mélancolique, et il eût cessé de croire à son Dieu. Voilà sa religion. Ce n'est pas un religieux, c'est un disciple de Spiner, un piétiste ; cela tient du Quaker et du maniaque. Si Guillaume vit assez pour voir qu'il n'a rien accompli de ce qu'il croyait et voulait accomplir, il deviendra fou.

Jusqu'à ce qu'il ait trouvé sa voie ou plutôt jusqu'à ce que M. de Bismark la lui ait indiquée, cet homme a beaucoup souffert. Les projets les plus informes venaient se cogner et se casser sur ce cerveau lapidaire. Il lui semblait par moments qu'il était appelé à faire quelque chose, et il ne savait pas quoi. Il brûlait d'un grand besoin d'action, sans la moindre connaissance de l'action à faire. Il passait continuellement ses soldats en revue ; il les trouvait superbes et fonctionnant comme des machines ; il les admirait, mais il secouait la tête, et se disait tout bas : « Leurs pères aussi manœuvraient » bien devant mon père, mais ils se sauvaient » encore mieux devant Napoléon. » Après quoi, il remettait ses soldats dans leur boîte.

C'est alors que vous êtes intervenu, monsieur le comte, vous, l'esprit pratique par excellence, ne vous aventurant jamais dans les combinaisons extra-humaines, ayant une fois pour toutes réservé la question de Dieu dont vous ne comptez vous occuper qu'après votre mort, mais utilisant admirablement tous les moyens humains, fermant les volets, pour ainsi dire, sur la lumière que vous portez en vous, et la concentrant au dedans de vous-même, sur un point fixe. C'est devant ce foyer mystérieux, dont une lueur brille, à de rares intervalles, et malgré vous, entre vos paupières, que vous vous livrez comme un alchimiste, à l'examen des hommes et des choses. Il y a du Faust en vous ; il y en a et il y en aura dans tout Allemand qui aura voulu percer à jour la connaissance de l'homme. Votre image dit ceci :

« M. de Bismark regarde toujours devant, quelquefois de côté, rarement derrière, jamais au-dessus ; s'il entrait dans des discussions *ultrà terrestres*, il douterait de son œuvre, et maintenant qu'il l'a entreprise, il veut la mener jusqu'au bout, sans trouble et sans hésitation. Il sent bien Dieu autour de lui ; mais il va comme s'il ne soupçonnait pas son existence. Dans ce qu'il dit et veut imposer aux hommes, il ne se sert jamais de ce mot « Dieu ». Il en laisse le maniement au Roi, qui n'en comprend ni la valeur ni le danger. De temps en temps cependant, Dieu insiste et gêne M. de Bismark ; alors M. de Bismark laisse tomber ses paupières sur ses yeux, se ferme et cesse de penser. C'est un vertige de l'âme. Quand il est rentré en possession de lui-même, quand il ne voit plus que ce qu'il a en lui, il reprend son idée et son action. »

Esprit lucide, cœur saignant, désireux de se mesurer avec le monde, peut-être pour prouver ce qu'il vaut à un seul être qui ne l'a pas compris, M. de Bismark s'est rendu compte tout de suite de l'état de ce monarque, tournant sur lui-même, et détenteur de ce pouvoir dont nous disions plus haut que les grands politiques ont besoin pour exercer leur génie. A l'envers de nos idéologues modernes qui veulent convaincre tous les hommes à la fois, ce qui équivaut à vouloir remplir une bouteille par le fond, M. de Bismark sait que c'est par le goulot qu'il faut emplir la bouteille, et il s'est dit : « Quand on est maître » du roi, dans un pays à gouvernement person- » nel, on est maître du peuple. » C'était le raisonnement de Voltaire, et voilà pourquoi Voltaire se faisait le chambellan du roi de Prusse, le correspondant de Catherine, et le flatteur de madame de Pompadour, qui régnait sous la forme de

Louis XV. Au lieu de s'adresser aux foules distraites, ignorantes, grossières, insaisissables, ou que le premier orateur de carrefour peut entraîner à sa suite, il s'adressait à ceux qui disposaient des foules, et il se disait avec son admirable bon sens : « Quand j'aurai fait passer mes idées dans l'es- » prit de ceux qui conduisent les peuples, ils con- » duiront les peuples où je veux qu'ils aillent. » En un mot, il procédait comme le soleil qui éclaire d'abord les sommets. Les critiques subalternes, ces obscurs blasphémateurs, dont parle Lefranc de Pompignan, n'y ont rien compris, et l'ont appelé courtisan. Plus heureux que Voltaire, mais moins grand que lui, puisqu'au lieu de travailler à l'émancipation intellectuelle et morale de tous les peuples, il ne cherche que le développement politique et la prépondérance matérielle d'un seul, M. de Bismark trouve dans le successeur de ce Fréderic que Voltaire a tant loué, et de ce Frédéric-Guillaume que Napoléon a tant battu, un prince à vues courtes, tendu sur cette idée fixe : « Venger Iéna, et recommencer Rossbach. » C'était tout ce qu'il fallait à ce nouvel Ulysse pour en faire l'Agamemnon de cette nouvelle Iliade qu'aucun Homère ne chantera. Le roi Guillaume rêve en effet maintenant d'être le Roi des Rois, et il faut dire qu'il est aussi ambitieux, aussi orgueilleux, aussi violent, aussi cupide, aussi vindicatif, aussi déloyal, que celui qu'Homère a chanté. La ressemblance ne s'arrêtera pas là. Je ne suis pas Cassandre, mais je crois pouvoir prédire au roi de Prusse, comme la fille de Priam l'avait prédit si justement et si inutilement au roi d'Argos, qu'il mourra de mort violente après être rentré dans sa patrie. A piétiste sanguinaire, piétiste fanatique. « Sire, défiez-vous des Karl Sand. » *Cave, Cæsar, mortui te salutant!*

Les faits ayant prouvé en France que ceux qui avaient voulu tuer le roi Louis-Philippe et l'empereur Napoléon III ne faisaient que devancer la justice du peuple, l'assassinat politique ne va plus être un crime ; il va être un mandat ; et l'assassin ne relèvera plus que de sa conscience. Quand il va être bien avéré qu'il y a antagonisme entre les peuples et les rois, et que ceux-ci mettent autant d'obstination à être dessus, que ceux-là à ne vouloir pas rester dessous, les peuples glorifieront l'assassinat comme la Prusse a glorifié l'espionnage. L'assassin d'un roi ne sera plus un meurtrier, ce sera un voyant, un précurseur qui ne sera déclaré coupable que s'il n'a pas réussi ! Pour ce qui nous regarde, je défie, après les événements qui viennent de s'accomplir, et qui prouvent la prévoyance des Alibaud et des Orsini, je défie qu'on trouve un jury en France pour condamner un homme qui aura voulu tuer un roi.

L'assassinat! telle est la forme déplorable, mais logique et péremptoire que va revêtir la Révolution universelle, c'est-à-dire la résolution définitivement prise par tous les peuples de ne plus subir les rois et de rester seuls maîtres et responsables de leurs destinées. Et ce ne sera pas par l'association de plusieurs, par la conspiration collective, sœur de la trahison, que ce verdict suprême sera rendu, ce sera par l'individu isolé, silencieux, impassible — le Brutus de Tarquin, ou le Lorenzaccio d'Alexandre de Médicis. Cet homme se dira : « Il ne faut pas que cela soit ainsi »; et il jugera, condamnera, exécutera seul, sans crainte et sans remords. Et dans tout peuple asservi, exploité par un homme, cet homme se trouvera toujours. Je ne dis pas que je l'approuve, mais je l'annonce.

Cavete, Cæsares, mortui vos salutant!

* * * *

Mais il n'y a pas que le roi Guillaume. Le roi Guillaume ce n'est que le présent, un présent très-limité, espérons-le ; ce roi a un fils et un neveu qui, heureusement, ne sont pas plus disposés à s'entendre ensemble qu'à s'entendre avec M. de Bismark. Il est de tradition, lorsqu'un roi a un neveu et un fils, que le neveu qui ne doit pas régner a toujours une manière de voir autre que celle du fils qui régnera. Si les Castor et Pollux sont rares comme frères, ils sont introuvables comme cousins. Les branches cadettes, dans les familles royales, n'ont qu'une idée : c'est de prouver à leurs compatriotes et à la terre entière, si c'est possible, que la nature s'est trompée, qu'elles sont en tout point supérieures aux branches aînées ; et l'unique préoccupation de leurs membres est, à force de talent quand ils sont vraiment distingués, à force d'intrigues quand ils sont vraiment inférieurs, de se substituer à ceux d'en haut. Aussi le prince Frédéric-Charles a-t-il fait de son mieux pour établir sa supériorité personnelle sur le prince Fritz. On ne sait pas ce qui peut arriver ! S'il a tant étudié l'art de la guerre, c'est qu'il prévoyait la guerre, et, à la guerre, un prince héritier peut être tué, comme le dernier des soldats, surtout quand il est brave. Ces deux hommes n'aiment pas M. de Bismark, je le parierais bien. Le prince Fritz le regarde comme un conseiller fatal, le prince Frédéric-Charles le regarde comme un conseiller inutile. L'un est convaincu que son père eût pu accomplir son œuvre d'unité pacifiquement, l'autre que sa science stratégique eût suffi. Quel que soit celui des deux qui règne, M. de Bismark ne règnera ni sous lui, ni sur lui. Le seul point où ils soient d'accord, c'est qu'on eût pu se passer du comte. Du reste, ici encore nous retrouvons une manière de voir différente, en raison des types opposés auxquels ces deux hommes appartiennent.

Regardez-les. Voyez le prince Frédéric-Charles. Le développement du front est énorme ; un peu plus c'était un hydrocéphale. Il ne doit pas être facile à vivre, comme on dit vulgairement. Son humeur est des plus inégales, bien qu'il s'en cache le plus possible ; non qu'il tienne à l'opinion des hommes, il les déteste trop pour cela, et s'il les déteste c'est qu'il sait qu'il y en a d'heureux et qu'il est bien un des êtres les plus malheureux qui existent. Heureusement pour lui, il a reçu de la nature la faculté de s'absorber pendant de longues heures dans un travail unique, acharné, grâces auquel il tient à l'écart les pensées tristes dont il est assailli et qui l'auraient mené au spleen et à l'aliénation sans ce contrepoids. Il ne doit pas rire souvent. Ses traits se contractent dans le sommeil, et la première image qui se présente à son esprit quand il s'éveille est toujours une image lugubre. C'est un cerveau qui a des nausées. Par moments, dans la solitude, il doit avoir envie de crier ; et s'il ne pleure pas, ce n'est pas non plus l'envie qui lui en manque, mais il a une volonté de fer, et il ne voudrait pas, même pour la couronne future de Fritz, qu'un homme connût ses défaillances, ni une femme non plus, bien qu'il ait des tendances sentimentales. Il doit affecter la simplicité la plus grande dans ses mœurs, dans ses habitudes et jusque dans ses repas, bien qu'il ait besoin de beaucoup de nourriture. Il tient aussi à avoir l'air de penser toujours à quelque chose, et il pense en effet, mais sa pensée va moins loin qu'on ne le croit et, surtout, qu'il ne veut le faire croire. La mise en train du travail doit lui être extrêmement pénible. Il n'y a rien de prime-sautier en lui, ni d'inventif, ni d'inspiré. Il écoute, il lit, il s'assimile peu à peu l'idée des autres, l'émonde, la développe, l'étend jusqu'à une certaine limite, et reste tout étonné de ne pouvoir pas la pousser plus loin. Ce qu'il envie le plus, c'est la rapidité de conception, l'esprit de synthèse, car il procède du composé au simple ; autrement dit, il prend toujours le plus long, et revient patiemment sur ses pas, quoique avec un peu de fièvre et d'irritation. C'est un honnête homme qu'on exposerait à de bien grandes luttes si on lui confiait sous le sceau du secret — et sans savoir qu'il en est occupé — la solution d'un problème qu'il cherche inutilement à résoudre tout seul. On le mettrait ainsi à une rude épreuve, et je ne sais pas s'il ne finirait pas par succomber, comme un amateur qui ne peut pas résister à dérober dans une collection une pièce introuvable ailleurs et qui manque à la sienne. Il n'est ni un foyer ni un rayon ; il est un reflet. Il doit travailler la nuit, *per amica silentia lunæ*. Il doit aussi aimer les chiens : ça écoute, ça regarde, et ça ne peut rien dire. Que de fois il a voulu s'épancher avec une femme ! Je crois qu'il n'a jamais osé, plus par défiance de soi que d'elle. Je serais fort étonné s'il était éloquent. Chose curieuse ! C'est un grand travailleur qui était né paresseux. Le travail n'est venu que par un effet de sa volonté, qui est implacable, je crois l'avoir déjà dit. Il est superstitieux cependant, quelques efforts qu'il fasse pour ne pas l'être ; il a des pressentiments, des cauchemars, et certains bruits le font tressaillir. Sa santé ne lui obéit pas non plus comme il le voudrait, et l'amour physique n'est pas son affaire. Je ne parierais pas qu'il aime les enfants. Il a dû faire des vers dans sa jeunesse. Il doit regretter que la Prusse ne soit pas une puissance maritime. Il eût mieux aimé commander sur mer que sur terre. Il est du reste comme la mer, changeant, capricieux, agité, et comme à la mer Dieu lui a dit : « Tu n'iras pas plus loin ». Il y a là une ambition colossale qui ne peut prendre son essor. Il lui manque le plus important pour monter : — les ailes. Il se rêve Bonaparte et il se réveille Moreau. Il y a en lui du Prométhée et du Tantale ; il sait où est le feu, il le voit, et ne peut le saisir. Il a juste assez de valeur pour savoir qu'il n'a pas de génie. A cause de cela, c'est un des hommes les plus envieux, les plus haineux, les plus dangereux qui soient. De tous les Allemands c'est certainement celui qui hait le plus la France.

Monsieur de Bismark s'en sert et le méprise.

Mais à qui le grand diplomate eût voulu plaire, c'est au prince Fritz. Le Prince-Royal est tout l'opposé du prince Frédéric-Charles, et c'est aussi tout le contraire de M. de Bismark. Ah! enfin! me voici en face non pas de la plus grande valeur intellectuelle de ce groupe, mais de la seule valeur morale. Ce visage rafraîchit et repose l'observateur. Ce n'est pas pour être derrière le fils ce que vous êtes derrière le père, et pour vous continuer d'un règne sur l'autre, que vous auriez voulu conquérir ce prince, monsieur le comte. Non; vous n'avez pas de ces ambitions mesquines; vous savez d'ailleurs que vous devez être indispensable ou n'être pas du tout, et qu'en cas d'ingratitude de la part de votre souverain, ingratitude qu'il faut toujours prévoir, surtout en Prusse, vous serez plus grand peut-être dans la disgrâce que dans la faveur. D'ailleurs, la disgrâce pour un homme comme vous, c'est le repos, et le repos est votre rêve, comme si vos pareils pouvaient se reposer. Non, vous auriez voulu gagner la confiance du Prince-Royal pour la confiance elle-même. La confiance n'est pas le vrai mot, c'est l'amour que j'aurais dû dire. Le prince Fritz vous fait l'effet d'une femme, et vous avez dû, pour ainsi dire, lui faire la cour comme à une femme. Puissance de l'idéal! Elle vous domine en cet homme.

Nous n'ignorons, ni vous ni moi, que les deux générateurs, *le père et la mère*, se combinent quand ils sont adéquats, et se combattent quand ils sont contradictoires, dans leur produit, dans l'enfant qui résulte d'eux. Or, les deux types du roi et de la reine de Prusse sont absolument contradictoires. Malgré ses apparences musculaires et ses surfaces velues, le Roi est un faux mâle, dans l'acception virtuellement créatrice du mot. Aussi dès le premier-né *le père* a été rejeté, *la mère* est restée seule, non pas la mère telle qu'elle est, mais telle qu'elle a été un moment, telle qu'elle aurait voulu rester toujours. Autrement dit, le prince Fritz a été l'incarnation du rêve que sa mère n'a pu réaliser elle-même. C'est là que cet idéal s'est réfugié, mais la flamme en quittant le foyer qu'elle avait habité n'y a laissé que des cendres. La reine Augusta n'est pas un cœur sec, c'est un cœur séché.

J'ai lu dernièrement qu'un de mes compatriotes, M. Arlès Dufour, avait adressé une lettre à la reine de Prusse, pour la supplier, au nom de l'humanité, de mettre fin à cette guerre impie.

Il l'invoquait comme femme, comme mère, comme chrétienne. La Reine lui a répondu la lettre la plus laconique et la plus glacée qui soit jamais tombée de la plume d'une grande dame. Regardez cette tête avec attention et sincérité, et dites-moi s'il en pouvait sortir autre chose que cette réponse. Il faut que M. Arlès Dufour soit bien ignorant en physiologie pour avoir espéré un moment attendrir cet être pétrifié déjà depuis de longues années, et que la perte de ses illusions a rendu inexorable. Cette femme n'est autre que la fille de Cérès enlevée par Pluton, pendant qu'elle cueillait des fleurs. C'est Proserpine. Orphée peut l'implorer tant qu'il voudra pour qu'elle lui rende Eurydice, elle ne la lui rendra pas, et elle empêchera même Pluton de la lui rendre au moment où le dieu de la mort se laisserait attendrir. Elle hait tout ce qui est jeune et beau, parce qu'elle a été inutilement jeune et belle; elle hait tous ceux qui aiment, parce qu'elle n'a jamais pu aimer. Je ne crois pas, du reste, qu'un cœur de femme ait jamais été plus refoulé que celui de la reine Augusta, ni qu'on puisse cacher plus d'inflexibilité, plus de stérilité, sous plus de grâces et de sourires. C'est le Sahara peint en vert. Tout ce que l'éducation, l'instruction, la vanité, l'habitude des sommets sociaux, le désir de plaire, peuvent dans une femme simuler de charme, de bienveillance, d'affabilité, de bonhomie, la reine Augusta s'en est revêtue, et les superficiels doivent voir en elle, non-seulement la princesse la plus distinguée, mais la personne la plus facile à émouvoir. Nulle ne joue mieux qu'elle la sensibilité, et le récit d'une belle action, comme le récit d'un grand malheur, mouille ses yeux sans les rougir jamais. Je la vois d'ici, descendant avec la coquetterie la plus séduisante du sommet des hauteurs royales, pour courir au-devant des femmes qu'elle aime ou qu'elle prétend aimer, et qu'elle choisit en dehors de l'étiquette, et avec un grand mépris des préjugés, mépris apparent, parmi des femmes à qui leur petite origine n'aurait jamais permis de rêver un pareil honneur. Cela lui permet d'avoir l'air d'une princesse non semblable aux autres, plaçant la valeur personnelle au-dessus de tout, sachant la découvrir dans les rangs les plus obscurs, et cela l'autorise, en même temps, à humilier des femmes qui, étant de plus vieille race qu'elle, sont devenues ses inférieures par le hasard du trône. Aussi, avec ses amies d'élection, quelle modestie câline elle affecte ! Que de fois elle leur a dit : « Que vous » êtes heureuse de ne pas être reines, et combien » je vous remercie de m'aider, en m'aimant un » peu, à oublier que je le suis ! Dire ce qu'on

» pense, se verser dans un cœur qui vous com-
» prend, se sentir aimée, vivre par les senti-
» ments, combien cela est préférable aux vanités
» de la grandeur ! » Et celles à qui elle parle ainsi
disent : « Quelle femme supérieure ! Quelle in-
» telligence d'élite ! Quelle âme délicate et
» tendre ! » Rien de plus faux. C'est l'âme non-
seulement la plus froide, mais la plus hautaine,
la plus autoritaire, la plus implacable. Il lui est
absolument impossible de pardonner la plus légère offense, et quiconque voudra s'opposer à ce
qu'elle aura résolu, elle l'exterminera si elle peut.
Tout est calculé en elle, prémédité, combiné.
Elle doit prendre une attitude pour dormir, et au
réveil, elle revêt tout de suite une seconde personne qui rend impénétrable celle qui est dessous. Si elle n'avait une peur affreuse de la mort,
quoiqu'elle affecte la philosophie et la piété, elle
s'étudierait à mourir d'une certaine manière.
C'est la quintessence du fictif. Ni la littérature,
ni les arts, ni les sciences, ne l'intéressent, et cependant elle paraît les adorer, et elle en parle
avec passion. Elle s'est imposé — pour arriver à
paraître lettrée, artiste, savante — la patience
de lire des centaines de volumes, et de causer
longuement avec les gens qui l'ennuient le plus.
Elle doit repousser toute conversation politique,
en disant : « Ces choses-là ne nous regardent pas,

» heureusement nous autres femmes. » Bref, qui l'examinerait attentivement, sans savoir qu'elle est une majesté, trouverait en elle à doses presque égales l'étroitesse dans les idées, la manière dans l'expression, et la férocité dans les sentiments. Il y a en elle de la provinciale, de la précieuse et de la Parque. C'est une trinité bizarre, composée de marquise d'Escarbagnas, de Scudéry et d'Atropos.

Une des causes secrètes, mais non des moins sérieuses, de la guerre actuelle, c'est la haine profonde que la reine de Prusse a dû, en raison de son type, concevoir pour l'impératrice des Français, haine à laquelle elle a fait un emprunt en faveur de la belle impératrice d'Autriche, qu'elle a été heureuse de voir humiliée en 1866. L'impératrice française a eu le malheur d'être l'incarnation inverse de la reine Augusta, et de réaliser ce que celle-ci aurait voulu être. La jeune et belle comtesse de Montijo, gracieuse, souriante, libre, choisie à cause de sa grâce et de sa beauté par le chef de la plus grande nation du monde, pour occuper avec lui le premier trône de l'univers (quel rêve!) rejetait dans l'ombre tout à coup les importances héréditaires et convenues de toutes les autres princesses de l'Europe. C'était le triomphe de l'amour sur les préjugés, de la beauté sur la tradition, du sentiment sur la politique. C'était l'avénement de la liberté, de la fantaisie même, dans les dogmes rigides et sacrés de la monarchie. C'était Vénus sortant de l'onde et détrônant Junon. Quel schisme ! Toutes les déesses de l'Olympe, reléguées au second plan, crièrent au scandale et demandèrent vengeance contre cette divinité parvenue, née d'un rayon de soleil et d'un flocon d'écume, et qui n'avait d'autre titre à la puissance que la perfection. Celle qui devait l'envier, et par conséquent la détester le plus, c'était Proserpine, la déesse d'en bas, la reine des ombres, mais c'était celle aussi qui avait à sa disposition le plus de moyens de lui faire du mal. Ne tenait-elle pas sous son empire les juges Minos, Éaque, et Rhadamante, et les Parques, et Cerbère aux trois gueules, et Briarée aux cent mains, et Typhon aux cent têtes, et cette Furie, armée d'une épée nue, les mains sanglantes, le visage enflammé, faisant siffler ses serpents, qu'on appelle la Guerre ; et cette fille de la Nuit, aux pieds tordus, aux ailes noires, au cœur de fer, aux entrailles d'airain, qu'on appelle la Mort !

Tous les dieux infernaux ont été déchaînés, et Proserpine triomphe. De la déesse rayonnante, de ce sourire couronné qui fut l'impératrice Eugénie, il ne reste plus qu'une femme pâle, vêtue de deuil, fuyant un époux maudit, abritant un enfant effaré dont les dangers nous ont émus, dont les lauriers d'une heure nous ont fait rire. Heureux prince, après tout, qui n'aura connu de la toute-puissance que le bien qu'elle permet de faire. Remerciez les dieux, Monseigneur, vous ne régnerez jamais !

Eh bien, ce que la reine Augusta veut faire croire qu'elle est, elle l'a été réellement et elle le serait encore si elle eût été maintenue dans l'atmosphère tiède et parfumée d'une petite cour allemande comme une de celles où elle est née et pour lesquelles elle était née. Donnez-lui un mari comme ce duc de Weimar dont Goethe fut l'ami, donnez-lui un ami comme Goethe, et vous obtiendrez, sinon une femme supérieure, du moins une femme heureuse et bonne, s'épanouissant dans toute la plénitude de son type originel. C'est un cygne qu'on a retiré d'un lac pour le jeter dans une mare. Cette cour de Prusse avec ses duplicités traditionnelles, avec son ambition maladive qui ne peut pas plus être assouvie que la luxure de Messaline, avec sa politique souterraine, ténébreuse, dégage des vapeurs fétides qui noirciraient les diamants et qui décomposeraient les anges. Mais, comme il est dit que l'idéal ne périra pas, même dans le royaume du mensonge et de l'hypocrisie, la mère a furtivement déposé dans son premier-né ce qu'il n'était plus permis à la femme de garder en elle.

Il y a un livre de ce Goethe dont nous parlions tout à l'heure, de ce même Goethe qui disait en parlant des Allemands : « Plus vous les in- » struirez, plus vous leur apprendrez à être bar- » bares » ; — il y a dans son livre des *Affinités électives*, une femme mariée qui aime passionnément un autre homme que son mari, mais qui, loin de trahir ses devoirs d'épouse, ne se soustrait à aucun de ses devoirs ; seulement, tout en abandonnant sa personne à son mari légal, elle livre secrètement son âme à son mari d'élection ; elle se réfugie d'autant plus dans le second, qu'elle subit le plus le premier ; en un mot, plus on lui impose la réalité, plus elle communie avec le rêve. La nature n'en fait pas moins son œuvre ; la femme devient mère, mais dans cette conception involontaire, l'âme s'impose au corps, l'esprit subordonne le fait, et l'enfant engendré par le mari est l'image vivante, au moral et au physique, de l'amant, qui n'a même jamais su à quel point il était aimé.

Même chose est arrivée à la reine Augusta. L'époux qu'elle rêvait et qu'elle ne devait pas trouver sur la terre est le véritable père du prince Fritz. Regardez la tête du Roi et celle du Prince-Royal ! Qu'y a-t-il de commun entre ces deux hommes ? Rien. L'un a passé par l'autre, voilà tout, mais il venait de quelque part où celui par lequel il passait n'a jamais été, et il va maintenant vers des pays inconnus à ce générateur inconscient.

Puisque nous avons emprunté quelques comparaisons au monde mythologique, continuons. Il y a du Lucifer, plus que du Lucifer, il y a de l'Apollon, dans le Prince-Royal ; aussi rêve-t-il le règne de la paix, de la science, des arts, de la lumière enfin. Vous aurez beau lui dire que vous lui préparez ce règne et que c'est pour lui que vous prenez devant l'avenir la responsabilité de ces grands bouleversements européens, il ne vous aime pas et il reste convaincu que l'on aurait pu obtenir les mêmes résultats par l'éloquence et par la douceur. Apollon n'est-il pas le dieu de l'harmonie et n'est-ce pas au son de la musique qu'il inculquait aux hommes les préceptes de la morale ? Peu s'en est fallu qu'il ne se laissât chasser aussi par le Roi son père et qu'il n'allât garder les troupeaux d'Admète plutôt que de se faire le complice d'une politique dont, malgré les succès de ses armes, il craint encore d'être, et dont il sera la victime expiatoire.

Sa voix doit être agréable et sonore, son cœur doit être trop gros, il pâlit dans l'amour, vers lequel il doit être porté ! Il aime les femmes, ou plutôt la femme, parce qu'il sait qu'il a ce qu'il faut pour être aimé d'elle, et que ce n'est pas seulement le prince qu'on aime en lui. Il a dû rencontrer peu de résistances sur ce terrain-là, et trouver plus de Clymènes que de Daphnés ; mais il laisserait encore Clytie mourir les yeux fixés sur lui, si Clytie le trahissait, car il a horreur de toute manœuvre occulte. Il n'aime pas la guerre, il n'aime pas le sang versé, mais les uniformes éclatants et dorés doivent le charmer. Il se plaît au milieu des états-majors brillants au feu des bougies dans les grands salons dorés. L'homme ainsi équipé lui paraît plus mâle et plus beau — plus digne qu'on l'aime, mais il voudrait qu'on s'en tînt là, et si l'égorgement arrive, il détourne les yeux. Quand le Roi, après la première défaite des Français, a écrit à la reine Augusta : « Quel bonheur pour Fritz ! » je ne serais pas étonné que Fritz eût pleuré — non de joie mais de douleur. Cependant il a des mouvements de colère, qui passent vite, et il rentre aussitôt dans sa nature véritable, toujours un peu hautaine, mais dévouée, loyale, sage, généreuse et clairvoyante. Il est d'excellent conseil, et ne comprend pas qu'on ne le croie pas aveuglément quand il émet son avis, toujours de bonne foi et toujours sensé. Il est religieux, comme tous ceux qui sont beaux et qui aiment le beau ; mais il n'a rien du mysticisme étroit et carré de son père. Je ne crois pas qu'au fond, le Dieu des protestants lui suffise. Il eût aimé les chants, les parfums, les couleurs, les pompes du catholicisme.

Il eût été bien surpris s'il n'était pas né prince. Il se sent fait pour être au-dessus des autres. Cependant, il n'y serait pas arrivé tout seul. Il fallait une complicité de la nature. Il n'y a pas en lui le germe d'un grand homme; il n'y a, les circonstances étant propices, que le germe d'un grand roi. C'est un Louis XIV rectifié, dont M. de Bismark est le Mazarin supérieur. Il a peut-être eu Marie Mancini et La Vallière, mais il n'aura ni Montespan, ni Maintenon, et il ne révoquera pas l'édit de Nantes. L'injustice le révolte au plus haut point. Si ses ambitions secrètes devaient se réaliser, il serait réellement le roi Soleil, mais qu'il se défie de son cœur, qui est trop gros et qui lui éclatera peut-être un jour dans la poitrine. Il y a des chances pour qu'on manque d'air et qu'on étouffe, quand on veut être en même temps honnête homme et roi de Prusse.

Une fois roi, le fils de Guillaume comblerait M. de Bismark d'honneurs, de titres et d'argent, si M. de Bismark voulait (il ne voudrait pas), mais il l'éloignerait de lui. Il veut être tout seul dans le char aux quatre chevaux blancs. C'est peut-être un autre qui les aura dressés, c'est peut-être un autre qui les aura attelés — c'est lui seul qui veut les conduire.

Donc vous aurez beau lui dire que vous lui assurez, par la guerre actuelle, la paix qu'il veut voir régner sur la terre et que ce sera lui, grâces à vous, qui sera l'arbitre du monde pacifié qu'il tiendra en équilibre au sommet d'une Allemagne gigantesque — le prince Fritz ne vous croit pas. Il sait bien que l'amour ne crée pas pour qu'on détruise ce qu'il crée, avant que ce qu'il crée ait créé à son tour ; il sait bien qu'un million de mères n'ont pas mis au monde, dans les cris et dans les joies de l'enfantement, des millions d'enfants pour qu'on tue ces enfants quand elles vivent encore et pour qu'on répande dans les ornières des chemins, comme un vin frelaté dans les ruisseaux des rues, le beau sang rouge qui court dans leurs veines bleues ; il sait bien qu'on ne constitue pas la famille, pour arracher le lendemain au sein de l'épouse et aux bras de l'enfant l'époux et le père de la veille, et que toutes ces poitrines robustes, pleines de séve, et où le cœur bat puissamment à toutes les espérances de la vie, ne sont pas faites pour être défoncées à coups de canon, par les boulets énigmatiques d'un inventeur mystérieux. Vous pouvez lui promettre tout ce que vous voudrez, il ne vous croira pas, parce qu'il sait que le résultat n'est jamais certain quand le moyen n'est pas juste, et qu'il n'y a pas de succès véritable en dehors de la justice. Quand vous lui mettriez dans les mains ou sous les pieds, après toutes ces batailles, un empire qui commencerait à la Loire et qui finirait au Volga, que baigneraient les mers du Nord de l'embouchure de l'Escaut jusqu'au golfe de Finlande, qui se mirerait dans les mers méridionales depuis Odessa jusqu'au golfe de Lyon, et dont le dernier des paysans parlerait la langue de Klopstock, il ne vous croirait pas; — car il sait encore que les grands royaumes rêvés par les grands manipulateurs d'hommes n'ont jamais duré — ni le royaume de Salomon — ni le royaume de Cyrus — ni le royaume d'Alexandre — ni le royaume de César — ni le royaume de Mahomet — ni le royaume de Charlemagne — ni le royaume de Charles-Quint — ni le royaume de Napoléon. Il n'y a pas d'exemple de la durée de ces grands amalgames, et il n'y en aura pas, jusqu'à ce que, par les progrès de l'esprit humain et par la communion de tous avec l'idéal, la terre entière ne forme plus qu'un seul royaume qui sera le royaume de Dieu.

Haine de races, dit-on! Quelle erreur! Quel anachronisme! Quelle courte vue des choses providentielles! Voulez-vous une preuve évidente du contraire? « La guerre est finie! » ont crié vos soldats, en dansant et en jetant leurs armes, quand ils ont appris que Sedan se rendait et que

l'Empereur était prisonnier! Où est la haine là dedans? Ils avaient dans ce cri instinctif le pressentiment de l'avenir, et leur cœur en savait plus long, en ce moment, que l'obstination du roi Guillaume. Si le Roi se fût arrêté ce jour-là, s'il eût dit à la France : « Je faisais la guerre à
» un homme qui était plus votre ennemi que le
» mien, et qui vous menait à la décadence et à
» la ruine par l'immoralité et la corruption :
» cet homme n'existe plus politiquement. J'ai
» accompli mon mandat de justicier — oublions
» cette querelle — pardonnons-nous mutuelle-
» ment le sang versé; donnons-nous loyalement
» la main ; et travaillons ensemble à la civilisa-
» tion ! » Si le roi Guillaume eût parlé ainsi, il eût assisté au spectacle le plus émouvant et le plus digne d'admiration qu'il ait jamais été donné à un mortel de contempler ; il eût vu deux nations ennemies, acharnées en apparence cinq minutes auparavant, se jeter dans les bras l'une de l'autre avec des cris d'amour, entonner l'hymne de la fraternité universelle, et proclamer sur le champ de bataille la paix définitive du monde.

Si le roi Guillaume eût fait cela, il eût été le plus grand homme des temps modernes, un des plus grands hommes de tous les temps. L'unité de l'Allemagne était fondée du coup, et il rentrait dans sa capitale non-seulement aux acclamations de son peuple, mais avec les bénédictions de l'Europe attendrie. Il n'a pas voulu voir cela; tant pis pour sa gloire ; tant pis pour son empire ; tant pis pour son œuvre. Mais j'affirme, moi, que le prince Fritz eût agi de la sorte s'il cût été à la place de son père. J'affirme qu'il a dû conseiller cette politique grandiose, et qu'il est rentré sous sa tente, désespéré de ce qu'on ne l'écoutait pas, et en disant : « Quel malheur pour Fritz ! »

Si les événements se fussent décidés dans le sens opposé, si nous avions été à la place des Prussiens, et si nous avions fait le roi de Prusse prisonnier, j'ajoute que l'empereur Napoléon III eût fait spontanément pour la Prusse ce que je reproche au roi Guillaume de n'avoir pas fait pour la France.

Vous aussi, M. le comte, vous avez dû donner ce conseil et saisir cette occasion de gagner le cœur du prince Fritz, tout en servant les véritables intérêts de votre pays — à moins que la continuation de la guerre ne vous fût fatalement commandée par des raisons d'ordre inférieur, par des raisons d'argent et des nécessités matérielles. Ah ! si vous n'avez pas le moyen d'être sublimes, c'est une autre affaire, et il n'y a plus rien à dire. Si vous êtes des hommes d'affaires, si vous étiez à la veille de déposer votre bilan, si les guerres que vous avez soutenues, les préparatifs que vous avez faits contre nous depuis plusieurs années, si votre police et vos armements ont épuisé vos finances ; si vous n'attendiez que l'occasion d'un bon coup pour vous refaire, et si vous ne pouvez rentrer à la maison qu'avec une grosse somme qui vous remette au pair, si vous jouiez votre dernier écu sur cette dernière carte, si vous vous battez réellement pour la proie, comme le dit le vieux proverbe latin : « *Galli ad Gloriam, Romani ad mercedem, Germani ad prædam* » — bref, si c'est la faim qui vous a fait sortir du bois, c'est autre chose, et j'aime mieux cela. Vous n'êtes plus une famille de grands soldats, vous n'êtes qu'une bande de flibustiers, vous n'êtes plus des lions, vous n'êtes que des loups qui feront mentir le proverbe, et qui se mangeront bientôt entre eux. D'abord il n'est pas sûr que l'affaire soit aussi bonne que vous l'espérez et puis emportez notre argent, nous n'en manquerons jamais et nous avons autre chose en réserve.

D'aucuns prétendent qu'il n'y a pas d'autre raison à cette prétendue guerre de races, et que ces nuées de juifs qui suivent vos armées, et à qui vos soldats vendent les bijoux de nos femmes et les jouets de nos enfants sont des créanciers

que vous remboursez au fur et à mesure du gain ;
et que les grands mots : unité de l'Allemagne,
guerre patriotique, justice de Dieu, sont de
simples boniments de croupiers dévalisant des
pontes — la roulette de Bade sur une grande
échelle — c'est possible ; je ne le crois pas ; je
ne veux surtout pas le croire : j'aime mieux vous
accuser d'ambition que de calcul, de haine que
de spéculation, de vengeance que de vol ; et je
vous dis aujourd'hui (20 décembre 1870) : Arrêtez-vous — que ce soit ambition, commerce,
haine ou brigandage, rêve de suprématie ou
besoin d'argent — arrêtez-vous, si vous voulez
que la gloire et le profit de l'expédition vous
restent — les choses vont tourner — vous avez
dépassé la mesure ; Dieu va perdre patience.

Quand ce vieillard sanguin, impatient de renommée, qu'on nomme Guillaume, tremblant
de mourir sans avoir fait quelque chose de grand,
et qui sacrifie quatre ou cinq cent mille Allemands pour ajouter une ligne à son épitaphe,
quand le roi Guillaume s'est jeté sur nous en
s'intitulant le justicier de Dieu, il a voulu faire
croire (plagiaire d'Attila, son aïeul et son maître,
qui s'était intitulé « Le fléau de Dieu ») que Dieu
l'avait choisi comme son instrument de justice

13.

et d'expiation. Je comprends le rêve du Roi, qui hier encore n'était qu'un tout petit prince, et à qui un homme de génie a fait croire qu'il pouvait être un grand homme, je comprends ce rêve : détruire la France, éteindre Paris. On est sûr, si l'on réussit, d'avoir une place dans l'histoire à côté du fléau déjà nommé. On se trompe d'époque, de moyens et de but, mais enfin, saccager, incendier, piller, fusiller avec tout le confortable des temps civilisés ; venir sur le champ de bataille par le chemin de fer, en wagon capitonné, informer son épouse de ses victoires par la poste, glorifier Dieu par le télégraphe, être un Attila bourgeois, c'est une idée originale, et qui pouvait éclore en effet dans la tête cahotique de ce vieillard halluciné.

Du moment que la guerre existe encore, que les hommes sont encore assez ignorants, assez fous et assez bêtes, non-seulement pour la faire, mais pour la glorifier, je comprends qu'étant un roi qui n'est bon qu'à ça, on fasse la guerre à ses voisins et que la faisant on essaie de mettre de son côté le plus de bonnes chances possibles.

Quand les siècles ont passé sur ces catastrophes stupides, quand il a poussé beaucoup de blé sur toutes ces terres trempées de sang, l'historien philosophe tâche de découvrir pourquoi ces choses insensées ont eu lieu, et il cherche la main de Dieu dans toutes ces aventures, au grand étonnement d'autres philosophes qui se demandent pourquoi ce Dieu d'amour, de justice, de clémence n'use pas de procédés plus doux pour conduire ses créatures à cette connaissance de la vérité que des philosophes d'une autre sorte nous promettent en son nom.

On explique alors que le libre arbitre ayant été laissé à l'homme, le ciel est forcé de temps en temps de se manifester ainsi pour punir les hommes impies et sacriléges. D'où il résulterait que les habitants des terres de l'Alsace et de la Lorraine exterminés par sa majesté le roi Guillaume, en 1870, sont toujours aussi coupables que ceux qu'Attila exterminait en 451, mais d'où il résulterait aussi que ce premier châtiment n'a pas servi à grand'chose — ou que Dieu met beaucoup de temps à ce qu'il veut faire, ce qui s'explique d'ailleurs par l'éternité qu'il s'est dévolue et qu'il lui faut bien remplir. Ces raisons supérieures étant acceptées, rien de plus simple et de plus naturel, quand on se sent le plus fort, que de déclarer qu'on est le plus juste, et de tomber sur les autres peuples à bras raccourcis en leur disant : « Je suis désolé, mais je » ne peux pas faire autrement — je suis le fléau » — le justicier de Dieu ; » après quoi, le triomphateur rentre chez lui, chargé de gloire et de rapines.

Seulement, comme Dieu, le vrai Dieu, tient à prouver aux hommes qu'il n'est pour rien dans cette affaire et qu'on se sert de son nom sans sa permission, il fait crever Attila d'un abus de femmes et de vin, si bien que le fléau de Dieu après s'être présenté comme un saint, meurt comme un porc, et les philosophes sont forcés de trouver autre chose.

Ce qu'il y a de certain, c'est qu'il y a un Dieu, que ce Dieu nous mène quelque part, sans nous dire où, ni par quels chemins, et que pour ce Dieu les siècles sont des minutes, et les générations des grains de poussière. Maître de la vie éternelle, d'où il fait sortir, et où il fait rentrer les existences temporaires, c'est-à-dire les formes momentanées et variées dont il a besoin ici-bas, il n'a pas d'explications à donner ni de comptes à rendre à sa créature, issue et dépendante de lui ; mais il a établi dans l'ordre physique et dans l'ordre moral des lois immutables, et il a donné à ladite créature une intelligence pour découvrir les unes et une conscience pour comprendre les autres. Quiconque est en dehors de ces lois est dans ce qui ne peut être, et rien de ce qu'il veut fonder ne doit vivre.

Cependant, tout homme qui veut s'imposer aux hommes, commence par déclarer qu'il connaît ces lois éternelles, et que c'est au nom du

Dieu qui les a établies qu'il prétend au commandement et à la direction de ses semblables. Aussi le dernier chef de tribu comme le plus grand conquérant commence-t-il par invoquer son Dieu, quel que soit celui auquel il croit ou a l'air de croire, et par le compromettre si c'est possible avant de marcher au combat.

C'est même un des spectacles les plus risibles que puisse donner la folie humaine que celui de deux armées, composées d'hommes que Dieu a décrétés frères, demandant chacune à ce Dieu sa protection pour exterminer l'autre. Jugez, par le peu d'émotion que causent aux chefs et, après quelques mois d'habitude, au dernier des soldats, ces grandes tueries d'hommes, jugez de l'indifférence où elles doivent laisser Dieu qui les voit et les permet depuis des millions d'années. Les lois qu'il a établies à tout jamais dérivent toutes de l'amour et de la morale, et la guerre n'ayant aucun rapport, ni direct ni indirect, avec la morale et l'amour, il n'est naturellement ni pour l'un ni pour l'autre dans ces boucheries interminables.

Il est de toute évidence que Dieu dit aux hommes : « Je veux que vous soyez unis. Vous êtes » tous de même origine, de même essence, et » vous marchez tous vers le même but.

» Maintenant, vous croyez que le meilleur moyen

» de finir par vous aimer est de commencer par
» vous haïr et qu'au lieu de vous embrasser tout de
» suite, il vaut mieux d'abord vous mettre en
» pièces ! Soit ! Que votre libre arbitre ait car-
» rière, je n'y suis pour rien. Je vous préviens
» seulement que pendant ce temps-là les décrets
» de ma providence continuent à s'accomplir et
» que la science humaine qui est un de mes
» moyens à moi va s'augmentant de jour en jour.
» Vous forcez par ce malentendu les hommes de
» science à chercher et à découvrir des moyens de
» destruction abominables, quand ils ne devraient
» être occupés qu'à perfectionner des machines
» de fécondation utile. Soit ! Vous serez détruits
» par milliers au lieu d'être détruits par centai-
» nes, vous serez détruits par millions au lieu
» d'être détruits par milliers ; et vous apprendrez
» à vos dépens que le principe des mondes c'est
» la vie et non la mort, et que la mort naturelle
» que je vous ai imposée individuellement au bout
» de votre parcours terrestre, après une série de
» formes différentes, n'est elle-même qu'une des
» mille formes de la vie éternelle, à laquelle j'ai
» associé tout ce qui émane de moi, c'est-à-dire
» tout ce qui est, puisque rien n'est que par moi.
» Battez-vous donc, détruisez-vous donc, exter-
» minez-vous donc, pour ce ruisseau ou cette
» montagne, pour parler cette langue plutôt que

» celle-là, pour avoir ce maître au lieu de cet
» autre, pour cette erreur ancienne ou cette
» erreur nouvelle ; mes décrets sont irrévocables ;
» vous ne pourrez jamais donner la mort autant
» que je donne la vie et vous n'irez jamais fina-
» lement qu'où je vous mène ; gaspillez le temps
» que je vous prête, il viendra toujours se per-
» dre dans mon éternité, comme les fleuves que
» je vous ai donnés, dans les grandes mers dont
» j'ai entouré votre globe. Sachez enfin que je ne
» suis ni pour l'un ni pour l'autre, quand vous
» vous abordez les armes à la main, mais que ma
» justice devant avoir son cours, puisqu'elle est
» une des lois éternelles, les hommes de paix et
» d'amour viendront toujours détruire à mon seul
» profit l'œuvre éphémère des hommes de con-
» quête et de sang. Toutes les fois que vous ver-
» rez reparaître César, préparez-vous à revoir
» Jésus. »

Ainsi parle Dieu en tout homme qui se recueille, qui gravit la montagne et qui vient l'écouter sur les hauteurs, au-dessus du bruit et du va-et-vient des petites passions humaines. Malheur à celui qui, placé sur un sommet, refuse de l'entendre, et n'invoque son nom que pour son ambition et ses appétits. Malheur au vieillard couronné qui (plus près de Dieu que les autres, et par le mandat qu'il a reçu, et par l'âge qu'il a atteint) n'a pas su s'arrêter, et qui ayant eu pour lui la politique qui a su prévoir, la force qui a su vaincre, n'a pas eu la sagesse, sans laquelle la politique et la force ne servent plus de rien.

Il y a dix-neuf cents ans, César écrivait ceci dans ses *Commentaires :* « La nation des Suèves
» est la plus puissante et la plus belliqueuse de
» toute la Germanie. On dit qu'ils forment cent
» cantons, de chacun desquels sortent, tous les
» ans, mille hommes qui vont porter la guerre
» au dehors. Les autres restent dans le pays,
» et le cultivent pour eux-mêmes et pour les
» absents, et s'arment à leur tour l'année sui-
» vante. Les premiers reviennent dans leur pa-
» trie. Ainsi ni l'agriculture, ni la science, ni la
» pratique de la guerre ne sont interrompues.
» Sous un climat très-froid, ils ne sont accoutu-
» més à ne se vêtir que de peaux dont l'exiguité
» laisse à découvert une partie de leur corps, et
» ils se baignent dans les fleuves. Ils reçoivent
» chez eux les marchands, plutôt pour vendre le
» butin qu'ils ont fait que pour rien acheter. »

Et plus loin : — « Là étaient les Ménapiens,
» qui possédaient sur l'une et l'autre rive des
» champs, des maisons, des bourgs. Effrayés à
» l'arrivée des Suèves, ils abandonnèrent ce

» qu'ils possédaient au delà du fleuve, et s'étant
» fortifiés en deçà, fermèrent le passage aux Ger-
» mains. Ceux-ci, après avoir tout essayé, ne
» pouvant passer, ni de vive force, faute de ba-
» teaux, ni à la dérobée, à cause des gardes,
» feignirent de renoncer à leurs projets et de
» retourner sur leurs pas ; mais, après une
» marche de trois journées, ils tombèrent à
» *l'improviste* sur les Ménapiens qui, *informés de*
» *cette retraite par leurs éclaireurs*, étaient rentrés
» sans crainte dans leurs bourgs. Les Suèves les
» taillèrent en pièces, prirent leurs bateaux, et
» passèrent le fleuve, avant que les habitants de
» l'autre rive eussent appris leur retour. Ils s'em-
» parèrent de leurs demeures et se nourrirent
» le reste de l'hiver des provisions qui s'y trou-
» vaient.

» César, instruit de ces événements, ne crut
» pas devoir se fier aux Gaulois dont il *connaissait*
» *le caractère léger*, avide de nouveauté. On a
» l'habitude en Gaule de forcer les voyageurs à
» s'arrêter pour les interroger sur ce qu'ils savent
» ou ce qu'ils ont entendu dire. Dans les villes le
» peuple entoure les marchands, les questionne
» sur les pays d'où ils viennent et les presse de
» dire ce qu'ils ont appris. *C'est sur ces bruits et*
» *ces rapports qu'ils décident souvent les affaires les*
» *plus importantes ; ils ne tardent pas à se repentir*

» *d'avoir agi d'après des nouvelles incertaines et la*
» *plupart du temps inventées pour leur plaire.* »

Et plus loin : « *Toutes les villes de cette contrée*
» *se rendirent sur-le-champ à Sabinus; car, si le*
» *Gaulois est prompt à prendre les armes, il man-*
» *que de fermeté pour supporter les revers.* »

Mais César dit aussi en parlant des Gaulois :
» Ce sont des hommes francs, peu portés à dres-
» ser des embuscades, et habitués à combattre
» avec le courage, non avec la ruse. »

Rien n'est changé depuis 1,900 ans. Les Germains ont encore, ou peu s'en faut, la même organisation militaire et la même manière de faire la guerre. Le Gaulois, *toujours muni des mêmes éclaireurs*, a toujours la même promptitude à prendre les armes, la même facilité au découragement, la même disposition à écouter toutes les nouvelles qui flattent, le même courage et la même ignorance de la ruse et de la trahison. Quand vous nous avez appelé « Peuple léger », vous n'avez donc fait, M. le Comte, que dire la moitié de ce qu'avait écrit César ; et voilà pourquoi, au commencement de cette lettre, j'ai dû vous apprendre le reste. Mais depuis que César écrivait ces lignes, quelque chose qu'il préparait sans le pressentir a passé sur les Germains et sur les Gaulois, sur l'Europe, sur le monde. Ce quelque chose c'est le Christianisme, qui n'a pas modifié les caractères, les types, les tempéraments, les influences du sol, du climat, du sang, des races — et les schismes sont là pour prouver ces divergences naturelles — mais qui nous a révélé, imposé à tous un idéal, inconnu jusqu'alors — dont nous ne nous dégagerons plus, quoi que nous fassions, car il est devenu la préoccupation inévitable, l'intérêt permanent de l'humanité pensante. Or, c'est chez nous — peuple léger, mobile, curieux, aussi prompt au découragement qu'à l'enthousiasme, loyal, brave et franc — que l'idée chrétienne a eu ses phases les plus diverses, couru les aventures les plus contraires, et finalement atteint son plus haut développement; car c'est aussi chez nous, peuple remué sans cesse par une invisible charrue, qu'elle a déposé les germes les plus féconds. Elle donne une victoire à Clovis, une auréole à saint Louis, une couronne à Henri IV; c'est en vain que la Saint-Barthélemy l'ensanglante, que l'Inquisition la déshonore, que la révocation de l'édit de Nantes la compromet, que Voltaire lui arrache ses voiles, et que la Révolution lui coupe la tête; elle reparaît toujours, invulnérable, éclatante, sacrée. Elle ne peut être submergée, quelle que soit la tempête, parce qu'elle porte bien autre chose que César et sa fortune, elle porte une vérité définitive, qui luira en lettres de feu au-dessus des événements et des siècles, jusqu'à ce que les hommes en aient fait le principe et la base de la vie terrestre, vérité qui est : « Aimez-vous les uns les autres. » Fouillez toutes les religions, toutes les philosophies, toutes les littératures, vous ne trouverez rien qui vaille ces six mots dont le plus long n'a que deux syllabes; aussi rien ne pourra naître ni subsister dans le monde, qui n'aura pas cette vérité pour point de départ, pour point d'appui, pour point d'arrivée et pour point central. C'est à la fois l'axe et l'atmosphère de l'âme humaine; c'est par là qu'elle se relie à l'Éternel et qu'elle évolue dans l'Infini. Eh bien, cette vérité que Jésus a inaugurée sur la terre, c'est nous qui l'avons recueillie et qui avons reçu mission de la propager et de l'imposer aux hommes. Car nous sommes le peuple chrétien par excellence, et voilà pourquoi nous avons proclamé les premiers la Liberté, l'Égalité et la Fraternité. Et quand l'Église a appelé la France « la fille aînée de l'Église », elle savait bien ce qu'elle disait, car nous sommes non-seulement le peuple le plus chrétien, mais le plus catholique qui soit; catholique non à la façon de Philippe II, mais à la façon de Louis IX; et tous les réformateurs, à commencer par votre Luther, et tous les libres penseurs, à finir par votre Strauss, peuvent invoquer le bon sens, la logique, l'histoire, vous pouvez nous écraser sous vos canons et vos livres, vous ne ferez pas que cela ne soit et ne doive être toujours de plus en plus. Toute la raison et toutes les raisons de l'homme n'y pourront rien ; il y a là un foyer qui ferait fondre les glaces du pôle ; et le rire même de Voltaire y est devenu grimace. Nous sommes tellement chargés de tenir au-dessus de l'univers l'idée chrétienne dans sa totalité que, vous le voyez, nous n'essayons jamais de la modifier, même au milieu de nos plus grands excès et de nos plus grandes révoltes. Chez nous, elle est en dessus ou en dessous, mais toujours intacte. Nous fermons nos églises, nous décapitons nos prêtres, nous décrétons la fin de Dieu ; mais il ne nous vient pas à l'esprit de la corriger, d'y faire des annotations et des ratures, et de mettre de l'eau dans le sang divin dont nous nous enivrons depuis près de dix-huit siècles. Quand l'Idée reparaît, elle reparaît ce qu'elle était auparavant, et elle ne tarde jamais longtemps à reparaître. Si rationnel, si compréhensible, si propret que soit votre protestantisme, rien ne nous le fera accepter, et plus il voudra nous convaincre, plus il nous sera antipathique — avec ses temples nus et froids qui ressemblent à des gares, et ses ministres à favoris et à lunettes qui ressemblent à des greffiers.

Il faut à notre cœur et à notre imagination un idéal que contient seul le christianisme catholique; il nous faut non-seulement le Dieu de la crèche et du Calvaire, mais il nous faut le Dieu des mystères et des cathédrales, des vitraux, des cloches, des fleurs et de l'encens. — On ne commente pas l'Évangile comme le Code, on ne le résout pas comme une équation.

L'origine, la marche, l'harmonie, le but et la fin des mondes, sont un mystère impénétrable dans une éblouissante clarté; il faut aux hommes une religion symbolique, mystérieuse et impénétrable comme tout ce qui les entoure. L'être qui tient la première place dans l'échelle des êtres ne sachant pas encore comment il naît, comment il vit, comment il pense, comment il aime, comment il se nourrit, comment il dort, comment il meurt — cet être, mystère pour lui-même, au milieu de tant de mystères, a soif d'une religion qui ne soit qu'un mystère poétique, consolant, avec ses horizons ondulants et vagues, ses alternatives de ténèbres et de lumière, sa morale absolue et ses hypothèses sentimentales, ses contemplations et ses extases, ses dogmes surnaturels et son culte pompeux, son insatiable amour, et sa charité inépuisable et passionnée. Dépouillée de ses mystères et de ses emblèmes, une religion n'est plus une religion, c'est une doctrine à laquelle le premier rhéteur venu peut en substituer une autre. L'esprit peut s'y mouvoir et s'en contenter, l'âme y étouffe.

L'âme a moins besoin de Vérité que d'Amour. Une femme qui fait métier de son corps est une prostituée qu'il faut exclure de la famille et de la société. Voilà une des vérités absolues, non-seulement de l'esprit mais de la morale — et nous élevons des autels à cette ancienne prostituée qu'on nomme Marie-Madeleine ! Que devient votre vérité absolue ? L'Amour a passé par là ; la Vérité a disparu et la courtisane est devenue une sainte.

Or, après avoir donné au monde étonné, épouvanté, émerveillé, le spectacle de la plus grande et de la plus rapide puissance qui ait jamais existé par la guerre, de 1792 à 1812, voilà qu'il nous est entré dans l'esprit, ou plutôt dans l'âme que la guerre était non-seulement immorale mais inutile, et qu'il fallait décidément s'aimer au lieu de se haïr, se secourir au lieu de se combattre, et nous nous sommes mis à proclamer l'alliance des peuples et la fraternité des hommes, sans nous soucier, je l'avoue, en quoi cela pouvait gêner les rois, et nous n'avons plus combattu que pour une idée supérieure, jamais pour un intérêt privé.

Si nous abandonnons aujourd'hui l'Empereur, ce n'est pas parce qu'il a rendu son épée et avec elle une armée de 80,000 hommes à Sedan — il n'a fait cette reddition que pour mettre fin à la guerre et (en admettant qu'il n'ait jamais aimé la France, ce qui est inadmissible) j'affirme qu'il l'a aimée ce jour-là, et qu'il a cru se sacrifier pour elle — si nous abandonnons l'Empereur, c'est parce qu'il a fait une guerre d'intérêt mystérieux, antérieurement à celle-ci — la guerre du Mexique. Vaincu et prisonnier pendant la guerre d'Italie, qui était une guerre d'idée, nous n'aurions vu en lui qu'un soldat malheureux ; nous ne l'aurions pas abandonné. Ce n'est donc pas l'homme de Sedan, comme on dit à tort, que vous nous avez pris — c'est l'homme de Queretaro.

Une fois saisis de ce besoin, de cet amour de la paix, nous nous y sommes livrés comme nous nous livrons à tout, sans mesure et sans réserve. Nous décidions, nous autres Français, que la guerre était absurde, donc, il ne devait plus y avoir de guerre et tout le monde devait être de notre avis, puisque, il faut bien le dire, c'est nous, depuis des siècles, qui pensons pour le monde. Aussitôt, transformant nos soldats et nos laboureurs en ouvriers de toutes sortes, nous avons évoqué et fait brusquement sortir de terre cette monstruosité qu'on appelle Paris, et nous y avons pendu cette crémaillère gigantesque qu'on appelle l'Exposition de 1867, à laquelle nous avons convié tous les peuples de la terre. Tous les oisifs, tous les libertins, tous les curieux, tous les intérêts, toutes les haines, toutes les passions mâles et femelles, ont fait irruption chez nous ; et fleuves, rivières, torrents, ruisseaux, égouts, sont venus verser dans notre sein leur boue, leur limon, leur fange. Notre air s'est empoisonné ! et nous avons commencé à nous corrompre et à nous dissoudre — à la surface. Ainsi cette nation française, réveillée tout à coup en 92, par la Marseillaise, se levait maintenant le matin sur l'air de « Partant pour la Syrie », et bâillait le soir sur « l'air de Bu, qui s'avance ! » Quel moment propice ! Quelle occasion pour des voisins attentifs et ambitieux.

C'est alors que vous, les protestants — les hommes de la preuve et du fait, les chrétiens par A — plus B — c'est alors que vous vous êtes fait signe, en vous disant tout bas : « Quel coup à » faire au nom de l'Évangile et de la philosophie, » d'Abel et de Caïn réconciliés pour cette circonstance ! » Et vous avez fourbi vos armes, exercé des soldats — les Germains aux pieds pesants, ruminants et soumis, portant le casque à pointe, comme les bœufs portent le joug, et marchant comme eux, lourdement, patiemment, jusqu'au bout du sillon. Vous avez sacrifié tout ce qui était plaisir, vous avez éteint tout ce qui était lumière, vous avez suspendu tout ce qui était civilisation, et vous avez fait des canons, des canons, et encore des canons, derrière un grand rideau de sourires et d'amitié. Pendant ce temps-là, vos espions se glissaient chez nous par tous les petits chemins, comme des fourmis prévoyantes chez l'imprévoyante cigale qui avait trop chanté ; et nous les accueillions, ces amis de l'autre rive, et nous leur laissions voir ingénûment par où ils pourraient nous frapper.

Peuple léger — soit! Mais alors, quel peuple êtes-vous donc, vous? Et quand vous avez été bien renseignés, bien préparés, vous avez fait naître un prétexte, vous avez tiré le rideau, et vous vous êtes rués sur nous en disant à vos alliés : « C'est bien convenu, n'est-ce pas — vous
» nous laisserez faire? nous allons vous débar-
» rasser de la France! »

Est-ce bien vous, Monsieur Otto, comte de Bismark, grand homme politique, qui avez pu vous tromper ainsi? Quoi! vous n'avez pas vu que ce n'était pas la mort, mais la résurrection que vous nous apportiez!

Nous étions, selon vous, en pleine décomposition, en pleine décadence, en pleine pourriture, et vous ne nous laissez pas agoniser et mourir tranquillement sur notre fumier, sans vous déranger, sans verser le plus pur, le plus noble et le plus cher de votre sang! Comment! nous venions de nous livrer de nouveau à l'homme qui devait achever de nous démoraliser et de nous détruire; il allait, dans quelques années, nous livrer à une femme et à un enfant, c'est-à-dire à la guerre civile, et vous n'avez pas su attendre! Nous avions perdu la notion des choses vitales, nous méprisions le sol, nous ne voulions plus le cultiver, et voilà que vous foulez ce sol sous les pieds de vos chevaux, et voilà qu'il nous redevient sacré; nous voulons le reconquérir, nous recommençons à le comprendre, à l'aimer, et nous lui demandons pardon — en l'arrosant de notre sang — de notre longue ingratitude; nous lui jurons fidélité, et nous lui promettons, pour la saison prochaine, les plus belles moissons qu'il aura jamais portées! Nos fils couraient les cercles, les cabarets, et les mauvais lieux, voilà que vous nous forcez d'en faire des hommes, des citoyens, des soldats, en vingt-quatre heures, et de leur souffler tout à coup l'amour de la patrie et de la gloire. Ce besoin d'action qui les tourmentait et les jetait dans les passions désordonnées, vous nous forcez de le concentrer dans la plus noble des passions, la passion de la justice. Les courtisanes nous dévoraient et nous abrutissaient! Grâces à vous, nous les expulsons, nous les jetons sur la grande route, et c'est vous qui les recueillez. Grand bien vous fasse! Nos femmes commençaient à s'ennuyer du devoir, à se lasser de la famille, à déserter le foyer, à douter de l'amour, voilà que vous les changez subitement en mères, qu'elles tremblent d'abord, qu'elles s'exaltent ensuite, à l'idée qu'on va leur tuer leurs enfants, et les voilà qui travaillent, qui pleurent, qui comprennent, et qui se rapprochent de l'époux et du père dans une étreinte solennelle et religieuse. Enfin, nous nous disposions à ne plus croire en Dieu, pour passer un moment, et voilà que vous nous faites tant de mal au nom du vôtre, que vous êtes si déloyaux, si implacables, si lâches au nom du vôtre, que tous les pères, toutes les mères et tous les enfants recommencent le vœu de Tolbiac, qui va être écouté de nouveau.

Voilà ce que vous avez fait déjà pour nous dans l'ordre moral.

Voyez ce que vous avez fait dans l'ordre matériel.

Admirable logique des choses qui doivent arriver à l'encontre des combinaisons humaines réputées les plus ingénieuses et les plus profondes.

Quelle était notre nouvelle mission sur la terre, à nous, nation française en perpétuel travail d'enfantement? — C'était de supprimer la guerre, de renverser les gouvernements absolus, — de fonder la liberté, et de préparer le royaume de Dieu — c'est-à-dire la fraternité universelle.

Qu'est-ce qui s'opposait à l'accomplissement immédiat de cette mission?

Nos vieilles traditions militaires, représentées par une armée que nous vantions toujours — mais avec laquelle nous n'avions aucun lien intime parce qu'elle avait servi à un coup d'État, et qu'on nous en menaçait encore chaque fois que nous voulions faire un pas en avant.

Nos vieilles traditions monarchiques, représentées par l'Empereur que nous avions élu d'acclamation parce qu'il nous avait promis l'ordre à l'intérieur, la paix à l'extérieur, et en haine et en mépris d'une république qui avait été sanguinaire en 1793 et impuissante en 1848.

Nos vieilles traditions sociales, qui maintenaient encore l'orgueil des classes et des races, malgré l'égalité apparente que la Révolution et l'argent semblaient avoir créée.

14.

Que fallait-il donc pour que nous pussions accomplir notre évolution providentielle et y entraîner le monde? — Il fallait : que l'armée qui avait servi au despotisme — les chefs surtout — se transformât ou disparût.

Il fallait que la nation que l'on avait désarmée dans la crainte qu'elle ne renversât un jour le souverain et la dynastie, devînt l'armée elle-même, et reconquît ainsi la santé, la virilité, la liberté qu'elle avait perdues.

Il fallait que le gouvernement personnel, l'hérédité aléatoire, la politique mystérieuse, la diplomatie occulte, les combinaisons secrètes que la nation payait de son argent, de son honneur et de son sang, fussent anéantis dans une telle preuve d'impuissance que l'on ne songeât plus jamais à y revenir.

Il fallait que l'instruction se répandît sur tous, obligatoire et gratuite comme l'air que l'on respire, et la lumière qu'on voit; il fallait que ce peuple français qui remue toutes les idées, pût les exprimer sans contrôle, librement, par la presse, par la tribune, par le théâtre, par le livre, par l'école; il fallait que la liberté se fondât, non pas comme en Amérique et en Angleterre, dans une langue que parlent seuls les intérêts matériels — ici au profit d'une aristocratie de race, là au profit d'une aristocratie de négoce — mais dans notre langue, qui est la langue du monde entier, puisque l'intelligence du monde entier vit de notre littérature originale ou traduite ; et qu'elle se fondât, cette liberté vraie, dans un pays continental dont chaque mouvement est une commotion pour les peuples voisins.

Il fallait enfin que la morale, la justice, la charité, la solidarité — le christianisme en un mot, sans les excès de la papauté, et sans les amoindrissements du luthérianisme, le vrai christianisme, celui de Jésus, de saint Paul, de saint Jean, ressuscitât sur cette terre d'élection et se répandît sur le monde.

Voilà ce qu'il fallait! Combien de temps aurait-il fallu aussi pour que ces choses arrivassent, à travers les mœurs, les habitudes, les traditions, les antagonismes, les ambitions des partis, le mauvais emploi que l'on faisait du pouvoir, de la religion et de l'armée — à travers l'ignorance, la paresse, l'égoïsme, l'immoralité, les appétits de la masse, et malgré cette terreur dans laquelle nous étions adroitement maintenus du spectre de 93, inséparable pour nous du mot *république*.

Il eût fallu un siècle au moins.

Grâces à vous, monsieur le Comte, nous aurons eu tout cela en six mois.

Cette transformation radicale, inespérée —

notre salut — c'est à vous que nous le devons. Chacun de vos succès (voyez un peu les mystérieux décrets de la Providence), chacun de vos succès est un triomphe pour nous — chacune de nos défaites est une victoire pour la civilisation.

Vous nous prenez Sedan — et avec Sedan l'Empereur, l'Impératrice et le Prince Impérial — c'est-à-dire que vous nous enlevez tous nos remords du passé, toutes nos inquiétudes dans le présent, tout le danger de l'avenir.

Vous nous prenez Metz — et vous dispersez et déshonorez à tout jamais les chefs qui avaient fait, l'un le Mexique, l'autre le 2 Décembre, et qui rêvaient tous deux, sinon une restauration des choses que nous ne voulons plus, du moins l'empêchement des choses que nous voulons, et toutes vos combinaisons aboutissent à nous prendre à Strasbourg, à Sedan, à Metz, trois cent cinquante mille hommes, valides, sains et saufs — qu'il faudra nous rendre ou qui s'échapperont un jour ou l'autre, et qui vous annihilent les 80,000 hommes qui les gardent, et qui vous ont couché sur le champ de bataille deux cent mille des vôtres.

Enfin, vous investissez Paris, dont vous comptiez que la guerre civile allait vous ouvrir les portes, et depuis trois mois, non-seulement les portes ne se sont pas ouvertes, mais les impatients, les traîtres et les fous sont comptés, vaincus, ralliés, soumis. Ce n'est pas tout. Cette ville du luxe, du plaisir, de la débauche, de l'oisiveté, du bavardage, s'est faite économe, recueillie, continente, active, silencieuse. Les deux millions d'individus que vous enfermez les uns avec les autres, et qui hier encore se haïssaient, se dévoraient, se méprisaient, se menaçaient, au nom des castes, des intérêts, des idées, des ambitions, voilà qu'ils montent la garde ensemble, qu'ils couchent sur les remparts ensemble, qu'ils marchent contre vous ensemble — qu'ils souffrent ensemble, qu'ils ont faim ensemble, qu'ils portent le même costume, qu'ils s'asseient à la même table, qu'ils mordent au même morceau de cheval, qu'ils n'ont plus qu'un besoin — la liberté ; qu'un amour — la patrie ; qu'une haine — vous.

Voilà qu'ils comprennent enfin qu'il n'y a plus de races, plus de rang, plus de priviléges, plus de préjugés ; qu'il n'y a plus que le courage, la volonté, l'énergie, la valeur personnelle, et, au-dessus de tout cela, quelque chose qu'il ne faut plus appeler le hasard — c'est le mot des ignorants ; ni la fatalité — c'est le mot des maladroits : qu'il faut appeler l'harmonie, la Providence, l'Idéal ! Voilà qu'ils font la plus rude expérience, et en même temps, la plus noble, et la plus efficace de cette liberté, de cette égalité, et de cette fraternité, dont ils riaient ou dont ils s'épouvantaient hier. Voilà que, dans ce grand creuset qu'on nomme Paris, tous les éléments se transforment et se combinent à cette heure pour une existence nouvelle, et vous regardez depuis trois mois la flamme et la fumée de cette immense chaudière sans oser, sans pouvoir vous en approcher — ce qui est un échec véritable. Quand on s'est déclaré « le Justicier de Dieu », il ne faut pas s'arrêter si longtemps devant la ville qui méritait le plus d'être châtiée; il faut y entrer coûte que coûte, tout de suite, à la troisième sommation, enseignes déployées, tambour battant, comme nous sommes entrés à Berlin en 1806. Quand on a la prétention d'être Attila, on peut reculer devant la houlette de sainte Geneviève, ce n'est que de la superstition ou du respect, mais on ne s'arrête pas devant les canons du Mont-Valérien — c'est de la peur.

Et vous appelez cela humilier les Français et anéantir la France.

Quelle erreur!

Savez-vous ce que vous avez fait à côté et à l'encontre de ce que vous vouliez faire. A force de nous faire replier de Wissembourg sur Metz, de Metz sur Nancy, de Nancy sur Châlons, de Châlons sur Sedan, de Sedan sur Paris, vous avez fini par nous faire replier sur nous-mêmes. C'est une faute de nous avoir menés si loin. Vous nous avez renfermés dans une place imprenable, nous sommes dans la forteresse éternelle, nous sommes dans *la Conscience*.

Voilà ce que vous n'aviez pas prévu, ce que vous ne pouviez pas prévoir. C'était là que vous attendait notre Dieu qui ne communique pas ses desseins au vôtre. Vous n'avez traité la question qu'en politique, monsieur le Comte, quand il fallait la traiter en religieux, et vous n'avez envisagé les choses que du point de vue humain, quand il aurait fallu vous placer au point de vue providentiel. C'est pourquoi vous n'avez été que le dernier grand homme de ce qui ne doit plus être, au lieu d'être le premier grand homme de ce qui va venir; enfin, vous avez fait un anachronisme, et vous avez crié le *Delenda Carthago* de la Rome antique quand les sociétés demandent le *Fiat Lux* de la Rome chrétienne; vous avez fait naître, et — c'est votre châtiment qui commence — vous voilà forcé de pousser au delà de toute mesure une guerre barbare, injuste, puisqu'elle se fait au nom d'une rancune et d'une ambition, malgré les grands mots dont vous la couvrez; vous n'êtes déjà plus maître de la situation que vous avez déchaînée; les freins se sont brisés dans vos mains; vous êtes emporté dans la descente ; il faut que vous alliez jusqu'au bout, il faut que vous nous exterminiez ou que vous fassiez exterminer les vôtres jusqu'au dernier homme, et pour vous couvrir encore, vous dites : « C'en est fini des races latines. L'avénement des races du Nord est venu. » Des mots! Des mots! Cette race latine, cette race de l'idée est si puissante, elle a dans l'humanité des racines si profondes que la voilà déjà, toute vaincue qu'elle est en apparence, qui enveloppe votre race victorieuse à la surface, et qui l'entraîne comme ces herbes sous-marines qui enserrent les membres des meilleurs plongeurs, et les attirent et les noient au fond de l'eau. Vous resterez dix ans devant Paris, dites-vous encore, comme les Grecs devant Troie. Je vous ferai observer que les races latines, dont vous faites fi, ne restaient pas dix ans devant Berlin, et que c'était l'affaire d'un mois de détruire ces armées des races du Nord auxquelles vous promettez tout à coup la domination définitive du monde. Des mots! Des mots! Des mots! bons pour ceux qui ne savent ou qui ont oublié! Vous voici déjà dans la littérature où nous étions il y a six mois encore ; la vérité est que vous êtes encore plus nos prisonniers que nous ne sommes les vôtres, et que si vous ne faites pas la paix, malgré le désir que vous en avez, c'est que vous ne pouvez pas la faire.

Vous êtes cernés, sinon dans l'ordre matériel, du moins dans l'ordre politique, par le contre-courant qui s'est établi, à l'insu de toutes vos prévisions, dans les événements de cette guerre, contre-courant qui nous a apporté une conquête morale à chaque conquête matérielle que vous réalisiez, si bien qu'à cette heure nous sommes le peuple le plus vaincu et le plus triomphant du monde, puisque vous nous avez apporté la plus puissante alliée que nous puissions avoir, celle que vous êtes toujours venus combattre chez nous depuis quatre-vingts ans, celle que vous redoutez le plus, celle qui est appelée à vous vaincre et à nous venger — la République. Vous ne pouvez donc retourner chez vous, vous qui proclamez devant l'univers le principe du gouvernement absolu, vous ne pouvez donc retourner chez vous que lorsque vous pourrez dire aux rois de l'Europe, dont vous vous êtes fait le garde-couronnes : « Soyez tranquilles, ils sont » retombés en monarchie comme nous tous, il » n'y a plus rien à craindre. » Il s'agit donc de nous anéantir complétement, ce qui est impossible — ou bien alors de nous lasser et de nous épuiser jusqu'à ce que, pour en finir, nous nous rejetions dans les bras d'un prince quelconque, c'est-à-dire que nous acceptions un gouvernement qui se liquide toujours chez nous par la

trahison ou l'imbécillité. Cela ne sera pas. La première pensée de la France, après le désastre de Sedan, la chute de l'Empire, et la proclamation de la République, a été, en effet, de remettre ses destinées à cette famille d'Orléans, dont tous les hommes sont braves, dont toutes les femmes sont chastes, selon l'heureuse expression d'un député libéral, empruntée à la devise des Douglas, et qui nous auraient apporté les moyens de faire la paix, sur ce que vous appelez des bases solides : eh bien ! on sent que la France revient déjà de cette idée, qui ne pouvait être qu'un palliatif, et qu'elle s'est dit : « Oui, ce sont des hommes hon-
» nêtes et braves, mais ce sont des hommes,
» comme les autres ; ils subiront leurs amis d'au-
» trefois, leurs idées personnelles, et l'influence
» de la politique traditionnelle des rois, sous
» peine de guerres continuelles. Comme les au-
» tres ils vieilliront et s'affaibliront, et il faudra
» attendre, souhaiter, avancer peut-être leur
» mort, pour laisser circuler les idées. Puisque
» nous sommes en république, essayons d'y res-
» ter. Après tout, quand, depuis tant de siècles, on
» paie de son argent, de son sang, du sang de ses
» enfants, les fautes de ses gouvernements — il
» est temps, après la plus rude liquidation que
» nous ayons eue en ce genre, de reprendre la di-
» rection, le gouvernement, et la responsabilité

» de nous-mêmes. Les règnes d'un homme sont
» finis ; le règne de l'homme commence. Assez de
» princes ambitieux, menteurs, incapables, ou
» fous. Nous ne pouvons pas être plus malheu-
» reux que nous sommes. Tant pis : Vive la Ré-
» publique! C'est la guerre civile, dit-on. — Soit.
» Nous nous sommes bien défendus contre les
» Prussiens, nous nous défendrons bien contre
» les gamins de Belleville, les voraces de Lyon,
» et les assassins de Marseille. Essayons »

Et l'on va essayer. C'est à partir de ce moment que vous serez perdues, vous, monarchie prussienne, et vous toutes, les monarchies de l'Europe. La République française — vous le savez bien — si elle dure dix ans sans excès et sans discordes, c'est la république européenne, c'est le monde entier républicain.

Est-ce cela que vous vouliez? Est-ce cela que vous avez prévu ?

Non.

C'est ce qui sera cependant.

Savez-vous ce qu'il aurait fallu pour que nous fussions effacés du nombre des grandes nations, pour que nous devinssions ce que vous voudriez nous voir devenir, une puissance de second, de troisième ordre ?

Il aurait fallu que nous fussions vainqueurs dans cette dernière guerre.

Les soldats victorieux nous ramenaient l'empereur triomphant, reconstituaient l'Empire rayonnant à la surface, pourri au centre. L'imprévoyance, l'incapacité, le mensonge, l'immoralité, la corruption, se donnaient de nouveau, et plus que jamais, carrière à l'ombre de ces lauriers facilement cueillis, et nous nous écroulions un beau jour, minés et détruits par nous-mêmes, comme un vieil édifice dont on a rebadigeonné la façade sans en réparer les fondations. C'est ainsi que meurent les nations qui ont fini.

Heureusement, nous avons été vaincus, pour commencer. Nous avons perdu des milliers de nos enfants, dont les noms seront gravés en lettres d'or sur tous les monuments de nos places publiques ; car jamais l'histoire avec laquelle vous allez avoir à compter, ce qui ne sera pas peu de chose — vu qu'elle n'aura ni un trait d'héroïsme, ni un acte de générosité, ni même un grand fait d'armes à raconter de vous, — puisque vous n'avez vaincu que par le nombre, l'espionnage, la ruse, la cruauté, les représailles monstrueuses, l'assassinat, l'incendie, le vol et la rapine — l'histoire n'aura jamais à enregistrer, du côté de la France, plus de loyauté, plus de noblesse, plus de simplicité dans le courage, dans le dévouement, dans la mort. — Nous aurons perdu bien des enfants (d'autant plus admirables qu'ils sont morts pour une faute qui n'était pas la leur); — nous leur ferons de belles funérailles qui ne consoleront pas leurs mères, mais qui immortaliseront leurs noms; — et puis nous n'aurons d'autre souci que de les venger — et nous les vengerons bien, je vous assure, et tout autrement que vous ne croyez.

Car non-seulement vous nous aurez apporté, à notre insu, la liberté que nous ne savions pas nous donner nous-mêmes, mais vous nous aurez appris ce que vous savez si bien, la seule chose que vous sachiez peut-être, et dont nous ne nous doutions pas — vous nous aurez appris la haine, non pas cette haine purement d'amour-propre et de politique que vous nous aviez vouée après Iéna, et qui peut être assouvie par une victoire, mais cette haine implacable qui fait partie du sang, des os, de l'âme, du pain que l'on mange, de l'air que l'on respire et que tout alimente et renouvelle. Ah! comme nous allons vous haïr et vous savez avec quel entrain et avec quelle ardeur nous faisons les choses nouvelles. C'est là que vous verrez la souplesse de cette race latine que vous méprisez tant. Nous allons vous bannir de nos familles, de notre sol, de notre regard; votre nom ne sera plus le synonyme seulement de barbare et de meurtrier, nous en ferons le synonyme de Tartufe et d'Iago; nous ne voudrons plus de vous, ni pour amis, ni pour associés, ni pour fournisseurs, ni pour ouvriers, ni pour valets — quoique vos officiers eux-mêmes s'entendent si bien à ce métier; et si l'un de vous, parvenu à se glisser dans notre maison, se roule de désespoir, sous nos yeux, devant sa mère ou sa fille mourante, nous le regarderons en riant et nous dirons : « Malice de mouchard, ruse d'espion. » Toutes les fois que nous aurons à mettre dans un récit, dans un roman, dans un drame un voleur, un escroc, un ruffian, nous le ferons venir de la Bavière, du Wurtemberg, de la Hesse, de la Saxe, du duché de Bade, il sera Prussien ; et comme c'est nous qu'on lit, comme c'est nous qu'on écoute, comme c'est nous qu'on croit, nous vous déshonorerons d'avance dans la mémoire des générations à venir ; nous maudirons celle de nos filles qui portera le nom d'un de vos fils, et l'infamie de nos prostituées ne commencera plus qu'au contact de l'Allemand.

Cependant s'il fallait que la nation française fût assez légère, selon l'expression de César et de M. de Bismarck, pour oublier un jour et vous pardonner — honte sur elle, et gloire à vous, qui l'aurez si bien connue et qui aurez voulu détruire un tel peuple, opprobre de la race humaine ; alors revenez au plus tôt, — repassez le Rhin sur vos bateaux légers, — traversez nos champs sur vos chevaux rapides, étreignez nos villes de vos canons formidables, — anéantissez-nous jusqu'au dernier; un pareil peuple doit disparaître du globe.

Cela ne sera pas ainsi; — et comme notre haine serait partiale et incomplète, si nous étions seuls à vous haïr et à vous mépriser, il faut que vous soyez haïs et méprisés des autres, il faut que vous vous soyez en horreur à vous-mêmes, jusqu'au jour où vous vous rallierez à notre principe nouveau, et où vous viendrez nous dire, en jetant au vent les cendres de vos faux grands hommes, et en vous agenouillant : « Frères, pardonnez-nous, nous ne savions pas » ce que nous faisions. »

Et je vais vous dire comment ces choses arriveront.

L'Europe, évidemment, ne vous pardonnera pas la nécessité où vous l'avez mise de regarder, sans rien dire, cette abominable boucherie; elle ne vous pardonnera pas la honte de son impuissance et l'ambition colossale et insolente que vous avez laissée paraître. Pour enchaîner la Russie, vous lui avez promis du côté de l'Orient plus que vous ne pouvez lui donner ou lui laisser prendre : vous avez berné ainsi l'Angleterre, qui ne peut pas se douter du mépris que vous avez pour elle, et de ce que votre politique lui réserve ; elle le saura bientôt : et vous savez comme elle hait, elle aussi, quand elle s'y met ; vous avez humilié l'Autriche et le Danemark, qui vous haïssent déjà depuis longtemps ; et en mêlant dans cette guerre la religion à la politique, vous avez ameuté contre vous toute la catholicité, qui ne veut pas de la prédominance dans le monde du Dieu de M. de Bismarck et du roi Guillaume. C'est une mauvaise adversaire que l'Église catholique, je vous en préviens. Règle générale : n'ayez jamais contre vous les hommes qui ont le droit de parler tout bas aux femmes, en dehors du père, de la mère, du mari et du fils.

Voilà ce qui vous entoure, vous guette et vous menace. Voilà le danger extérieur ; voyons le danger du dedans. Il est plus grand, plus imminent, plus certain que l'autre.

D'abord vous n'êtes pas un peuple, vous n'êtes pas une nation, vous êtes des groupes, de races, de types, d'idiomes, de cultes différents, groupes juxtaposés et collés à la hâte pour la confection spontanée d'un empire allemand, déguisé sous le nom d'unité allemande. Pas d'homogénéité, pas de lien, pas d'unité par conséquent. Le fictif sur lequel nous vivions en organisation militaire est le même chez vous en organisation politique. Certes, c'était une assez bonne idée de battre l'Autriche devant l'Europe silencieuse en 1866, comme elle l'est encore aujourd'hui, grâce à certains traités secrets, de coudre à son manteau les petits États du Sud, comme c'est une bonne idée de prendre de l'or dans la caisse de ses amis, pendant qu'ils ont le dos tourné, et de leur casser la tête s'ils sont assez maladroits pour se retourner trop tôt, mais si l'on réussit quelquefois, on ne réussit pas toujours ; c'était encore une autre bonne idée, pour prouver à ces petits États combien l'union fait la force, de leur promettre l'abaissement de la France sous leurs efforts réunis, et une augmentation de territoire après la guerre, par l'annexion, cette fois, de deux et peut-être de trois provinces françaises ; enfin, c'était une excellentissime idée — du moment que la Bavière, la Saxe, la Hesse, le Wurtemberg, le duché de Bade, leur population et leurs princes abondaient dans le sens de cette politique — c'était une idée excellentissime et triomphante de placer au premier rang sur les champs de bataille les soldats de tous ces petits pays, et, sous l'ingénieux prétexte qu'ils seraient ainsi les premiers à la gloire, de les exposer les premiers aux coups. Faire tuer par l'ennemi tous les mâles des pays que l'on

15.

veut s'approprier, de manière qu'il n'y ait plus personne pour mettre obstacle à cette appropriation, c'est là une de ces joyeuses malices qui devaient tenter la cervelle de M. de Bismarck, le plus rusé des Germains et de toute la race du Nord, et nous avons vu qu'il ne s'en est pas fait faute ; mais tout a un terme, même la malice du grand chancelier ; et, si disciplinés, si brutaux, si massifs, si bêtes que soient ces buveurs de bière, ils commencent à supposer, le plus respectueusement du monde, que le grand chancelier pourrait bien n'être qu'un malin, et le justicier de Dieu qu'un voleur ; et quand il va falloir placer au dernier rang pour la récompense ceux qu'on a placés en tête pour les horions, nous verrons ce qui se passera.

Enfin, c'était une idée qui ne manque pas de grandeur, au premier aspect surtout, de faire courir sa volonté non pas dans l'âme, mais dans les muscles de tout un peuple, si bien qu'au premier roulement de tambours trois millions de jambes, sans compter les jambes des chevaux, se mettent en mouvement et portent au-devant des balles ennemies quinze cent mille poitrines dans lesquelles quinze cent mille cœurs battent en mesure pour la patrie — *für's Vaterland*. C'est une chose digne aussi d'admiration — à première vue toujours — que cette organisation militaire qui fait des soldats — du paysan et de l'homme de la ville, du célibataire et de l'homme marié, du vagabond et du père de famille, de l'ignorant et du lettré, du commerçant et du noble, du pauvre et du riche, de l'ouvrier et du savant, du manœuvre et du prince, de tous enfin, de sorte que ce qu'on a en face de soi sur le champ de bataille, ce n'est plus même, comme du temps de César, mille hommes par canton, mais les cantons tout entiers, autrement dit la patrie elle-même. Malheureusement cette organisation, admirable comme principe, comme théorie, comme menace, comme résultat même — nous l'avons vu à Sadowa, et nous l'avons vu à Reischoffen, à Wœrth, à Sedan, à Strasbourg, à Metz, admirable et invincible quand la guerre est de courte durée et ne demande que deux ou trois grands efforts — cette organisation est des plus funestes au pays qui l'emploie, quand la guerre se prolonge, comme il arrive aujourd'hui. Outre qu'à l'état de précaution simple, cette organisation commence par empêcher le développement du commerce, de l'industrie, des arts, en portant toute l'attention et en appliquant toutes les ressources du pays aux éventualités de la guerre, en subordonnant l'homme au soldat et l'individu au collectif; quand elle cesse d'être préventive pour devenir active, elle suspend, elle immobilise, elle détruit tout ce qui avait pu être tenté en civilisation pacifique. Il n'y a plus de bras pour la terre, il n'y en a plus pour l'atelier ; les champs restent incultes, les manufactures restent vides ; les mines restent noires et silencieuses, les affaires cessent, le crédit meurt, la vie quitte le centre du corps pour courir aux extrémités, au bout des pieds et au bout des mains, le dedans est dehors ; il y a déplacement d'axe et rupture d'équilibre : si bien qu'une nation ainsi organisée est condamnée à la victoire perpétuelle. A chaque bataille nouvelle elle se joue tout entière ; elle est éternellement dans les caissons de son artillerie et dans les fusils de ses soldats. Une défaite n'est pas pour elle — comme pour les autres pays qui conservent pendant la guerre toute leur vitalité intérieure — une défaite n'est pas pour elle un accident réparable avec les ressources de la paix, c'est plus qu'un malheur public, c'est plus qu'une calamité générale, c'est la ruine, c'est la mort du pays lui-même, c'est l'écroulement de tout son édifice matériel, politique, moral, social et religieux, c'est le doute, c'est la révolte, c'est l'imprécation, c'est la chute immédiate de la nation vaincue au troisième rang des nations : c'est enfin le châtiment infaillible et mérité de ceux qui ont érigé la force brutale en principe définitif. C'est ainsi qu'ont péri tous les grands empires de l'antiquité et du moyen âge qui ne reposaient que sur ce principe. Voilà dans quelles conditions se trouvera la Prusse le jour du désastre militaire, jour prochain peut-être, jour inévitable certainement.

Voyons maintenant ce que lui donne la victoire. Elle ne lui donne pas le quart de ce qu'elle donnerait à un autre peuple qui, n'ayant envoyé qu'une partie de lui-même sur le champ de bataille, ne se fait, victoire ou défaite, qu'une blessure partielle, pour ainsi dire, qui ne compromet pas son économie générale. C'est ce qui force M. de Bismarck aux exigences énormes dont il se défend de son mieux devant la civilisation, dans un langage souple et insaisissable, mais que lui impose la constitution organique de son pays. Ces gens-là ne peuvent pas être magnanimes et généreux. Ils n'en ont pas le moyen. S'ils ne rentraient qu'avec de la gloire pour leurs armes, pour leur influence, pour leur Dieu, ils seraient hués par les femmes et les enfants, auxquels il faut donner quelque chose de palpable et de réel en échange des époux et des pères que nous leur avons tués ; car, entre nous soit dit, nous leur en avons tué beaucoup, tout vaincus, tout légers, tout latins que nous sommes. N'oublions pas que, chaque fois que nous tuons un

Allemand, nous avons la chance, grâce à leur admirable organisation militaire, de tuer deux hommes, quelquefois trois. Nous tuons non-seulement le soldat qui défendait la patrie, mais le mari, le père, le fils qui faisait vivre sa famille, mais un artisan, un employé, un artiste, un savant, en tout cas une valeur quelconque, puisqu'il faut reconnaître que presque tous ces soldats sont relativement instruits et supérieurs aux nôtres sur ce point. Si ce vieux roi qui veut être César pour son dernier soupir; si ce ministre qui ne peut mourir sans la plus grande des gloires ou la plus grande des hontes, et qui ne peut plus être que divinisé ou maudit; si M. de Moltke, avec son échiquier mathématique et sanglant; si le prince Frédéric-Charles avec ses petits livres de tactique et de stratégie ; si le Prince-Royal avec son amour pour la paix, pour la lumière et pour le bien, n'entrent pas à Paris et ne rapportent pas un butin énorme, s'ils ne nous arrachent pas deux ou trois provinces, s'ils ne ramènent pas chez eux nos troupeaux, nos grains, notre argent, nos bijoux, et un ou deux millons d'hommes nouveaux, parmi nos plus robustes et nos plus énergiques de l'Est, avec quoi voulez-vous qu'ils nourrissent, qu'ils consolent, qu'ils fécondent les vingt-cinq mille épouses sans maris, les cinquante mille mères sans enfants, les cent mille enfants sans pères que leur ont faits nos défaites? Il faut qu'ils puissent se donner au moins pendant vingt ans le luxe de la paix et les apparences du repos pour refaire le sang que nous leur avons tiré, et pour engendrer ces hommes du Nord à qui leur Dieu a promis le royaume de la terre.

En attendant, ils sont inquiets, ils commencent à regarder derrière eux, les hommes de la grande race, car ils sentent bien que cette paix leur sera interdite, et que le repos leur sera défendu, tout ce qu'ils avaient prévu ne s'étant pas réalisé, et ce qu'ils n'avaient pas prévu ayant eu lieu.

Sachez, d'abord, que ces hommes de tant de prévision ne comptaient que sur une guerre courte, très-courte. Ils pensaient naturellement ou — que la France serait battue, ou — qu'ils seraient battus eux-mêmes, mais cela très-vite, grâce aux grands moyens de destruction que les deux nations avaient à leur service. La France vaincue en une ou deux rencontres sur son propre territoire, ils ne doutaient pas que l'Empereur ne fît la paix, puisqu'ils ne pouvaient supposer que celui-ci projeterait, dès qu'il verrait cette guerre tourner mal pour nous, de se faire prendre pour y mettre fin. *Car, soyez bien convaincu que ce n'est ni par accident ni par maladresse* que *l'Empereur a été pris, c'est avec préméditation. Ç'a été son dernier coup d'État pour sauver la France, et pour arrêter le duel.* Le Roi, qui avait déclaré n'en vouloir qu'à lui, a bien compris cette dernière ruse, et de là sa grosse colère en se voyant subitement placé en face d'une grande nation, quand il avait compté ne se trouver jamais qu'en face d'un petit homme, dont il connaissait l'esprit impressionnable et flottant. Aussi, depuis Sedan, toute sa politique a-t-elle consisté à essayer de nous faire reprendre, sinon l'Empereur, au moins l'Empire sous forme de régence, et si l'Empereur a été trompé dans sa dernière combinaison par l'obstination du roi Guillaume, celui-ci a été encore plus trompé par l'évolution subite de la nation française. Il ne s'attendait pas à ce mépris unanime de la France pour toute la dynastie de la veille, et à ce soulèvement général contre toute tentative de restauration. C'est là que le roi Guillaume et son ministre ont commencé à se sentir embarrassés. Et puis quel exemple pour la nation allemande que cet abandon spontané du chef de l'État ! On peut donc se passer d'un roi ! Aussi le ministre et le Roi qui auraient fait la paix après Sedan, s'ils avaient pu nous livrer de nouveau à l'Empereur vaincu et déshonoré, c'est-à-dire à la guerre civile et à tout ce qui s'ensuit chez nous, ont-ils été forcés de continuer, de perdre encore des soldats, de faire encore des veuves, de ruiner encore plus leur peuple.

Si la France eût été victorieuse, la guerre eût cessé tout de suite, parce que la France n'aime pas la guerre, parce qu'elle n'en veut plus, parce qu'elle est riche, et n'a besoin que de conquêtes morales ; elle se fût vantée, elle se fût réjouie, elle eût illuminé, elle eût chanté, elle fût rentrée chez elle pour la réouverture des Italiens, et tout eût été dit. M. de Bismarck le sait bien. Mais comme il faut tout prévoir, dans le cas où la France eût voulu continuer la guerre et la victoire, et faire acte de conquérante et d'envahisseuse, on eût tiré du portefeuille les traités secrets qu'on avait eu la précaution de faire avec l'Angleterre et la Russie, et l'on eût, en cas de résistance, passé de la coalition occulte à la coalition effective. *Car, sachez bien encore que, si l'Europe s'est croisé les bras devant cette grande tuerie, c'est qu'elle s'était lié les mains avant. La coalition existe comme en* 1792. *mais secrète, et si nous eussions été vainqueurs et persévérants comme l'est la Prusse, vous auriez vu l'Europe se décroiser les bras, gesticuler pour l'Allemagne, prévoyante et vaincue, et nous imposer la modération.*

Donc, dans les deux cas prévus par la politique de M. de Bismarck, la guerre devait être courte, et voilà qu'elle est longue — autre déception pour lui; c'est ce qui nous sauvera, au prix de sacrifices énormes, mais moins grands encore que ceux qui seront et qui, même à cette heure, sont imposés à la Prusse. Elle fait sauter nos ponts, elle coupe nos chemins de fer, elle incendie nos villages, elle foule notre sol, elle pille, elle saccage, mais elle se divise à mesure que nous nous concentrons; mais elle devient odieuse à mesure que nous devenons sympathiques, mais elle se déshonore à mesure que nous nous ennoblissons, mais elle aggrave ses embarras intérieurs à mesure qu'elle nous délivre des nôtres, mais nous lui faisons autant de morts qu'elle nous fait de prisonniers qu'il faudra nous rendre un jour, et qui, en attendant, portent chez elle les idées de la France, qui sont l'amour de la liberté, la haine de la guerre, et l'horreur des rois. Ce n'est pas tout. A côté de nos soldats vaincus par la faim et la trahison, mais sains et saufs, et qui sont déjà l'armée de l'avenir, les Allemands qui sont restés en Allemagne — les enfants, les vieillards et les femmes — ne voient revenir les leurs que mutilés ou malades, et leur racontant ce qu'ils ont vu, ce qu'ont souffert ceux qui sont morts, ce que souffrent ceux qui survivent. Ils leur disent que la France se défend, que Paris, qui devait ouvrir ses portes, ne les ouvrira ja-

mais ; que le Roi, qui devait bombarder Paris, ne le peut pas, ou ne l'ose pas ; qu'on meurt plus autour que dedans, qu'on les tue dans les ravins, derrière les arbres, comme des loups et des renards, qu'on les exècre, qu'on les méprise, enfin que les Français sont libres, tous égaux, que les chefs ne soufflètent ni ne bâtonnent les soldats, et que le plus obscur d'entre eux peut, s'il est brave, devenir chef à son tour. Pendant ce temps-là, le Roi écrit : « Envoyez-moi des hommes, » et encore, et encore, et toujours. Si vous n'avez plus d'hommes, envoyez-moi les enfants ; si vous n'avez plus d'enfants, envoyez-moi les vieillards, et il dit aux princes dont il épuise les caisses et les cadres : « Pour vous récompenser, préparez-vous
» à venir à Versailles me sacrer empereur l'Alle-
» magne. »

Et les mères et les veuves et les épouses et les fiancées à qui on a pris pour cette guerre insatiable leurs fils, leurs maris, leurs amants, s'écrient : « Sont-ce là les succès faciles qu'on nous
» avait annoncés, sont-ce là les victoires qu'on
» nous avait promises ? Qu'est-ce qu'on nous
» demanderait donc de plus, si nous étions vain-
» cus ? S'il nous faut payer ainsi la victoire, com-
» bien nous coûterait donc la défaite ? Nous
» n'avons plus ni travail ni famille, ni amour
» ni espérance, nous ne savons même pas où

» sont les tombes de ceux que nous aimions et
» que la chaux dévore pêle-mêle sous les champs
» de batailles étrangers, quand les fleuves ne
» les entraînent pas jusqu'à l'Océan ! »

Et toutes ces éplorées implorent la Reine qui montre son visage de Jésabel, luttant avec l'âge, et qui, faussement émue, les yeux mouillés de deux larmes toujours prêtes, répond : « Je n'y » puis rien, mesdames, c'est pour la patrie — » *für 's Vaterland.* » Alors elles s'adressent à la Princesse Royale qui, étant plus jeune, doit être plus compatissante, et qui leur répond avec une émotion véritable, car elle n'a rien de sa belle-mère : « Je n'y puis rien, résignez-vous. Je suis » loin de mon époux, moi aussi, mais c'est pour » votre patrie — *für 's Vaterland.* »

Enfin, elles invoquent le Dieu qui a voulu, dit-on, toutes ces monstruosités pour qu'il y mette fin. Il ne leur répond pas du tout, lui, et, quand elles demandent à ses ministres où il est, les ministres troublés leur disent : « Il n'est plus » ici ; c'est le Roi qui l'a emporté. Il combat avec » lui ; mais soyez tranquilles, les races du Nord » vaincront les races latines, et c'est pour la pa-» trie — *für 's Vaterland.* »

Toutes ces femmes à qui on prend maintenant leurs pères, après leur avoir pris leurs maris, leurs frères, leurs fils, leurs fiancés, leurs amants, toutes ces femmes auxquelles on ne peut plus prendre que leurs cœurs et leurs entrailles, commencent à se demander si on a bien le droit de les éventrer ainsi, toutes femmes du Nord qu'elles sont, au profit d'une ambition sénile et démesurée, cachée sous des mots d'un autre âge auxquels elles ne comprennent rien. Elles se demandent si elles ont aimé, si elles ont enfanté, si elles ont espéré, pour qu'on immole à l'entêtement d'un César attardé leurs amours, leurs espérances, leur chair et leur sang ; elles se demandent si la première patrie de l'homme n'est pas sa femme, sa mère, son enfant, et elles commencent à envier le sort de ceux de leurs compatriotes qui, dédaignant cette grande patrie qui ne pouvait ni ne savait les nourrir et les abriter, ont dû aller chercher, jusque dans l'Australie, le toit, le pain, le travail, la famille, c'est-à-dire la vraie patrie de l'homme, indépendante de telle ou telle latitude et de tel ou de tel terrain, et les voilà qui se disposent à élever tous les orphelins qui leur restent, non pas comme ont été élevés leurs pères, pour une politique qu'elles détestent déjà, dans la haine exploitable de la France, mais dans la haine religieuse de la guerre, de la guerre maudite, qui fait dans les poitrines des hommes les plus aimés des trous monstrueux, inconnus jusqu'alors, par où la vie s'échappe comme un torrent sans que rien puisse la retenir, et qui change les yeux des femmes en deux plaies rouges et sanglantes, dont elles meurent quelquefois, mais dont elles ne guérissent jamais.

Vous qui croyez encore à la guerre, craignez les femmes. Elles sont avec nous, avec les Latins qui ne veulent plus de la guerre. Elles ont décrété depuis cinq mois surtout que la guerre est impie et qu'elle ne doit plus être. Elles ne veulent plus engendrer pour la mort. Elles vont s'entendre toutes entre elles, par-dessus les ambitions et les politiques des rois et de leurs ministres, et elles vont faire avec leur cœur ce que les plus grands hommes n'ont pas pu faire avec leur esprit. Elles vont écraser la tête de ce serpent. Prenez garde ; ce sont elles qui armeront le bras d'un frère ou d'un amant pour frapper les monarques trop ambitieux, et les diplomates trop rusés, avant qu'ils puissent accomplir leurs projets homicides ; ce sont elles qui vont maintenant conspirer contre les trônes, et qui vont ouvrir les portes aux idées que nous allons semer dans le monde ; car, une fois cette hécatombe terminée, nous allons commencer contre vous une invasion bien autrement terrible que la vôtre ; nous allons entrer chez vous sans espions, sans mitrailleuses, sans canons Krupp, sous la forme insaisissable de l'idée ; nous serons assis à tous les foyers, nous serons mêlés à tous les entretiens, nous pénétrerons avec les rayons du soleil, et nous serons jusque dans les grains de poussière, au nom de la vérité, au nom de la liberté, au nom de l'amour ; et puisque vous avez appris notre langue à vos enfants pour qu'ils puissent nous espionner et nous surprendre, nous en profiterons pour leur faire lire ce qu'ils doivent savoir, et pour leur apprendre comment les peuples se passent des rois. C'est alors que toutes les nations du globe partagé pacifiquement entre les peuples libres, dans une immense alliance des races, faites pour se fondre et non pour s'exterminer, c'est alors que toutes les nations du globe glorifieront la France dont Dieu aura fait la dernière victime de la guerre, pour qu'elle ait le droit d'être le premier apôtre de la paix.

Et je vois distinctement ces choses, non plus seulement dans la logique et la justice de l'avenir, mais jusque dans les traits de ceux qui ne veulent pas qu'elles soient, parce que Dieu a marqué ceux qui se trompent et qui trompent de certains signes, pour qu'ils soient devinés par ceux qui voient et qui portent la vérité.

Et d'abord les Germains qui ont pénétré chez nous comme des loups rentreront un jour chez eux comme des lièvres ; on les verra fuir et jeter leurs armes comme ils ont fait si souvent déjà. Ce sont toujours les mêmes hommes du Nord, fourbes dans la paix, insolents dans la victoire, lâches dans la défaite; et l'édifice allemand s'écroulera avant d'être achevé, comme Babel, comme tout ce que l'orgueil humain a tenté contre le ciel, et Pélion roulera de nouveau sur Ossa. Et les divinités de l'ombre redescendront parmi les ombres. Et le ministre au regard froid, au sourire triste et méprisant, à la face impassible et fatale, le grand fossoyeur, tombera le premier dans le grand trou qu'il aura creusé.

Et quand le prince Fritz voudra résister au courant, et dira : « Mais moi, Seigneur, j'ai » toujours aimé la paix, » le Seigneur lui répondra : « J'ai déclaré coupables à l'égal de ceux qui » font le mal, ceux qui le laissent faire devant » eux. Je t'avais fait beau et bon, non pas seule- » ment pour que te pusses réparer les crimes » paternels, mais pour que tu pusses les empê- » cher. Ton châtiment sera de mourir sans avoir » fait le bien. »

Et le prince Fritz et ses enfants pleureront des larmes rouges.

Et le Dieu qui parlera ainsi sera le vrai Dieu, et l'on verra se sauver devant lui les dieux des conquérants et des barbares, des hommes du Nord.

Et tous les trônes s'effondreront comme si la terre tremblait sous eux, et les couronnes rouleront jusque dans la mer.

Et les rois pousseront de grands cris en s'enfuyant du côté du pôle.

Et il n'y aura plus la France, et puis l'Angleterre, et puis l'Allemagne, et puis la Russie, et puis ce peuple, et puis cet autre, il n'y aura plus qu'une famille, qui sera le genre humain ; il n'y aura plus qu'un but, qui sera la vérité, il n'y aura plus qu'un maître, qui sera l'amour, il n'y aura plus qu'un besoin, qui sera l'harmonie, il n'y aura plus qu'un moyen, qui sera le travail, il n'y aura plus qu'une loi, qui sera la justice.

Et ces choses s'accompliront pour les trois quarts avant la fin du siècle, et pour le dernier quart dans la première moitié de l'autre.

JUNIUS.

20 décembre 1870.

UNE

LETTRE SUR LES CHOSES DU JOUR

AU DOCTEUR HENRI FAVRE

Cher ami,

Vous me demandez ce qu'à mon retour de Versailles je pense de la situation, et vous désirez savoir ce que j'ai fait à Versailles ?

J'ai été à Versailles *pour voir ;* voir c'est savoir, savoir c'est prévoir. Cette vérité vient d'être reconnue et sacrée dans un homme : M. Thiers. Il a vu, il a su, il a prévu ; et cette admirable logique, qui préside aux destinées humaines, l'a mis à la tête de la France au moment où la France a le plus besoin de voir, de savoir et de prévoir.

Dans ma petite sphère d'observateur, j'avais fait comme M. Thiers dans sa grande sphère de politique ; et les événements qui se sont produits depuis un an m'ont peut-être ému, mais ne m'ont pas surpris ; j'avais vu, j'avais su, j'avais prévu.

Je me retrouve après comme avant, un peu plus vieux, un peu plus grave, un peu plus affermi dans mes convictions. Ce sont ces convictions que vous voulez connaître et probablement faire connaître à d'autres. Vous croyez que le moment est venu, pour tous ceux qui ont l'habitude et la prétention de penser, de dire ce qu'ils pensent, et que, de toutes ces graines jetées au vent, il peut germer quelque chose; soit, si cela ne fait pas de bien, je suis sûr du moins que cela ne fera pas de mal.

Et d'abord, pour me donner le droit de parler du présent et peut-être de l'avenir, permettez-moi de vous rappeler ce que, de toutes ces grosses questions, j'ai déjà dit dans le passé.

En avril 1868, j'écrivais et j'imprimais dans la préface du *Fils naturel* les lignes suivantes :

« La vieille société s'écroule de toutes parts ;
» toutes les lois originelles, toutes les institu-
» tions fondamentales, terrestres et divines, sont
» remises en question. Les sentiments hésitent et
» frissonnent, la passion doute, *les vérités d'au-*
» *trefois* tremblent à ce vent nouveau. L'homme
» ne se retrouve plus dans ce qu'il était jadis ; il

» se cherche partout avec curiosité, avec déses-
» poir, avec ironie, avec terreur. Il traverse une
» des nuits de l'âme, qui a ses jours et ses nuits
» comme les mondes physiques ; seulement nuits
» immenses, éternelles au premier aspect. Pol-
» tron, il chante à tue-tête, croyant donner le
» change à celui qui l'écoute et le regarde passer
» dans l'ombre ; mais il pressent, malgré tout,
» une destinée autre ; il distingue par moments,
» au-dessous de l'horizon, une lueur vague qui
» lui rend, à certaines heures, la terre transpa-
» rente. Est-ce le dernier rayon du soleil dis-
» paru ? est-ce le premier rayon de l'aurore
» espérée ? C'est l'aurore évidemment, l'aurore
» du jour le plus long et le plus éclatant peut-
» être que le monde aura vu briller dans ces sai-
» sons des temps où les minutes sont des années,
» où les jours sont des siècles. »

Quelques mois plus tard, j'écrivais au rédacteur du *Gaulois*, qui me demandait des articles
de critique littéraire :

« A quoi bon ? Qui est-ce qui, d'ici à un an
» ou deux, s'occupera de nos livres et de nos
» comédies ? Le drame ne sera plus sur les
» théâtres, il sera dans la Chambre et dans la
» rue. La littérature est finie, l'action com-
» mence. »

Cette manière de voir me valait une spirituelle

et vive riposte de Francisque Sarcey, à laquelle je répondais de mon mieux, en affirmant de plus en plus mon dire. De quels drames Sarcey entretient-il ses lecteurs aujourd'hui ? Est-ce de ceux du théâtre ou de ceux de la rue ?

Enfin, en décembre 1869 (il était temps), dans la préface de l'*Ami des Femmes*, j'imprimais ceci à propos des femmes du second Empire :

« Dès qu'ils (ceux qui se donnent la peine de » penser), dès qu'ils vous ont vues venir telles » que vous êtes (les femmes d'aujourd'hui), ils » ont reconnu les symptômes précurseurs de la » catastrophe, comme au passage prématuré des » cigognes on reconnaît que l'hiver sera rude. » Ils savent que toute société où vous dominez, » que vous vous appeliez Laïs, Poppée ou Du-» barry, est une société qui va s'écrouler et » faire place à une autre.

» Dès que vous débordez sur les choses et sur » les hommes, c'est le signe que les choses se » détraquent et que les hommes s'avilissent. » Vous êtes le dernier culte de l'homme dégé-» néré, la dernière formule esthétique de son » idéal obscurci. *Après vous il n'y a plus que l'in-*» *vasion des barbares, de l'étranger et de la popu-*» *lace, c'est-à-dire un plan nouveau de préparation* » *et de reconstitution par ceux qui ont gardé le sens* » *de la maîtrise, par le religieux et par le politique...*

» *Tout ce qui n'est pas valable sera détruit, tout ce*
» *qui l'est sera appelé. Que celles de vous qui sont*
» *tombées et veulent se reprendre se hâtent donc,*
» *tant que le repentir sert encore de vertu ; que cel-*
» *les qui se sentent dériver se cramponnent de toutes*
» *leurs forces à ce qui peut encore les retenir. Les*
» *temps prédits sont proches. Dieu a de nouveau pré-*
» *venu Noé. Il va falloir être avec les hommes dans*
» *le déluge ou avec l'homme dans l'arche.* »

Ces préfaces ont eu un certain retentissement au point de vue littéraire. Quant aux questions supérieures que je me permettais d'aborder, on m'a demandé ce que j'y venais faire ; ce n'était pas de ma compétence. On a trouvé que je me mêlais de ce qui ne me regardait pas ; on m'a dit : Prenez garde, vous allez devenir ennuyeux et solennel, et l'on m'a renvoyé aux fictions. Ce que voyant, j'ai pris mes précautions contre l'inconnu, j'ai gravi la montagne, et j'ai vu passer au-dessous de moi cette série de désastres qui commencent à M. Lebœuf et qui finissent, s'ils sont finis, au sieur Serisier, délégué de la Commune, présentement fusillé dans un égout qu'il a sali.

Est-ce bien de la France qu'il s'agit, en vérité ? De la France de Clovis et de saint Louis, d'Henri IV et de Napoléon ? De la France de Descartes et de Montaigne, de Corneille et de Molière, de la Bruyère et de madame de Sévigné ? Oui, c'est bien de cette France-là qu'il s'agit. Alors la France est morte? Frère, il faut mourir!

Est-ce que la France meurt de ses défaites et de ses insurrections? Elle en a déjà vu de dures, et elle a toujours continué son mouvement pour aller où il faut qu'elle aille. Selon moi, on peut juger de sa puissance, de sa vitalité, de l'effroi qu'elle inspire par le nombre de ses ennemis et par les moyens qu'ils emploient. Ainsi l'Allemagne savait que nous n'avions pas plus de deux cent cinquante mille hommes sous les armes, et elle en jetait sur nous douze cent mille, après avoir réduit l'Autriche au silence, après s'être assuré l'égoïsme toujours disponible de l'Angleterre, après avoir jeté une promesse aux convoitises toujours prêtes de la Russie.

L'Allemagne ou plutôt la Prusse, car il ne faut pas encore les confondre dans la même dénomination, tout en les confondant dans la même haine, la Prusse nous a fait une guerre de temps, de distance et de nombre. Ce n'est pas une guerre, c'est un guet-apens. Elle a attendu, elle a épié, elle a terrassé la France imprévoyante qui passait sur une route déserte sans regarder derrière elle. Quatre hommes sautent sur un passant et lui prennent sa bourse; cela se voit tous les jours, tous les soirs surtout. Seulement, cette fois, le passant en question a mordu les larrons au visage, et ceux qui les verront passer maintenant diront : Regardez donc, voilà un des v...ainqueurs de la France.

Mais ce n'est pas de cela qu'il s'agit. Qui vivra seulement dix ans verra bien des choses extraordinaires, et je croirais que Dieu ne m'a pas donné mon compte d'années si je mourais le lendemain de la revanche ; et cependant je ne suis déjà plus jeune.

Je suis donc allé à Versailles pour voir. Versailles était le col de cette colossale cornue qu'on appelle Paris, où bouillait, pour le moment, la grande transformation de la société française, la plus grande, rappelez-vous-le bien, la plus complète et la plus durable que nous puissions avoir si nous savons profiter. C'est par Versailles que s'échappait à gros bruit la vapeur de tous ces métaux en fusion, de tous ces éléments soi-disant indécomposables et décomposés tout à coup à une chaleur inconnue jusqu'alors.

Ne pouvant entrer dans la fournaise, je voulais au moins analyser la fumée.

Ah ! mon ami, au milieu d'une foule d'autres choses, j'ai vu dans la ville ressuscitée du roi-Soleil, devenue tête du monde par intérim, j'ai vu la bêtise humaine se promener et s'étaler dans les larges avenues, comme jamais n'avait osé le faire la majesté de Louis XIV.

Dans ce Coblentz du droit et de la légalité, où il semblait que le cœur du pays devait battre dans une seule pensée, dans une seule espérance, j'ai vu se heurter les uns contre les autres, brutaux, aveugles et impatients, tous les intérêts, tous les calculs, toutes les ambitions des partis et des individus, se disputant la France comme des chiens font d'un os à moitié rongé.

A la surface flottait cette population molle, incolore et huileuse qui surnage au-dessus des civilisations excessives, qui se déplace selon les courants et qui tache partout où elle touche, incapable de se fixer d'ailleurs et ne reflétant jamais rien, si bleu que soit le ciel et si profondes que soient les vagues.

Puis, une foule instinctive, ignorante, lâche et cruelle, se ruant sur le passage des prisonniers, insultant des hommes et des femmes, les uns coupables, les autres innocents, tous stupides et hagards, et devant lesquels elle eût tremblé sans la double haie de soldats calmes et fiers qui protégeaient ceux-là contre ceux-ci et ceux-ci contre ceux-là, foule à laquelle je me mêlais souvent et dont, Dieu me pardonne, j'ai partagé une fois peut-être la colère malsaine et contagieuse ; tout cela sous un soleil ardent, dans la poussière chaude, au bruit des canons courant à la défense, des canons tonnant et grondant dans le lointain, et des incendies rougissant l'horizon et les nuages épouvantés.

De temps en temps, une femme à chignon jaune, une belle de l'année dernière, maladive et démodée, promenait son sourire carminé et ses regards éteints sur tout ce bruit, naufragée de la boue, cherchant encore sa vie dans le sang et semant sa stérilité sur toutes ces ruines ; enfin, quelques promeneurs graves, pensifs, inquiets, ne s'interrogeant plus que du regard, serrant la main à un ami retrouvé, pleurant un ami perdu, et attendant, avec une prière intérieure, que Dieu ait fini sa rude besogne. Je passe sous le silence les lazzis grimaçants de ceux qui croient qu'il faut rire de tout, partout et malgré tout, et que le rire est du courage.

Pendant ce temps, les soldats et leurs chefs, les marins alertes, au col nu, aux chevilles bien serrées dans leurs guêtres blanches, les fantassins aux longues capotes, aux sacs trop lourds, aux képis sur l'oreille, les gendarmes impassibles et sévères, — Prud'hommes sublimes, — s'en allaient où il fallait aller, sauvant la France, résolûment et simplement. Bénissez-les, messieurs, car s'ils eussent refusé la lutte, nous étions Prussiens, vous ne l'ignorez pas, je pense, ce qui eût simplifié vos combinaisons et vos impatiences dynastiques.

Attentif, infatigable, invisible, le chef du pouvoir exécutif imprimait le mouvement, la confiance, la vie à cette armée qu'il avait improvisée, disciplinée, convaincue en vingt-quatre heures, tout en faisant face aux injustices, aux ingratitudes et aux calomnies, et cela, pendant qu'on démolissait sa maison et qu'on éparpillait aux quatre vents ses papiers, ses livres, ses tableaux, tous les vieux amis de sa vie laborieuse et utile. Imbéciles et misérables! Je passais tous les jours deux ou trois fois, en allant aux interrogatoires et aux prisons, devant la demeure de ce petit vieillard actif, ferme et clairvoyant, et je ne pouvais cesser de l'admirer et de le plaindre. J'espérais toujours le rencontrer, je l'aurais salué ; ça lui aurait été bien égal, puisqu'il ne me connaît pas, mais ça m'aurait fait plaisir. J'aime le travail, j'aime le bon sens, j'aime la netteté du langage et de l'esprit, j'aime l'expérience, la sagesse et la philosophie de ces hommes bien équilibrés, qui ont beaucoup vu, beaucoup retenu, et qui, prévoyant la sottise et l'ignorance des autres, se sont tenus prêts à les sauver sans récriminations et sans espérances.

« Que va faire M. Thiers, entendais-je dire
» souvent, une fois qu'il aura délivré Paris? » — car on ne doutait pas qu'il ne le délivrât.

« — Hé, mon Dieu ! répondais-je, il va tenir sa

» parole. Il fera tout bonnement ce qu'il a dit
» qu'il ferait. »

Et les gens secouaient la tête avec un air de doute, parce qu'en France rien n'est plus aisé que d'être proclamé grand, et rien ne l'est moins que d'être reconnu honnête.

M. Thiers ne sera ni Monk, ni Washington, — il sera Thiers. Il y a encore de la place dans la mémoire des hommes à venir pour une immortalité nouvelle. M. Thiers, après nous avoir prévenus sans que nous voulions le croire, nous aura sauvés sans que nous lui en sachions gré peut-être, ou plutôt sans que les autres lui en sachent gré, car il peut compter sur ma reconnaissance à moi, reconnaissance platonique, hélas! qui ne lui rapportera rien, mais qui ne lui coûtera rien non plus. M. Thiers, après nous avoir prévenus et sauvés, après avoir fait, à soixante-quatorze ans, ce que le plus robuste des hommes de notre génération eût été incapable de faire, et la preuve, c'est qu'aucun de nous ne l'a fait, M. Thiers rétablira l'ordre et le mouvement en France, et quand tous les esprits seront sinon en repos, du moins en sécurité, il dira au pays : « Choisis ton gouvernement, libre-
» ment, loyalement, intelligemment si tu peux,
» et nomme qui tu voudras, pourvu que ce ne
» soit pas moi. »

Et il restera tranquillement chez lui, s'il a un chez lui alors.

Certes le pouvoir suprême est tentant, mais, sachez-le bien, pour ceux-là seulement qui ne sauraient rien être sans le pouvoir suprême, et qui, ne pouvant se mettre au-dessus des autres par eux-mêmes, se font mettre au-dessus d'eux-mêmes par les autres. Mais celui qui, durant un demi-siècle, a vécu dans l'intimité des plus grands hommes du passé, qui connaît les événements qui les ont fait monter et les erreurs qui les ont fait descendre ; celui qui a suivi à travers l'histoire et la politique l'intéressante logique des enchevêtrements humains et l'implacable résolution des lois divines ; celui qui a élevé au César moderne ce monument de vingt volumes, bien autrement indestructible que la colonne de la place Vendôme ; celui qui, à partir de Tilsitt, commence à reconnaître et à dénoncer chez son héros les premiers symptômes du vertige et de la folie ; celui enfin qui, après avoir écrit cette épopée gigantesque, se trouve chargé à son tour, après un second Waterloo et un second 93, des destinées de ce peuple étrange, quelquefois lassé, mais jamais assouvi, croyez-vous que cet homme va être pris au dépourvu, et que, parvenu vulgaire, il va tout à coup, à soixante-quinze ans, rêver dictature, couronne et dynastie ?

Cet homme, que Cicéron semble avoir prévu lorsqu'il a dit : « Ce sont les jeunes gens qui » proclament les républiques, ce sont les vieil- » lards qui les fondent, » cet homme a certainement rêvé d'établir la république en France, c'est-à-dire de faire ce que Mirabeau n'a pas eu l'énergie, ce que Robespierre n'a pas eu le pouvoir, et ce que Bonaparte n'a pas eu le génie de faire ; cet homme a demandé au ciel quatre ou cinq années d'existence, de santé, de pouvoir et de lucidité pour léguer à ce pays toujours oscillant et meurtri cette forme anonyme et définitive à laquelle nous revenons toujours d'instinct, comme si nous sentions que, malgré tout, la vérité doit être là; oui, cet homme a fait ce rêve, interrompu de temps en temps par cette réflexion : « Ah! si j'avais vingt ans de » moins ! » et il eût tenté la réalisation de ce rêve s'il n'eût eu à combattre que les ignorances, les préjugés et les partis pris de la Chambre ; mais les événements de Paris étant survenus, le mot république s'étant déshonoré pour la troisième fois par son concubinage avec la Commune, cet homme a compris qu'il n'avait plus ni le moyen de convaincre ni le pouvoir de fonder, et que la chaîne des traditions monarchiques et réactionnaires allait se renouer autour de lui et l'étrangler s'il résistait. Il a compris par le fait ce qu'il savait par l'étude, que, chez nous, le bon sens, la probité, le génie même, aidés de l'opportunité, ne suffisent pas pour occuper longtemps la première place ; il faut surtout et avant tout s'appuyer sur une notoriété antérieure, d'autant plus respectée souvent qu'elle sera plus involontaire et plus éloignée, se réclamer d'un souvenir, d'une légende, d'ancêtres bons ou mauvais, pourvu qu'ils soient numérotés ancêtres.

M. Thiers, qui sait toutes ces vérités élémentaires sur le bout du doigt, M. Thiers s'est contenté du rôle plus difficile encore que celui d'ambitieux, du rôle de simple honnête homme, esclave de sa parole et de son devoir, et s'il ne fonde pas la république, j'affirme qu'il la défendra contre toute surprise et toute insulte, dût-il la placer entre deux haies de soldats, comme il place les prisonniers de la Commune, jusqu'à ce que la France décide et que justice se fasse.

Cette pauvre République ! Cette fausse couche périodique de la France ! elle finit par être intéressante. Certes, à juger des idées comme on juge des gens, par leur passé, par leur famille, par leurs actes, il est impossible d'être moins recommandable, d'être plus mal famé que la république française. Il n'est pas de mauvais lieu, de marais fétide, de ruisseau de fange et de boue où elle ne se soit roulée et prostituée au premier venu. Ses pères, ses parrains, ses amants, ses enfants, sont, pour la plupart, des fous, des imbéciles, des grotesques, des escrocs et des assassins ; ce qui faisait dire au dernier Larochejaquelein avec autant d'esprit que de bon sens : « Je ne dis pas que tous les républi- » cains sont voleurs, mais je suis sûr que tous » les voleurs sont républicains. » Le plus honnête est Robespierre, le plus pur est Saint-Just, le plus convaincu est Marat. En 93, la république tue ses fils ; en 48, elle tue ses frères ; en 71, elle tue sa mère. Quelle que soit la date, elle tue, elle tue, elle tue toujours. Elle appelle cela fonder. Le génie, la gloire, la vertu, Chénier, Lavoisier, Malesherbes, madame Élisabeth, les Bréa, les Clément Thomas, les Lecomte, les Darboy, les Deguerry, les Bonjean, tout y passe.

Mais en revanche elle a des générations spontanées, des éclosions subites de phénomènes imprévus, inanalysables, éphémères gigantesques, ombres chinoises colossales qui viennent gesticuler, pousser un cri et s'effacer en une minute sur un fond rougi par le feu et le sang.

Voyons ! De quel accouplement fabuleux d'une limace et d'un paon, de quelles antithèses génésiaques, de quel suintement sébacé peut avoir été générée, par exemple, cette chose qu'on appelle M. Gustave Courbet ? Sous quelle cloche, à l'aide de quel fumier, par suite de quelle mixture de vin, de bière, de mucus corrosif et d'œdème flatulent a pu pousser cette courge sonore et poilue, ce ventre esthétique, cette incarnation du Moi imbécile et impuissant ? Ne dirait-on pas une farce de Dieu, si Dieu, que ce non-être a voulu détruire, était capable de farce et pouvait se mêler de cela ? Et ses pareils avec formes variées et biscornues sont par milliers dans cette zoologie de révolutionnaires, depuis ce mignon changé subitement en cocotte nommé Paschal Grousset jusqu'à ce paillasse à queue rouge surnommé Pipe-en-Bois. Quelle galerie ! Nous ne dirons rien de leurs femelles, par respect pour les femmes à qui elles ressemblent — quand elles sont mortes.

Eh bien, malgré tous ces arguments plats ou sinistres, nous sommes tous plus ou moins républicains au fond de l'âme, et nous ne pouvons nous empêcher de dire en face de cet idéal, la République, ce que le chantre de *Camille* disait sur l'échafaud en se touchant le front : « Et » cependant il y avait quelque chose là. »

D'un autre côté nous comprenons que, devant ces trois expériences, la France hésite et que bon nombre d'honnêtes gens qui ne demandaient pas mieux que d'être ralliés à cette forme élastique qui avait le mérite de pouvoir être éternellement provisoire, s'écrient et crient maintenant : « Décidément, c'est impossible, » et veulent revenir aux formes monarchiques les plus caduques, ce qui prouve que rien ne sera jamais impossible chez nous.

Ce qui est certain pour le moment, c'est que nous avons été vaincus et souillés par l'invasion, éventrés et déshonorés par l'émeute, que le pays a perdu deux de ses plus belles provinces, que le plus beau tiers de Paris est en ruines, que la capitale du monde civilisé a prouvé, en 1871 comme en 1793, qu'elle était toujours disponible pour la terreur, et que notre peuple a cela de commun avec les rois, que le malheur ne lui apprend rien. Désastres publics, malheurs privés, pertes irréparables de sang, d'intelligence, d'affection, d'espérances, de bonheur, de travail, de foi, dette extérieure énorme, dette intérieure insensée, humiliation, découragement, doute, inquiétude en haut, ébranlement au milieu, ténèbres en bas ; dispersion des familles, division des partis, sauve-qui-peut des principes et partout un double courant, un double besoin de représailles et de calme, de vengeance et de repos, de haine et d'amour, de mort et de fécondation : telle est en quelques mots notre situation à l'heure présente.

La France est morte, disent les uns.

La France va mourir, disent les autres.

Comment sortir de là ? disent quelques-uns.

Et chacun, parmi les représentants de cette France agonisante, suivant sa passion, son intérêt, sa rancune, sa sympathie, sa conscience, son idéal, tire à droite, tire à gauche, parle, écrit, dispute, s'impatiente, s'irrite, pousse en avant, retient par derrière, et se dispose à mettre en miettes ce qui n'est encore qu'en morceaux. Rien de plus naturel d'ailleurs, de plus humain que cette agitation générale et individuelle après une pareille secousse.

Il me semble cependant, à moi, qui ne suis pas dans la mêlée, que non-seulement la position n'est pas aussi désespérée qu'elle semble au premier aspect, mais encore que le plus grand bien, si nous savons *vouloir*, peut résulter non-seulement pour nous, mais pour le monde entier, de l'épreuve que nous traversons. Cette crise, que tous les hommes un peu observateurs voyaient venir aussi bien que moi, était, à mon avis (abstraction faite des douleurs particulières imméritées que je déplore et que je plains), était, à mon avis, aussi nécessaire qu'inévitable, et elle n'a détruit que ce qui ne devait plus être. Depuis quarante ans déjà, depuis soixante-dix ans peut-être, depuis vingt ans certainement, nous ne vivons que sur des fictions, sur des mots qui ne contiennent absolument rien, et la preuve de ce que nous disons, c'est que, depuis le commencement du siècle, nous avons discuté, attaqué, renversé toutes nos institutions, si solides, si consenties que nous les eussions déclarées.

La liberté ! fiction proclamée en 89, étouffée en 93 encore plus qu'en 1804.

La gloire militaire ! fiction qui dure vingt ans, qui éblouit le monde, qui nous le jette sur le dos et qui s'évanouit en un jour.

La charte ! fiction proclamée par un roi spirituel, violée par un roi dévot, mise en lambeaux par les Parisiens révoltés.

Le gouvernement parlementaire et constitutionnel ! fiction que tout le talent de M. Guizot ne peut faire durer et que le coup de pistolet de M. Lagrange tue.

La république de 48 ! fiction que la légende napoléonienne escamote à son profit avec ces quatre mots : l'Empire, c'est la paix ; autre fiction qui nous donne la guerre de Crimée, la guerre d'Italie, les revers du Mexique et les désastres de Sedan.

Le suffrage universel ! fiction qui constitue à 3 ou 4 millions d'individus, ne sachant ni lire ni écrire, le droit de voter pour un candidat qu'ils ne connaissent pas, sur l'injonction d'un préfet ou sur la recommandation d'un journal, qui donne 8 millions de voix à son souverain, qui les lui confirme au bout de dix-huit ans et qui, trois mois après, laisse casser son vote et chasser son souverain par un orateur de taverne, l'illustre Gaudissart de la république, ravaudant toutes les vieilles phrases de Danton pour faire gober sa marchandise ; après quoi M. Jules Favre, devenu ministre, demande publiquement les sévérités les plus implacables contre les cent cinquante mille vagabonds qui, depuis quinze ans, lui donnent leurs voix à lui et aux autres irréconciliables.

Le liberté de la presse ! fiction que, du reste, il faut leur rendre cette justice, ceux qui la prônent le plus s'empressent de détruire dès qu'ils ont le pouvoir de créer. Se rappeler, à ce sujet, la suppression du journal de M. de Girardin par M. Cavaignac, la suppression du *Vengeur* et autres feuilles techniques par le gouvernement du 4 septembre, et enfin la suppression de tous les journaux qui n'étaient pas de leur avis par messieurs les membres de la Commune, tous apôtres de la liberté de la presse, — avant.

L'opposition ! fiction régulière et systématique, qui dit *contre* quand elle est dehors, qui dit *pour* quand elle est dedans, qui demande la rentrée des princes quand l'empire la refuse et qui la refuse quand elle a remplacé l'empire. (Voir la réponse de M. Jules Favre, quand on est venu lui demander à l'Hôtel de ville son avis sur la rentrée des princes d'Orléans, réponse identique à celle qu'Émile Ollivier lui avait faite quelques mois auparavant quand M. Jules Favre votait pour cette rentrée).

La nation française ! fiction qui subordonne trente-sept millions d'individus à cent cinquante mille Parisiens toujours mécontents qui changent les gouvernements en vingt-quatre heures, et qui informent la province qu'elle ait à se soumettre à leur décision, si bien qu'un beau jour, la province, fatiguée de cette servitude, se croise les bras et regarde brûler et bombarder Paris en disant : Tire-toi de là comme tu pourras.

La politique, la diplomatie, les alliances, la sympathie des peuples, la malice de l'empereur, fictions ! M. de Bismark se rit de tout cela. Les mitrailleuses, les chassepots, les camps de Châlons, les grands généraux, l'armée invincible, *à Berlin! la Marseillaise*, fictions ! M. de Moltke a tout prévu, tout espionné, tout vaincu d'avance. Les lois, la justice et la magistrature, fictions ! M. Favre met les lois dans sa poche, M. Gambetta met les magistrats à la porte, et M. Crémieux met les assassins en liberté.

Enfin, l'égalité et la fraternité, la plus grotesque et la plus terrible de toutes les fictions ! Cherchez-la sous les décombres de l'Hôtel de ville et parmi les cadavres des otages.

Et alors, très-humbles serviteurs de ces fictions, nous coupons la tête à Louis XVI à qui nous élevons ensuite un monument expiatoire que nous laissons démolir plus tard.

Et nous proclamons César un lieutenant d'artillerie que nous laissons crever sur une île anglaise, et dont nous rapportons les cendres en triomphe en attendant que nous démolissions et que nous rééditions sa colonne.

Et nous recevons avec des transports d'allégresse nos princes légitimes que nous chassons dix ans après sous prétexte qu'ils nous ont été ramenés par les baïonnettes étrangères, et dont le dernier descendant, sans descendance, commence à nous apparaître comme un sauveur.

Et, pouvant choisir notre roi, nous nous en donnons un, bourgeois, modeste et débonnaire, que nous appelons poire tapée dans nos journaux malins, bâtard dans nos journaux sérieux, que nous faisons filer dans un fiacre parce qu'il ne veut pas tirer sur nous, et dont nous voulons absolument aujourd'hui qu'on nous rende les fils pour en faire des députés et peut-être des rois, tant nous avons peur d'en manquer.

Et nous acceptons la république de M. Flocon et de M. Marrast, et nous l'insultons tous les soirs sur nos théâtres, jusqu'à ce qu'un beau jour, un prince que nous avons traité d'idiot quand il *a fait* Strasbourg, de crétin quand il *a fait* Boulogne, que nous avons été voir juger et condamner à la Chambre des pairs, se fasse proclamer empereur aux acclamations de la France entière, règne pendant dix-huit ans et soit oublié, vilipendé, exécré en cinq minutes parce qu'il s'est laissé prendre sur un champ de bataille à l'instar de François Ier et du roi Jean.

Et, quand M. Thiers nous demande vingt-quatre heures de réflexion avant de déclarer la guerre à la Prusse, nous l'appelons Prussien et nous voulons démolir sa maison, et quand nous sommes battus, nous le nommons dans vingt-six départements, et quand on lui démolit réellement sa maison, nous votons un million pour qu'on la lui rebâtisse, et maintenant qu'il nous a sauvés, nous nous demandons comment nous pourrions bien nous débarrasser de lui.

Et nous faisons tuer trente mille de nos fils pour les boniments de Gaudissart déjà nommé, ce qui est dur ; et nous payons cinq milliards une phrase de M. Favre, ce qui est cher ; et nous accusons Trochu de trahison parce qu'il ne veut pas nous faire exterminer jusqu'au dernier, ce qui est bête.

Et nous supportons le siége à Paris comme des héros, et nous ne permettons pas aux Prussiens, vainqueurs, d'y boire un verre de bière dans un café, et nous laissons occuper, piller, incendier ce même Paris par des filles de joie, des joueurs de vielle, des peintres de Turc, des journalistes de lupanar, des Italiens de la Villette et des Polonais de tous les pays.

Et, pour conclure, voilà que maintenant nous redemandons à cor et à cri tous nos princes exilés, à quelque famille qu'ils appartiennent ; autrement dit, nous déclarons à la face du monde que, depuis quatre-vingts ans, nous ne savons plus ce que nous faisons, que 89 est un malentendu, que 1804 est une erreur, que 1830 est une bêtise, que 1848 est une faute, que le 10 décembre est une distraction, que le 4 septembre est une gaminerie, que tout ça ne compte pas, que c'était pour rire et qu'on va recommencer.

Jour de Dieu ! quel peuple ! Et comme je comprends qu'il gêne les autres et que la Prusse soit chargée par eux de le détruire, ce à quoi elle arrivera, car elle est tenace, elle, si nous ne prenons pas le parti de savoir enfin ce que nous voulons.

C'est le moment ou jamais. La situation offre du moins cet avantage dans sa crudité qu'elle nous autorise à reconnaître nos erreurs passées, à les condamner et à les exécuter publiquement, en remerciant Dieu de la leçon qu'il nous donne, si nous savons en tirer parti.

Aussi, comprenant d'instinct qu'il va falloir remonter aux causes premières des sociétés, sans tenir compte des accidents, les uns veulent reprendre les choses à 1848, les autres à 1830, ceux-ci à 1815, ceux-là à 89. Et tout le monde de crier : « Où est l'homme qui nous sauvera ? » Il nous faut un homme ! »

Ne le cherchez donc pas si loin, cet homme, vous l'avez tous sous la main. Cet homme, — c'est vous, — c'est moi, — c'est chacun de nous. Soyons chacun un homme, et l'homme providentiel, le grand homme que l'on finit toujours par renverser et par maudire devient complétement inutile.

Mais comment se constituer homme ? Rien de plus difficile, si on ne sait pas vouloir ; rien de plus simple si on veut.

Grâce à la clarté des derniers événements de Paris, nous savons à quoi nous en tenir sur ce qu'on appelle les besoins et les aspirations du peuple. Le mauvais peuple a volé, pillé, massacré, brûlé, et le bon peuple l'a laissé faire.

La province a regardé, prête à imiter, et l'étranger a ri, prêt à profiter de tout.

Mais Brennus a jeté de nouveau son épée dans la balance, l'armée a sauvé la France ! Vive la France ! Vive l'armée ! Voilà le nouveau cri ! Maintenant la question se pose nette et précise, dégagée de toutes les littératures, de toutes les politiques et de tous les lieux communs dont nous l'embarrassions depuis quatre-vingts ans.

Il y a d'un côté :

Les gens qui possèdent,

Les gens qui travaillent,

Les gens qui savent.

Il y a de l'autre côté :

Les gens qui ne possèdent pas,

Les gens qui ne travaillent pas,

Les gens qui ne savent pas.

Il faut que ceux qui possèdent viennent en aide, par tous les moyens possibles, à ceux qui ne possèdent pas.

Il faut que ceux qui travaillent fassent travailler ceux qui ne travaillent pas ou les exterminent impitoyablement s'ils s'y refusent. L'oisif doit disparaître du monde.

Il faut que ceux qui savent renseignent, instruisent, élèvent ceux qui ne savent pas, et, en attendant, les subordonnent, au nom du droit, de la justice, de la nature et de la société, parce que celui qui ne sait pas, quelle que soit la raison de son ignorance, est inférieur et doit être soumis à celui qui sait.

Mais il ne s'agit là que du collectif ; voyons comment va se constituer l'Individu, car il faut que l'Individu, c'est-à-dire le chef de soi-même, sorte de cette grande tempête.

L'être autonome et conscient, sachant d'où il vient, où il va, ce qu'il veut et doit faire de sa vie et de la vie du groupe dépendant de lui, l'être ayant son idéal et son absolu, l'individu enfin, n'existe pas en France ou du moins est très-rare.

Chacun de nous, en se réveillant le matin, a besoin de cinq ou six autres êtres pour vivre jusqu'au soir. Je ne parle pas des serviteurs matériels. Nous avons besoin d'un sergent de ville pour nous garder dans la rue, d'un soldat pour nous garder à la frontière, d'un professeur pour éduquer notre petit, d'un prêtre pour lui inculquer la morale, d'un misérable quelconque pour aller se faire tuer à sa place, et d'un empereur ou d'un roi chargé de faire aller tout ça. Et pendant ce temps, bien entendu, nous faisons de l'esprit sur le sergent de ville que nous appelons la rousse, sur le soldat que nous appelons traîneur de sabre, sur le professeur que nous appelons pion, sur le prêtre que nous appelons calotin, sur le remplaçant que nous appelons chair à canon, sur l'empereur et le roi que nous appelons l'homme au parapluie ou Badinguet. Et nous nous croyons bien garantis et bien couverts. De sorte que l'invasion allemande nous tue notre soldat et notre remplaçant à la frontière, l'émeute nous escofie notre sergent de ville, ferme le collége, massacre le prêtre, chasse l'empereur ou le roi, et nous confine dans notre cave ou nous jette sur la grande route, où nous restons étonnés, ruinés, ébahis, stupides, ouvrant de grands yeux et nous disant les uns aux autres :

« Qui aurait jamais cru cela ? Quels désastres ! » Pauvre pays ! »

Et autres phrases toutes faites pour ces circonstances, phrases dont nous n'aurions aucun besoin si nous avions été à nous-mêmes notre soldat, notre sergent de ville, notre instituteur, notre prêtre, notre empereur et notre roi, c'est-à-dire si nous avions su une fois pour toutes qu'il y a une patrie, une société, une religion, une morale, une liberté et une conscience, qu'il faut être prêt à défendre *soi-même* à n'importe quel prix et en n'importe quel lieu.

Il ne s'agit donc plus d'ergoter, de discuter, de philosopher, d'analyser, de s'en remettre aux autres et d'attendre un Homme Ange ; il s'agit, car l'épreuve est décisive et nous sommes tous plus ou moins atteints dans nos profondeurs, il s'agit de nous dégager de nos habitudes, de nos mœurs, de nos facilités, de nos conventions d'hier, de remonter aux sources primitives de la véritable humanité, et de nous poser simplement, mais résolûment, ces questions :

Faut-il décidément, oui ou non, qu'il y ait un Dieu, une morale, une société, une famille, une solidarité humaine ?

L'homme doit-il travailler, savoir, progresser ?

La femme doit-elle être respectée, ralliée, associée ?

La vérité est-elle le but ? la justice est-elle le support ? le bien est-il l'absolu ?

Oui ! oui ! mille fois oui !

Les États, les sociétés, les gouvernements, les familles, les individus peuvent-ils, pour être valables, durables et féconds, se passer de ces éléments ?

Non ! non ! mille fois non !

Alors que cela soit ainsi, et mort à tous ceux qui ne voudront pas que cela soit, ceux-là fussent-ils nos frères ! fussent-ils nos fils !

Que chacun de nous, ou, pour ne rien exagérer, qu'un sur deux, sur trois même parmi nous, soit bien résolu à ce que cela soit, et, dans dix ans d'ici, vous aurez payé vos milliards, vous aurez repris l'Alsace et la Lorraine, et vous serez le premier peuple de l'univers. Et cela fait, que vos princes soient dehors ou dedans, branche cadette ou branche aînée, que vous ayez la royauté, l'empire ou la république, c'est sans aucune importance. Votre gouvernement sera ce que vous serez. Quand la nation est forte, quand elle sait bien ce qu'elle veut, tous ses gouvernements sont bons ; ils ne l'oppriment jamais, ils l'expriment toujours.

Oui, c'est un *consensus* de dix ans que je vous demande, pour commencer, après quoi, les choses iront toutes seules. Pendant dix ans, il faut que la France fasse un effort unanime, donne le coup de collier de toutes les volontés, de toutes les énergies, et n'ait qu'une pensée unique, incessante, maniaque : payer ce qu'elle doit, reprendre ce qu'on lui a pris, s'acquitter au dehors, se régénérer au dedans. Comme le commerçant probe qui s'est vu mettre en faillite par l'incurie ou la mauvaise foi de son associé, il faut que la France vive de privations, qu'elle passe les nuits, qu'elle ne rie plus, qu'elle ne danse plus, qu'elle soit recueillie, modeste et patiente, que le père travaille, que la mère travaille, que les serviteurs travaillent, jusqu'à ce qu'elle ait reconquis l'honneur de la maison. Il faut que, lorsqu'on entendra de par le monde le grand bruit régulier et continu que fera ce travail universel, à quiconque demandera : Quel est ce bruit ? chacun puisse répondre : C'est la France qui se libère et se transforme.

Ayez ce courage de dix ans et l'éternité est à vous.

C'est trop difficile ? c'est trop long ?

Vous ne vous sentez plus la volonté nécessaire, vous aimez mieux compter encore sur les Abeilles ou sur le Coq, sur l'Aigle ou sur les Lys ? Alors, c'est le déluge, je vous en préviens, et, *nous qui sommes dans l'arche,* nous n'avons plus qu'à vous regarder nager — et mourir.

6 juin 1871.

UNE NOUVELLE LETTRE

SUR LES CHOSES DU JOUR

A M. AMÉDÉE MARTEAU

Directeur de la Revue univserselle.

Monsieur,

Dans un de vos derniers numéros, vous me faites l'honneur de m'interpeller directement, et vous me demandez pourquoi, après avoir écrit la *Lettre sur les choses du jour*, qui prouvait un si grand sens politique (c'est vous qui parlez), vous me demandez pourquoi je me tais. Je ne vous ai pas répondu tout de suite, parce que j'appartenais exclusivement aux dernières répétitions de la *Princesse Georges*. Or, comme chaque fois que je donne une nouvelle pièce je me fais l'effet de Carter entrant dans la cage des lions, et que je me dis : « Est-ce aujourd'hui que je vais être dévoré ? » je prends toutes les précautions possibles pour retarder ce dénouement, que je sais, cependant, devoir être inévitable. Tout homme qui veut apprendre quelque chose aux foules et changer leurs habitudes doit se résigner et se préparer à être mis en morceaux, un jour ou l'autre. Le résultat final m'étant connu, la littérature me suffit. J'y agace bien assez les lions, sans aller exciter les autres animaux en possession des autres lieux.

Je pourrais m'en tenir à cette raison, qui est suffisamment bonne; mais je vais vous donner les autres, puisque vous me les demandez. D'ailleurs je dois me décider, tôt ou tard, à écrire cette seconde lettre, dont il faut que l'on dise qu'elle ne vaut pas la première.

Et d'abord, Monsieur, ne vous exagérez pas la valeur de cette première lettre. On en a beaucoup et longtemps parlé (trois jours) à Paris, en province, et même à l'étranger. Deux cents personnes m'ont écrit à ce sujet; une seule a cru devoir m'insulter. Il est vrai qu'à sa signature étaient joints ces mots : *Ancien officier français, actuellement au service de la Prusse, et votre confrère.*

Ancien officier français, j'en doute; *au service de la Prusse*, je le crois; *mon confrère*, je le nie. Mais ce n'est pas de cela qu'il est question. Les Prussiens peuvent penser de moi ce que bon leur semble; je pense d'eux ce qu'il est juste d'en penser; c'est de l'opinion de mes compatriotes sur moi et sur eux-mêmes que je veux vous entretenir aujourd'hui.

Donc, comme je vous le disais tout à l'heure, ne vous exagérez ni la valeur de cette lettre ni l'autorité de celui qui l'a écrite.

Cette lettre a produit un certain effet, ou plutôt a fait un certain bruit, parce qu'elle arrivait à la fois au bon moment et au moment où on s'y attendait le moins; parce qu'elle émanait d'un homme qui n'avait jamais fait de politique; parce qu'écrite de verve et de conviction, elle badigeonnait, à couleurs crues, maints drôles qui faisaient trembler quelques jours auparavant; parce qu'elle disait au peuple le plus spirituel du monde qu'il était bête, ce qui amuse toujours les gens spirituels; enfin parce qu'elle poussait le cri de patriotisme, d'espoir et de reconnaissance que je sentais au fond de toutes les poitrines françaises. C'est là un succès d'opportunité, de hasard, de bonne veine, de forme, d'étonnement; mais cela ne constitue pas les qualités indispensables à ce qu'on appelle un homme politique. Le premier venu pouvait écrire cette lettre, dans une heure d'enthousiasme et d'entrain. Disons-le, il n'y avait pas de conclusion. Le moyen de sauver définitivement la France (rien que ça !) n'y était pas. Au fond, cela flottait entre Chauvin et La Palisse. Les malins ne s'y sont pas laissé prendre. M. Arthur Ponroy [1] m'a lavé la tête de la belle manière, dans la feuille de sa localité; Sarcey, qui m'aime bien, de temps en temps, mais qui voudrait absolument me convaincre qu'il sait mieux mon métier que moi, tandis que c'est peut-être moi qui sais mieux son métier que lui, Sarcey m'a dit, dans son *Drapeau tricolore :* « Faites des comédies, mon cher Dumas, mais ne faites pas de politique, vous n'y entendez absolument rien. Nous ne pouvons pas nous y retrouver nous-mêmes ! Comment diable voulez-vous vous y reconnaître, vous ? » Et, pour conclure, un grand journal anglais, après deux colonnes de ces fines épigrammes que dans leur humour les Anglais manient si bien, m'invitait à laisser là ces grosses questions et à retourner au plus vite *à mes cocottes*, c'est-à-dire à redevenir, comme devant, un simple auteur dramatique, un amuseur, tranchons le mot, un histrion, dont, en attendant les lions de la fin, M. de Biéville, du *Siècle*, ne fait qu'une bouchée.

Car, hélas ! hélas ! Monsieur, parmi un grand nombre de choses que je sais sans qu'on me les ait apprises, et dont je ne dis que quelques-unes, gardant le reste pour ma garantie personnelle, il

---

1. Auteur du *Vieux Consul,* tragédie en cinq actes, en vers, représentée au théâtre de l'Odéon.

y a cette vérité : l'homme de lettres jouit, en France, du mépris le plus bienveillant, le plus amical, mais le plus complet. Les autres pays en feraient peut-être autant, chez eux, pour leurs hommes de lettres, s'ils avaient des hommes de lettres ; mais, heureusement ou malheureusement, ils n'en ont pas, et c'est la France qui est chargée d'alimenter le monde entier de littérature. C'est *l'article Paris* du marché intellectuel. On pourrait croire, à première vue, que cette suprématie littéraire de la France doit attirer à ceux qui la lui procurent l'estime de leurs compatriotes. Pas du tout. Le dernier des bourgeois, le dernier des financiers, le dernier des fonctionnaires de l'administration, nous tient pour gens plus ou moins spirituels, plus ou moins agréables, mais, au demeurant, pour gens de peu, de fort peu, sans conséquence, sans autorité et sans valeur sociale. Ce dernier quelconque envie quelquefois, en secret, notre renommée, qui lui paraît toujours être au-dessus de nos mérites ; mais il hausse les épaules, à cette seule pensée que nous pouvons prendre au sérieux notre fonction, qui lui semble toujours au-dessous de la sienne, quelle que soit la sienne. Pas un spectateur, dans sa stalle, pas un lecteur, au coin de son feu, le soir, qui ne soit convaincu, très-sincèrement convaincu, que ce qu'il fait dans la journée est plus important, plus relevé, plus utile et plus difficile que ce que nous faisons, même quand il ne fait rien. Enfin, ô comble du mépris ! quand un homme qui n'a jamais écrit une ligne de sa vie est riche, ou vieux, ou fatigué, ou puissant, ou qu'il s'ennuie, ou qu'il meurt de faim, — il se met à écrire des romans, des comédies, des mémoires, des articles, des poëmes, comme si c'était chose que gens comme lui savent faire de naissance, mais toujours sous un nom supposé, afin de maintenir le nom de ses pères, sénéchaux ou quincailliers, en dehors et au-dessus des gens de lettres de profession.

Il en a toujours été ainsi. Ai-je besoin de rappeler comment le marquis de je ne sais plus quoi traitait Molière en pleine rue, à propos du : *tarte à la crème* que vous savez, et de quelle aimable façon le chevalier de Rohan, quelque peu usurier d'ailleurs, faisait bâtonner Voltaire, qui s'était permis de ne pas être de son avis dans une discussion (quelle insolence !), sans que le duc de Sully, chez qui la discussion avait eu lieu, osât prendre fait et cause contre un homme de sa caste pour un grimaud d'escrivailleur ? Il est bien venu, depuis lors, à l'idée, justement de quelques hommes de lettres, et cette aventure y a peut-être contribué, d'écrire l'Encyclopédie, qui a préparé la Révolution de laquelle sont sorties une égalité et une légalité relatives qui permettent à tout le monde d'avoir une canne, et au premier venu, si M. de Rohan se sert de la sienne contre lui, d'en user de même avec M. de Rohan, malgré sa devise : *Roi ne puis, prince ne daigne, Rohan suis;* mais cette égalité n'est que dans les lois, elle n'a pas encore pénétré dans les mœurs. Chose curieuse, nous y avons même perdu la solidarité avec le bourgeois, qui, lorsque les mésaventures citées plus haut nous échéaient, prenait parti pour nous, platoniquement, il est vrai, mais enfin prenait parti, hommes de lettres et bourgeois étant tous alors de même farine. Aujourd'hui, bourgeois et grands seigneurs ont communié sous les espèces du mariage, de l'industrie, de l'argent; le noble a épousé la roturière pour se refaire un patrimoine; le roturier a pris un nom en *de*, et quelquefois un titre pour avoir l'air d'un noble; le blason et l'enseigne se sont accolés ou écartelés; et de ces accouplements imprévus est née notre nouvelle société française, si étrangement *mixturée* que le bon Dieu lui-même ne s'y reconnaîtrait plus, s'il s'en occupait encore, et qui, encore bien que divisée sur quelques points, est, du moins, d'accord sur celui-ci : que la profession d'homme de lettres est décidément la dernière des professions.

Aussi les hommes de lettres les plus célèbres

de notre temps, connaissant cette vérité aussi bien que moi, n'ont-ils pas voulu rester seulement hommes de lettres, et ont-ils essayé d'être autre chose pour arriver enfin à conquérir l'estime de leurs concitoyens. C'est pour cela qu'il ne suffisait pas à Chateaubriand, né noble, et qui avait dérogé en prenant la plume, d'avoir écrit *Atala, Réné, les Martyrs* et *le Génie du Christianisme ;* il voulait être ambassadeur et ministre, soutien du trône et de l'autel. C'est pour cela que Lamartine, né noble, laissait là les *Méditations* et les *Harmonies*, dont il rougissait presque, pour en arriver au *Trop tard* du 24 février et au manifeste du 7 mars. C'est pour cela que Victor Hugo, né noble, a déserté les victoires du théâtre, du roman, de la poésie, pour la pairie, la députation et la popularité, cette immortalité au jour le jour. On s'est figuré que ces grands hommes affirmaient ainsi l'égalité moderne qui permettait enfin à toutes les intelligences l'accès des plus hauts emplois, ou qu'ils faisaient acte d'orgueil et se croyaient propres à tout, parce qu'ils étaient hommes de lettres. On s'est trompé ; ils faisaient acte d'humilité. Ils demandaient pardon d'avoir écrit, et ils essayaient de reprendre rang dans les hiérarchies reconnues et consacrées, si bien que, l'heure de la chute ayant sonné, chacun s'écriait :

« Aussi pourquoi avoir eu confiance en des
» hommes de lettres? Ces gens-là ne sont pas
» sérieux! » Quant à ceux qui se contentaient
de l'amour de la Muse, personne ne les regardait, sauf quelques naïfs, quelques enthousiastes,
quelques nerveux, quelques collégiens et quelques femmes. L'auteur d'*Eugénie Grandet* se
présentait vainement deux fois à l'Académie.
L'auteur des *Mousquetaires* n'en avait même
pas l'audace! A l'enterrement de de Musset,
bien qu'il fût académicien, nous étions soixante
personnes dans l'église ; combien étions-nous
au cimetière ? Trente-trois. Enfin, le Conseil
municipal de Rouen vient de refuser le don
d'une fontaine, monument d'utilité publique,
que quelques amis de Bouilhet voulaient élever
dans la ville, à leurs frais, à la condition que
le buste du poëte couronnerait cette fontaine.
Malheureusement, ce n'était qu'un poëte! Boules
noires, et refus du Conseil.

Or, Monsieur, dans la classe *hommes de lettres*
il y a un compartiment, dont je fais partie,
qui est encore plus méprisé que tous les autres;
c'est celui des auteurs dramatiques. La preuve?
C'est que les auteurs dramatiques sont, avec les
comédiens et les chiens, les seuls êtres que les
autres hommes se sont arrogé le droit de siffler;
seulement, quand on siffle les chiens, c'est pour

qu'ils viennent; quand on siffle les autres, c'est pour qu'ils s'en aillent.

Eh bien! Monsieur, comment voulez-vous que moi, l'auteur de la *Dame aux Camélias*, du *Demi-Monde*, de la *Visite de noces*, de la *Princesse Georges* et autres immoralités de la même espèce, comment voulez-vous que moi, que le premier passant venu peut siffler le soir, pour le prix d'une contremarque, comment voulez-vous que j'ose me mêler publiquement et continûment des affaires de mon pays? Bon pour une fois, l'été, par hasard et par surprise, n'est-ce pas, Monsieur Ponroy? n'est-ce pas, mon cher Sarcey? n'est-ce pas, honorable journal anglais, qui me renvoyez à mes cocottes? Un homme de lettres qui aime son pays, un auteur dramatique qui sait quelque chose, qui prévoit, qui instruit, qui éclaire! Le théâtre qui se fait Temple! Le tréteau qui se fait Tribune! Guignol homme d'État! Allons donc! Je n'y reviendrai plus, Messieurs, soyez tranquilles. Je saurai me tenir à ma place, et je me rappellerai la distance qui me sépare des gens qui ont le droit de traiter ces choses-là et qui les traitent si bien, d'ailleurs.

Ah! mon gentil pays de France, comme tu serais amusant, si cela ne te coûtait pas quelquefois si cher de l'avoir été trop; et comme il faudrait te planter là, ainsi qu'a fait *mon confrère, ancien officier français, actuellement au service de la Prusse*, si l'on ne voyait que la surface des choses! Heureusement, tout le monde n'a pas le cœur qui bat à droite, de l'autre côté du Rhin, comme ce monsieur; et ceux qui, comme moi, continuent à t'aimer malgré tes folies, tes contradictions, tes ingratitudes, tes défaillances et tes malheurs, ceux-là savent pourquoi ils t'aiment, et ils t'aimeront toujours. Tu peux les ignorer, tu peux les méconnaître, tu peux les mépriser même; tu ne les décourageras pas. Ton grand mérite, à leurs yeux, ta grande valeur, ta seule valeur en ce moment, c'est de contenir, de renouveler et d'entretenir toujours, quoi qu'il arrive, un petit groupe d'hommes, bien issus de ton sol, bien pétris de ton limon, et dont le monde ne peut se passer. Dieu, par privilége, a chargé ces enfants de cette terre de choix, de juger, de peser, de deviner quand il le faut, et de conduire l'humanité où il est dit qu'elle ira. Ce sont ces hommes que toutes les invasions que nous avons subies, anglaises, russes, allemandes, sont venues exterminer ou conquérir, sans y réussir jamais. Ils reviennent de la captivité, ils reviennent de l'exil, ils reviennent de la mort; ils ont le mot d'ordre de l'éternité. C'est eux qui sont chargés, chaque fois que l'esprit du néant l'interrompt, de renouer notre tradition supérieure et de nous remettre dans notre mouvement providentiel et dans notre route lumineuse.

Partout où l'on parle aux hommes assemblés, que ce soit du haut de la chaire, de la tribune ou de la scène, il y a un de ces hommes qui écoute, qui recueille, qui emporte, qui choisit et qui sème. Nous qui croyons à quelque chose, nous pensons à ces hommes quand nous sommes à l'œuvre; et lorsque l'un d'eux nous fait signe que cela est bon, cela est et reste bon, quoi que disent les autres. Ces hommes naissent sur toute la terre, n'importe où; mais dès qu'ils se sentent pénétrés de cet esprit particulier, ils se sentent Français, et ils viennent droit à la France, leur patrie terrestre, ou leur pays d'adoption. Ces hommes ne sont ni roi, ni noble, ni bourgeois, ni peuple. Ils portent indistinctement le manteau de pourpre ou la blouse de toile; il en est peut-être, parmi eux, qui ne savent pas lire; ils n'appartiennent ni à une école particulière, ni à une église étroite, ni à une philosophie d'exception; ils sont dans la Loi intégrale, ils sont la communion de l'intelligence humaine, ils sont le Bon sens et la Conscience de la Terre. Dieu a voulu que la France fût le berceau ou le rendez-vous de ces hommes; tant qu'il y en aura un, il y aura une France; et il y en aura toujours un.

Par conséquent, grimacez, criez, insultez, détruisez, brûlez, pillez, assassinez, blasphémez, niez ; nous ne périrons pas. Le flambeau des vérités absolues et qui doivent un jour éclairer le monde moral a été placé entre les mains de ces hommes qui se le passent de génération en génération, sans qu'aucun vent d'en haut, sans qu'aucun souffle d'en bas puisse l'éteindre. Quand les esprits sont tout à coup replongés dans la nuit, comme à cette heure, c'est que ces hommes revoilent, sciemment, cette lumière dont ils ne nous jugent pas dignes, sachant qu'il y a des moments où des peuples entiers ne veulent ni voir ni entendre, malgré leurs yeux et leurs oreilles. Alors, pendant ce temps d'éclipses et de ténèbres, ces hommes visitent les profondeurs, et, là, dans le recueillement et le silence, ils élaborent l'avenir selon les volontés de Dieu que seuls ils connaissent. Soyez tranquilles ; celui que vous appelez viendra, par où vous ne l'attendez point, comme toujours, et il viendra muni de toutes les forces que vous perdez, et il vous imposera une de ces vérités que l'humanité doit savoir, car les vérités longtemps et inutilement communiquées par la parole s'imposent tout à coup par la force ; les hommes ne les comprennent pas autrement. Quand le moment est arrivé où ils doivent en connaître une, un des membres du groupe élu se détache sous forme de religieux, de politique ou de soldat ; les autres lèvent le flambeau pour éclairer la route, et celui qui a été choisi marche tout droit, devant lui, en disant : « Il faut que ce que je sais, que ce que je sens, que ce je veux, soit ! » et cela est. Le pas que l'humanité avait à faire est fait. Cet homme disparaît à son tour, mais jamais avant d'avoir accompli son œuvre ; les ténèbres recommencent pour quelque temps, sur un hémisphère, car il n'y a jamais nuit partout en même temps, dans le monde moral, pas plus que dans le monde physique. Cet homme a toujours un héraut qui l'annonce, un Précurseur qui prépare. Or, le Précurseur étant là, bien visible, l'Élu est en marche.

Mais, si nous admettons ce droit providentiel du génie, ne nous trompons pas cependant aux signes dont il est revêtu. Être cet homme particulier, c'est être à la fois dans la Conscience, dans l'Action et dans l'Opportunité, pour imposer à ce qui n'est que du moment ce qu'on sait être éternel. Les peuples doivent donc être bien en surveillance et ne pas commettre d'erreurs ; car, ce principe du droit du génie une fois consacré, nombre d'hommes de valeur secondaire ou apparente, sans compter les aventuriers ou les intrigants, s'y croient appelés, surtout quand les milieux s'abaissent, et prenant l'ambition pour la conscience, l'agitation pour l'action, l'occasion pour l'opportunité, ils jettent un peuple distrait, impatient, trompé par des images et des mots, dans tous les écarts, dans tous les aléas de leur ignorance et de leur orgueil. Nous les avons vus à l'œuvre, ces faux grands hommes ; nous savons ce qu'ils valent et ce qu'ils coûtent. Leurs signes fatals, à ceux-là, sont l'incontinence et l'insolence du discours. Ils ne savent pas, ils ne peuvent pas se taire. Tous les vauriens, tous les misérables, tous les malheureux, tous les fous qu'il a fallu tuer ou déporter pour leur reprendre Paris, avaient tous commencé par des phrases dans les clubs, à la tribune, dans les journaux, dans les banquets, dans les casernes, dans les cimetières. Pour débiter leurs dangereuses inepties, pour se jucher au-dessus des autres, tout leur était bon : la table de la taverne, le banc de la Cour d'assises, la borne de la rue, le comptoir du marchand de vin, le cadavre de leurs amis. Ils ont réussi ; ils devaient réussir ; prenez garde, ils réussiraient encore par les mêmes moyens. Ce qui est effrayant, c'est qu'il en est, parmi eux, qui sont de très-bonne foi. Il y en a d'honnêtes et de sincères. Ce sont les plus rares et les plus dangereux, parce que la sincérité trouve toujours de l'écho. Ceux qui ne veulent que tromper les autres se trahissent assez vite ; ceux qui s'abusent eux-mêmes sont plus longtemps redoutables. Ils ont les éloquences entraînantes que donne la conviction, même lorsqu'elle s'égare.

Or ce type dernier a son incarnation ultime, à cette heure, dans un homme, qui réunit et mêle si bien en lui l'erreur et la bonne foi, qu'autant il est dans le faux pour les uns, autant il est dans le vrai pour les autres. Quant à lui, il se croit, dans son genre, l'Élu dès longtemps promis et préparé dont nous parlions plus haut.

Disons-le sans crainte, sans haine, sans ironie, en observateur et en physiologiste : il se trompe.

Il n'est marqué d'aucun des signes auxquels on reconnaît le Chef : il est frappé de ceux auxquels on reconnaît l'éternel révolté, et, par conséquent, l'éternel vaincu. La nature entière est coupée pour lui, du haut en bas, en deux parties égales : partie de rayons, partie d'ombre. Il y a une moitié des choses et de lui-même où il ne voit rien. C'est de sa propre main, au dire de la Fable, qu'enfant, dans un jour de révolte, il s'est violemment arraché la moitié de la lumière ; et voilà que, tout récemment, Jupiter (il ne faut admettre avec lui que les divinités païennes), Jupiter l'a précipité dans le Tartare, pour le punir de s'être permis de lancer la foudre, qu'il n'avait que reçu l'ordre de forger.

Au bout d'un an, dit Platon, ceux qui ont été précipités dans le Tartare peuvent en sortir, si leurs victimes leur pardonnent. On a pardonné, momentanément, à cet homme, et il est rentré dans sa grotte, dont il croit que le foyer rouge suffit pour éclairer l'univers. Son soufflet y fait grand bruit, mais ce n'est que du bruit ; et ce demi-voyant ou ce demi-aveugle est dévolu à l'impuissance finale, comme tous ceux qui se limitent à la terre. Il n'est pas une action, il n'est qu'un mouvement ; il ne représente pas même une opinion, il ne représente qu'un âge ; il n'entraîne, et toujours en rond, que ceux qui ont besoin d'être entraînés, parce qu'ils sont jeunes, turbulents et sans direction propre. Bref, il ne fait appel qu'à des instincts, il ne rallie pas une âme, et il se retrouve toujours au point de départ. Il passera sa vie à recommencer. Il s'est enfermé dans la petite boîte noire de l'athéisme ; il y donne de grands coups de tête, croyant crever le ciel ; il n'arrive qu'à faire sauter le couvercle, comme un joujou enragé. Il n'en sortira jamais ; il a les pieds pris dans ce qui est mort. Pour ne pas se soumettre à un principe, il s'est rivé à un système. Il est à secousses et immobile ; il est effrayant et vide ; il est diabolique et bon enfant. Quelle contradiction ! Il prétend à être le maître de ceux qui n'en veulent plus avoir; il se croit le Dieu de ceux qui n'en ont pas. Rien à craindre, et, ce qui est plus triste encore, rien à espérer de cet homme. Il est purement verbal. Il mourra d'un éclair de vérité comme son aïeul, le cyclope Brontès, d'une flèche d'Apollon.

En attendant, il se fatigue et s'épuise en courses et en discours. Il parle aux quatre coins de l'horizon. Il laboure les nuages et il ensemence le vent. Et c'est justice. Est-ce avec des phrases que l'on peut convaincre, discipliner et mener au but les foules dispersées, inquiètes, défiantes, apathiques, hostiles, tiraillées de toutes parts, tant de fois coupables, mais tant de fois victimes? On peut perdre un empire avec des mots; ce n'est pas avec des mots que l'on sauve une nation et que l'on reconstitue une patrie! Car il n'y a plus de vérités nouvelles à révéler. Toutes les vérités ont été dites et répétées des millions de fois; il n'y a plus qu'à les connaître et à les appliquer.

A chaque crise nouvelle, il semble que tout soit remis en question, et la remise en ordre se refait toujours au nom des vérités connues et éternelles, momentanément oubliées. L'ordre moral est régi par des lois aussi immuables que l'ordre physique; le soleil s'y lève à l'est et s'y couche à l'ouest; et, seuls, les insensés peuvent croire que le brouillard qui le voile de temps en temps l'a éteint pour jamais. C'est ce qui cause un si grand étonnement aux révolutionnaires naïfs, ignorants et superficiels. Ils arrivent à produire un ébranlement, un bouleversement, une révolution ; les hommes se ruent les uns sur les autres ; les castes et les traditions se choquent et se déchirent ; on abolit le ciel, on biffe Dieu, on supprime l'âme, on efface toutes les lois : ce que l'on adorait la veille est déclaré mensonge ; ce à quoi l'on n'avait jamais pensé est proclamé d'évidence antérieure ; le juste et l'injuste changent de pôles ; tout va être nouveau ! Enfin ! — Et quelques années, quelques mois, quelques jours après, ces grands réformateurs s'aperçoivent que c'est exactement la même chose qu'autrefois.

C'est que si des milliers d'hommes peuvent périr pour une erreur, l'Homme continue toujours pour la vérité. Il a changé de vêtement, d'idiome, de lieu ; il a gardé ses instincts, ses passions, ses amours, son idéal, le sens de son état vivant, le sentiment de sa fin suprême. Il lui faut sa nourriture, son travail, son toit, sa compagne, son enfant, son Dieu ! Quiconque veut lui ravir une de ces conditions de son existence et de sa durée, il l'extermine tôt ou tard, et il fait alliance avec l'homme du Destin, qui, s'appuyant sur une tradition, sur un fait accompli, sur un pouvoir reconnu, acquis ou conquis, légué ou délégué, force les foules à l'écouter, à le croire, à le suivre, bon gré, mal gré, en attendant qu'elles comprennent, ce qui n'est pas absolument nécessaire, et ce qui n'arrive quelquefois que longtemps après. C'est pendant ces périodes-là que les peuples accomplissent leurs grandes choses, et qu'ils se fixent de plus en plus dans une de ces vérités dont ce sauveur était le dépositaire et l'agent. Bref, l'homme étant perpétuellement en quête du bonheur, il se laisse quelquefois égarer par les gens qui le lui promettent, mais il retourne finalement aux choses qui le lui ont toujours donné. C'est pour cela que les petits ambitieux, les petits utopistes et les grands imbéciles, qui veulent, tout à coup, que le soleil se lève dorénavant à l'ouest et se couche à l'est, appellent aveugle, lâche, esclave, arriéré, l'homme qui cherche la lumière du côté où il est habitué à la voir, et qui s'obstine à vivre et à durer selon la nature et la destinée de l'homme éternel. Que les insurgés de la matière, que les révoltés de l'orgueil le sachent bien : ils seront convertis ou foudroyés.

Ne me demandez donc pas de prendre la parole, monsieur; je n'ai rien à dire qui ne soit vieux comme la terre. Car il y a trois vérités qui se partagent le monde, n'est-ce pas : les vérités scientifiques, les vérités politiques et les vérités morales ?

Les vérités scientifiques sont de recherche, de constatation et de controverse perpétuelles ; et s'il en est beaucoup d'acquises définitivement, il en reste encore plus à acquérir.

Les vérités politiques sont de topographie et de circonstance, et, soumises aux événements et aux individus, elles peuvent encore être ou modifiées ou détruites par le progrès des deux autres. Seules, les vérités morales sont à tout jamais fixées et définies ; elles sont de révélation intérieure et de conscience intime. Elles peuvent être ignorées, dissimulées, insultées, elles sont absolues. Le bien est le bien, le mal est le mal, sans discussions, sans modifications possibles.

Eh bien ! monsieur, il se trouve que les vérités morales sont justement de notre domaine à nous hommes de lettres, et particulièrement à nous auteurs dramatiques, si méprisés, si méprisables que nous soyons. Lorsque M. de Lamoignon, qui ne voulait pas laisser représenter *Tartufe*, disait à Molière que le théâtre ne devait pas empiéter sur les droits de l'Église et qu'il n'y avait pas lieu d'y faire de la morale aux hommes, il disait tout simplement une sottise. Mais cette sottise, il la disait en vertu de cette convention sociale, acceptée de tout temps, même du nôtre, que certaines qualités n'appartiennent qu'à certaines fonctions. Or, s'il est un lieu où l'on puisse proclamer les vérités morales les plus hautes, et mettre en plus-value les sentiments les plus élevés de l'âme humaine, c'est le théâtre. Le triomphe du mal nous y est absolument interdit, malgré le reproche d'immoralité que l'on nous fait toujours; et celui de nous qui voudrait glorifier l'acte de M. de Lamoignon lui-même, faisant couper la tête injustement à Balthazar de Fargues et héritant de lui ensuite, y serait honteusement et justement conspué. Nous nous occupons là (qui le croirait!), quand nous avons le respect de notre art, la conscience de notre droit et le sentiment de notre force, nous nous occupons là des intérêts les plus sacrés et les plus graves de l'homme. Nous pouvons le rendre meilleur, puisque nous pouvons le faire rire et pleurer; nous faisons acte de moralistes, puisque nous le faisons réfléchir; nous faisons fonction de religieux, puisque nous le confessons devant tout le monde. Nous avons donc toujours action sur son esprit, très-souvent sur son cœur, quelquefois sur son âme. Si l'Église a ses pères, si la politique et la science ont leurs maîtres, nous avons nos aïeux, nous relevons d'une tradition aussi, et Eschyle, Sophocle, Euripide, Térence, Shakespeare, Corneille, Racine, Molière, Gœthe, Schiller et Beaumarchais, sont gens qui comptent dans l'hitoire de la civilisation, bien qu'on ait toujours le droit de les siffler, et quoi qu'en pensât M. le premier président.

Alors, et franchement, puisque nous sommes dans l'absolu, pourquoi nous dédoublerions-nous dans le relatif, et comment voulez-vous que nous, qui avons reçu mission de dire la vérité aux hommes, nous nous aventurions dans la politique, où l'on ne peut que bien rarement la dire, et presque toujours pour tromper quelqu'un. C'est ce qui explique pourquoi la politique ne nous enlève jamais que les derniers d'entre nous. Ils n'étaient chez nous que des médiocres, ils deviennent, sur l'autre scène, des scélérats; ce qui, sur les planches, n'était que banal, ennuyeux ou ridicule, les platitudes, les exagérations, les invraisemblances, les impossibilités qui, dans la fiction théâtrale, ne blessaient que l'esthétique, le bon goût et le bon sens, prennent, dans la politique, un caractère sinistre et véritablement terrible.

C'est que les plans sont complétement changés. Au théâtre, c'est à travers une fiction que l'on joue sur les réalités de la vie; dans la politique, on joue sur les réalités mêmes; et si l'on se trompe, si l'on aboutit, au contraire, à leur substituer la fiction, le danger est immense. Ici le poignard ne rentre pas dans le manche, le sang n'est pas une vessie de couleur que l'acteur crève lui-même quand il reçoit le coup, et qu'un peu de savon efface ; on ne raccroche pas, après le dénoûment, son caractère et son costume aux patères de sa loge. Le rideau ne baisse jamais ; le personnage qu'on a dit être, il faut l'être toute sa vie ; la théorie une fois émise reste à tout jamais adhérente et collée à l'acteur, et chaque fois qu'il veut s'en arracher un morceau, il se déchire ou se déshonore. L'homme qu'on a tué est bien mort, et lorsque Macbeth a fait assassiner Banco, Charles Ier ou Louis XVI, maréchal Ney ou duc d'Enghien, Chénier ou Darboy, Banco reparaît bien réellement, sa blessure éternellement ouverte et criant éternellement vengeance.

Voilà ce qu'oublient les dramaturges qui sortent de nos rangs pour passer dans ceux des hommes politiques. Ils transportent sur la place publique, à la tribune, dans le journal, les procédés et les usages du théâtre de convention auquel ils appartenaient : la déclamation, la boursouflure, l'hyperbole, la tirade, les grands gestes, les grands cris, la fin d'acte à surprise, le dénoûment à sensation, l'effet quand même. Ils ont soif du gros applaudissement, et voyez !

c'est toujours au parterre qu'ils s'adressent, parce que c'est en bas qu'est l'ignorance et la claque. Ne cherchez pas autre part la cause des horreurs commises par *mes confrères* d'autrefois et d'aujourd'hui, devenus hommes politiques. Ils font *toujours du théâtre*, et ils s'adressent à la scène où il y a le plus de chance de succès immédiat et facile. C'est ainsi que les Collot d'Herbois siégent au Comité de salut public, et les Félix Pyat à la Commune.

Les massacres de septembre, la guillotine de la place de la Révolution, le 21 janvier, les têtes au bout des piques, ne sont pour eux qu'un mouvement de masses, avec mise en scène et cortége; l'appel au régicide, le pillage des maisons, le massacre des otages : coup de théâtre, final de quatrième acte ! Le renversement de la colonne, l'incendie de l'Hôtel de ville et des Tuileries : décors, feu de Bengale, apothéose ! applaudissements frénétiques du populaire. De théorie, de prévision, de cruauté même, pas trace. La soif de l'acclamation poussée logiquement, fatalement, scéniquement jusqu'au crime; voilà tout. Tant pis pour ceux qui croient faire des valeurs de tribune avec des non-valeurs de théâtre ! Non-seulement ne nous appelez pas dans la politique, monsieur, mais défiez-vous de nous quand vous nous y voyez venir. Lorsqu'un de nous a véritablement le sens de la politique, savez-vous ce qu'il fait? Il reste dans le théâtre, sachant bien que c'est là où il peut le mieux le prouver; et, le jour où il veut faire sa révolution, il la fait dans un chef-d'œuvre : *Tartufe* ou le *Mariage de Figaro*.

Ne me demandez donc pas de parler, monsieur. Je n'ai pas de temps à perdre si je veux être Molière, et je n'ai aucune envie d'être M. Pyat. D'ailleurs, je le répète, tout ce qui devait être dit a été dit; que ceux qui l'ont oublié le relisent, que ceux qui ne savent pas lire apprennent. Parler de temps en temps, de façon solennelle, me poser en prophète! Qui me croirait? Et puis de quel droit? A quel titre? Sous quelles Écritures? Non; faisons tous, le mieux que nous pouvons, ce que nous savons faire, et taisons-nous. Du moment qu'un diplomate hautain a jeté insolemment à la face du monde moderne ce redoutable blasphème : *la force prime le droit*, on peut se tenir pour averti, d'une façon brutale, mais péremptoire. La quiétude illusoire du *mot* finit ; l'action a commencé en pleine angoisse de réalité; rien ne l'arrêtera plus. La seule vraie politique, en ce moment, c'est le silence. L'Europe ne recommencera à nous craindre que lorsque nous recommencerons à nous taire.

Tenez! demandez à ceux pour qui l'on parle et pour qui nous parlerions, pourquoi ils ne parlent pas. Ils auront l'air de ne pas entendre, pour ne pas même avoir à vous dire qu'ils ne veulent pas parler.

Napoléon III se tait; le comte de Chambord se tait; le duc d'Aumale se tait; le comte de Paris se tait; M. Thiers se tait, au fond, sinon en apparence, en couvrant de beaucoup de mots locaux, *à l'usage externe*, le mot central, qu'il ne veut pas, qu'il ne doit pas dire.

Tous ces hommes-là se laissent accuser d'indifférence ou d'incapacité plutôt que de courir la chance d'être emportés dans le mot qu'ils diraient.

Car ce ne sera pas, désormais, affaire d'avocat de mener le gouvernement de la France; et Dieu imposera une rude besogne à celui qui, le moment venu, se déclarera prêt à se charger de nous. Il y aura là de quoi faire hésiter les plus convaincus, de quoi faire trembler les plus braves. Nous ne sommes pas seulement étreints entre deux revanches, celle que nous avons à prendre sur l'ennemi du dehors, celle que cherche à prendre sur nous l'ennemi du dedans; les deux éternels adversaires, ceux qui se mesurent, depuis le commencement du monde, sont en lutte acharnée et dernière.

Qui l'emportera de l'Instinct ou de l'Idéal, de la Matière ou de l'Esprit, du Mal ou du Bien, de ce qui a toujours essayé d'être ou de ce qui doit être toujours? L'Idéal, l'Esprit, le Bien, ce qui doit être, triomphera certainement, mais au prix du plus gros effort qu'une civilisation ait jamais fait. Il faudra aller chercher et ouvrir l'abcès jusque dans les entrailles du patient, avec risques de mort et de malédiction pour celui qui l'ouvrira.

Donc, que nul ne se mêle de conduire les hommes et n'étende la main vers le pouvoir, s'il ne sait bien ce qu'il fait, s'il n'a passé quarante jours sur le Sinaï, s'il n'en a rapporté la parole de Jéhovah, s'il n'est résolu à exterminer toute une race, et à immoler au Dieu de justice et de vérité la plus grande hécatombe humaine qui aura ensanglanté la terre. Que Romulus reste avec ses troupeaux sur le mont Aventin, s'il n'est prêt à tuer même son frère sur la place où il s'est dit que Rome doit être. C'est avec son sang, à soi, qu'on fonde les religions, c'est avec le sang des autres qu'on fonde les empires. C'est pour cela, sans doute, que les religions durent et que les empires passent.

Aujourd'hui il faut être, avec prudence et fermeté, d'observation et de réserve. C'est dans la vérité de conscience et par l'implacable exécution que se renouvellera le monde. *Tace, ora et labora :* silence, prière et travail, disait une maxime de la sagesse antique. Pour ma part, je m'en tiens là. Inutile de conseiller Dieu ; il sait ce qu'il a à dire ; et c'est lui qui va parler.

21 janvier 1872.

DISCOURS FUNÈBRES

AUBER

Messieurs,

C'est bien au nom de la Société des auteurs et Compositeurs dramatiques français que je prends la parole sur la tombe d'Auber. Puisque nous sommes dans un temps où les politiques et les convoitises revendiquent au nom d'une nature, d'une histoire et d'une justice de convention et s'approprient ensuite par la force les territoires de leurs voisins, c'est bien le moins que nous déterminions nos possessions nationales, inviolables, éternelles dans ce monde des arts que le génie seul peut occuper et étendre, qu'aucune combinaison ne peut conquérir. L'homme illustre que nous accompagnons aujourd'hui à sa nouvelle demeure est français, absolument et éternellement français! Il fait partie de nos gloires invincibles. Les autres pays, y compris ceux qui nous haïssent, pourront se partager et savourer ses fruits, les racines de l'arbre tiennent à notre sol; c'est sur notre ciel que se dessinent ses branches nerveuses, élégantes et fécondes, et ses premières fleurs et ses premiers parfums auront toujours été à nous et pour nous.

Personne n'a été plus heureux et plus fier qu'Auber d'appartenir à notre nation si diversement traitée, si unanimement imitée et enviée par les autres. Il poussait si loin l'amour de sa nationalité qu'il ne sortait jamais, non-seulement du pays, mais de la ville qui l'avait vu grandir, ville qu'il a si largement contribué à maintenir à la tête du monde intelligent. On aurait dit qu'il craignait, en dépassant nos frontières, de laisser altérer en lui par des courants nouveaux ce génie français si subtil, si délicat, si varié, et cependant toujours si clair et si précis dont il était une des expressions les plus retentissantes!

Deux siéges sans exemple dans le passé, car il semble que notre singulier pays soit appelé à donner toujours à l'univers les spectacles les plus inattendus et les plus opposés, deux siéges successifs, l'un pendant lequel Paris demandait l'extermination, l'autre pendant lequel il souhaitait le triomphe de l'assiégeant, deux siéges n'avaient pu décider ce Parisien, malgré ses quatre-vingt-dix ans, à quitter la capitale de son cœur et de son esprit. Il n'y a eu, dans cette résolution, ni l'apathie de la vieillesse, ni l'indifférence du bien-être, ni infirmité physique, ni nécessité matérielle ; il y a eu purement et simplement cet *amour sacré de la patrie* auquel Auber avait dû sa plus puissante inspiration, et auquel il payait loyalement sa dette. Mais, hélas ! les forces de l'homme ont leurs limites et l'âme humaine a ses réserves. Tant que l'ennemi a été l'étranger, Auber a vécu, a résisté, a espéré ; quand l'ennemi a été le compatriote, le frère de la veille, le Français, le Parisien, Auber n'a plus voulu voir, il n'a plus voulu espérer, il n'a plus osé vivre. Comme le grand Romain, il s'est voilé le visage et il s'est couché en disant :

— Toi aussi, mon fils !...

Eh bien ! messieurs, malgré les effroyables malheurs qui nous ont frappés depuis un an, car il y a juste un an à cette heure même où je vous parle, que la France déclarait la guerre à la Prusse, malgré les cris qui retentissent encore à nos oreilles, malgré les plaies qui saignent de tous côtés, malgré les deuils qui nous entourent, malgré le lieu où nous sommes, malgré cette fosse ouverte à nos pieds, il m'est impossible de fixer longtemps ma pensée sur la mort, et c'est ce mort lui-même qui me ramène à l'espérance et à la vie.

Il sait bien qu'on peut ne pas vieillir, lui qui a été jeune pendant près de cent ans ; il sait bien maintenant qu'on peut ne pas mourir, lui pour qui la mort n'est qu'un avénement définitif à l'immortalité.

Quel plus puissant argument en faveur de la renaissance éternelle de la vie que la vie toujours renaissante d'Auber ! Il était tellement, par sa personne, par son caractère, par son talent, la preuve même de la vie, que nous n'avons qu'à regarder devant nous pour le revoir passer souriant, alerte et gai, de cette gaieté délicate et noble qui est non-seulement un éclair de l'esprit, mais un rayonnement de l'âme.

Fortune rare et la plus enviable de toutes ! ce créateur s'est servi du temps sans le subir et il n'a cessé d'habiter parmi les hommes que pour prendre rang à tout jamais dans leur mémoire. Car il n'est pas un de nous qui, en redescendant ses souvenirs les plus lointains, ne puisse bercer chacun de ses souvenirs dans une mélodie de cet heureux inspiré. Sa verve intarissable court, depuis un demi-siècle, à travers nos existences, comme un ruisseau sorti d'une source naturelle, à la fois miroir et rosée, fraîcheur et chanson. Que de tristesses il a emportées dans son murmure, que de sourires il a reflétés, que de confidences il a reçues, que de larmes douces il a mêlées à ses eaux rapides dont rien ne pouvait troubler la transparence! Combien de fois cet enchanteur nous a fait remettre au lendemain les soucis du jour; et, le lendemain venu, il les avait fait oublier!

Béni soit cet art sensible, complaisant et câlin, qui, au lieu de s'imposer violemment à notre pensée, se plie à l'état momentané de notre être intérieur, nous enveloppe, nous caresse, nous entraîne et nous sépare peu à peu des soucis et des angoisses de la réalité. Gloire et reconnaissance au maître charmant, sans devanciers comparables à lui, sans rivaux contemporains, sans héritiers jusqu'à cette heure dans le genre qu'il a incarné, créé pour ainsi dire, fixé certainement, qui a ému, égayé, ravi, consolé toute une génération disparue, toute une génération vivante et qui garde les mêmes émotions, les mêmes joies, les mêmes ravissements pour les générations qui vont naître et à qui nous souhaitons de n'avoir pas besoin d'être consolées.

Nous voici bien loin de la mort, comme je le

prévoyais. Nous n'y reviendrons plus. Ici, la mort est vaincue, messieurs. Les anciens disaient, en parlant d'elle : « Elle n'est pas, je suis ; elle est, je ne suis plus. »

C'était une formule poétique, mais c'était une erreur païenne. La mort n'est jamais quand on ne veut pas qu'elle soit. L'homme a le moyen infaillible de la vaincre : c'est d'être continu dans son travail et permanent dans sa conscience. C'est ainsi qu'Auber a vaincu la mort et qu'il l'a réduite aujourd'hui à crier son nom au-dessus du temps et de l'espace. Auber a été travailleur et conscient. Le travail a été son culte, sa religion, sa foi. Il lui a tout sacrifié. Il a imposé silence à ses instincts, il a rhythmé les battements de son cœur, il a coupé les ailes à sa fantaisie, il a discipliné son corps, il a mis toutes ses forces vives au service de sa pensée, il n'a permis à aucune des tentations les plus séduisantes pour l'homme d'avoir une prise durable sur lui. Il s'est équilibré physiquement, intellectuellement, moralement, n'accordant aux exigences du corps que juste ce qu'il fallait pour maintenir le cerveau en vigueur et en harmonie. Son génie n'était pas seulement fait d'inspiration divine, comme le croient ceux qui attendent toujours l'inspiration au lieu d'aller au-devant d'elle ; il était fait aussi de volonté, de persévérance et de travail quotidien.

Aussi quelle verdeur perpétuelle, sans affectation, sans défaillance, sans ruse, joignant avec un bonheur infini et quelquefois incompréhensible toutes les grâces de la jeunesse, toutes les énergies de l'âge mûr à la gravité sereine et régulière des longues années bien remplies — si bien que nous n'avons jamais eu à traiter Auber en vieillard, jamais non plus en enfant. Il n'a connu ni notre indulgence ni notre ingratitude, parce qu'il a toujours eu le respect des autres et de lui-même.

Ceux qui ne jugent les hommes que d'après leurs surfaces voyaient en lui un épicurien, un indifférent. On a même prononcé parfois pour lui, comme pour Gœthe, le mot d'égoïste.

Sans épouse, sans fils ni filles, Auber semblait en effet s'être dérobé aux charges du cœur. Sont-ce donc des charges seulement? Celui qui y renonce pour se livrer uniquement à son œuvre fait-il un calcul ou un sacrifice? La vérité, messieurs, c'est qu'Auber était un grand et véritable artiste, c'est-à-dire un de ces élus dont les autres ont besoin et qui peuvent se passer des autres. C'est qu'il appartenait tout entier à cet amour supérieur qui ne se complaît que dans la création immatérielle ; c'est qu'enfin il ne voulait revivre, pour revivre éternellement, que dans la descendance qui ne peut pas périr, dans les œuvres de son esprit, et voilà pourquoi les enfants qu'il nous laisse, au lieu de pleurer et de gémir ici comme des enfants ordinaires, chantaient tout à l'heure sur sa tombe !

ALEXANDRE DUMAS

Messieurs,

Je ne veux pas me séparer de vous sans vous avoir donné quelques explications, que les amis de mon père, ses compatriotes et l'histoire ont le droit de me demander, à moi personnellement.

On a paru s'étonner qu'il s'écoulât un temps si long entre le jour de la mort de mon père et la cérémonie qui nous réunit en ce moment. En voici la raison : Mon père est mort chez moi, à Puys, le 5 décembre 1870. Il est mort sans secousse, sans douleur, sans agonie, au milieu des siens, tandis que tant d'autres tombaient sur les champs de bataille, au milieu des imprécations et loin de ceux qu'ils aimaient.

Il y a de cela dix-huit mois : le département de la Seine-Inférieure était alors envahi par l'ennemi; la guerre continuait. J'enterrai mon père aux lieux mêmes où il était mort, en attendant la fin. La paix faite, les Prussiens étaient ici, attendant leur argent.

Ramener mon père en ce moment, c'eût été leur donner l'occasion de venir, sous prétexte de s'associer à notre hommage, fouler aux pieds une autre tombe glorieuse, celle du général qui les avait autrefois combattus.

Ils partirent à la fin d'octobre. Le ciel était froid, vos bois dénudés étaient tristes et sans soleil, et je voulais que mon père ne rentrât parmi vous qu'avec la lumière. Je voulais que cette cérémonie fût moins un deuil qu'une fête, moins un ensevelissement qu'une résurrection.

Vous voyez que j'ai bien fait d'attendre, puisque le printemps lui-même s'est fait mon complice.

Mon père avait toujours désiré être enterré ici. Il y avait laissé des amitiés, des souvenirs ; et ce sont ces souvenirs et ces amitiés qui m'ont accueilli hier au soir, lorsque tant de bras dévoués se sont offerts pour suppléer les porteurs, et conduire eux-mêmes à l'église le corps de leur grand ami. J'ai compris alors pourquoi mon père tenait à reposer parmi vous.

J'ai contracté là une dette de reconnaissance que je léguerai à mes enfants, comme mon père m'a légué la sienne, reconnaissance que je ne puis prouver aujourd'hui que par l'émotion qui m'empêche de m'exprimer comme je le voudrais.

ANICET BOURGEOIS

Messieurs,

Anicet Bourgeois est mort à Pau, le 12 janvier 1871, à l'âge de soixante-deux ans. Il est mort comme on mourait cette année-là, dans un gîte de hasard, loin du foyer bien acquis, loin des amis de tous les jours; et cependant, les dernières lignes que cette main loyale et fidèle a tracées ont été pour honorer la mémoire d'un illustre ami, mort, lui aussi, quelques semaines auparavant. Ce souvenir suprême adressé à celui qui venait de tomber par l'ami qui chancelait déjà, je l'ai reçu a travers tous les bruits et toutes les émotions de la France, parce que ce qui vient de l'âme passe par-dessus tout et arrive toujours à sa destination. Je n'accomplis donc pas seulement aujourd'hui un devoir de confraternité littéraire envers Anicet Bourgeois, j'acquitte aussi une dette de reconnaissance filiale.

Anicet Bourgeois était né en 1809, et il débutait, en 1825, par un mélodrame : *Gustave ou le*

Napolitain. Cette précocité remarquable, qui rappelle celle de Calderon, avec qui Anicet Bourgeois a bien d'autres points de ressemblance, cette précocité n'était que le prélude et l'annonce d'une fécondité extraordinaire, dont les artistes et les écrivains de cette époque ont fourni de nombreux exemples. Quelques-uns de ces enfants de la Révolution et de l'Empire, que la nature, sollicitée à outrance, avait construits évidemment pour les fatigues et les luttes des champs de bataille, arrêtés tout à coup dans leur mouvement collectif par les désastres de 1815, que l'on crut longtemps les derniers et les plus grands possibles, ces hommes privilégiés, refoulés subitement sur eux-mêmes et en eux-mêmes, cherchèrent de nouvelles issues à cette surabondance de séve et à cette générosité de sang que la guerre ne pouvait plus utiliser. On vit alors la France, cette éternelle insatiable de gloire, se retourner et reprendre à la tête des nations, dans le monde de la pensée, la place que l'Europe coalisée venait de lui faire perdre dans le monde politique. L'individualité colossale, rayonnante et absorbante de l'Empereur s'étant évanouie, des individualités latentes, éteintes jusqu'alors dans cette grande lumière, surgirent et brillèrent tout à coup. L'astre impérial couché, l'ombre dans laquelle il nous laissait se remplit d'étoiles.

Quelle pléiade! En poésie, en histoire, en drame, en roman, en science, en musique, en peinture, en toutes les formes de l'art enfin, quels élans! quelles audaces! quelles découvertes magnifiques! Est-il besoin de nommer les grands ouvriers qui se mirent à l'œuvre pour rendre à leur pays, en hauteur et en durée, ce qu'il venait de perdre en étendue et en espace? Quelques-uns parmi ces hommes se reposent là, sous nos pieds; d'autres luttent toujours sans que les plus robustes et les plus ardents parmi nous puissent encore se comparer à eux. N'importe, messieurs! N'oublions pas que c'est nous, écrivains, musiciens, artistes, qui avons mission, chaque fois qu'il y a une défaite, de consoler et de faire patienter la France jusqu'à une nouvelle victoire, et qu'en 1848 et 1870, la société française a été sauvée de l'anarchie par des hommes de lettres. Il est vrai que l'un était son plus grand poëte et que l'autre est son plus grand historien.

Eh bien, Messieurs, on peut avoir la mesure des chefs de cette belle restauration littéraire et artistique, quand on voit au second rang des hommes comme celui dont une famille pieuse ramène aujourd'hui les restes parmi nous. Savez-vous ce qu'a fait Anicet Bourgeois? Il est bon de le redire, car nous sommes quelquefois aussi oublieux que nous avons été enthousiastes. Anicet Bourgeois a écrit, soit seul, soit en collaboration, trois cents pièces au moins : comédies, vaudevilles, drames, féeries, scènes militaires; et, dans ces genres si différents, il a laissé des œuvres typiques. La *Nonne sanglante* a mis le comble au terrible, *Marianne*, au pathétique, *Perrinet Leclerc*, à l'intérêt et à l'émotion. Les *Pilules du Diable* sont restées et resteront le modèle de la fantaisie et de l'ingéniosité féeriques. Que de larmes a fait répandre le *Médecin des enfants!* Que de rires a fait éclater *Passé minuit!* Remercions, même en face de la mort, ceux qui nous ont fait rire et qui nous ont déchargés, ne fût-ce que pendant une heure, des préoccupations de la vie.

Voulez-vous que je vous cite cent autres œuvres populaires : *La Bouquetière des Innocents, les Fugitifs, le Grenadier de l'île d'Elbe, Latude, Gaspard Hauser, la Dame de Saint-Tropez, Mademoiselle de la Faille, la Fille du paysan, Atar-Gull, la Dame de la Halle, le Bossu!*...

Toutes ces œuvres sont présentes à votre mémoire; nous les voyons, nous les entendons encore. Elles ont attendri, passionné, pendant quarante ans, ce fameux boulevard du Crime où l'innocence triomphait toujours, disparu aujourd'hui, et que nous retrouvons bigarré, joyeux, brillant et bourdonnant, dans les souvenirs de notre jeunesse.

Et savez-vous combien de représentations avaient ces pièces à Paris et en province?... La *Mendiante*, dix-huit cents; *Marianne*, quinze cents; les *Pilules du Diable*, dix-neuf cents; *Latude*, deux mille; *le Bossu*, deux mille cinq cents.

Et je ne compte pas l'étranger, qui vit de notre littérature dramatique. Qui osera nier l'action que le théâtre peut et doit avoir sur les sociétés modernes? Nous parlons au monde entier. Si nous ne lui apprenons pas quelque chose, nous serons bien maladroits et bien coupables.

Hâtons-nous de dire cependant qu'Anicet Bourgeois eut de nombreux collaborateurs, dont plusieurs sont présents ici; mais ces collaborateurs savent quelle part lui revenait dans le travail commun, comme il se plaisait lui-même à leur attribuer ce qui leur était dû : car il avait, qualité précieuse dans ce commerce de l'esprit à deux, où l'amour-propre est si souvent éveillé, il avait, si je puis parler ainsi, la gentilhommerie de la collaboration. Il n'absorbait pas plus pendant qu'il n'éliminait après le confrère jeune ou vieux, obscur ou célèbre, riche ou pauvre, avec lequel il avait fait une convention intellectuelle. Il parlait toujours de ce collaborateur avec autant d'amité que d'estime, et il le proclamait toujours au même niveau que lui, quelquefois au-dessus, jamais au-dessous. Et combien, parmi les débutants nommés et applaudis seuls, ont dû, le lendemain de leur succès, aller le remercier furtivement de ses conseils, de son désintéressement et de sa discrétion !

Anicet Bourgeois ne fut donc pas seulement un homme de talent, d'un très-grand talent, messieurs, dans cet art si séduisant et si difficile du théâtre ; il fut aussi un homme plein de cœur et de loyauté : disons les vrais mots, un brave, bon et honnête homme.

Je vous avoue, messieurs, que c'est encore cet éloge qui me touche le plus sur la tombe d'un mort, et je recommande bien à celui qui parlera sur la mienne de ne pas l'oublier, si je l'ai mérité jusqu'au bout, comme celui que nous accompagnons et honorons aujourd'hui.

Le talent est sujet à discussion, non-seulement avec les autres, mais avec lui-même. Que de doutes, que de défaillances, que de craintes intimes à ajouter aux attaques, aux insultes, aux injustices extérieures ! Et, somme toute, le talent ne donne que l'immortalité — quand il la donne ! — c'est-à-dire la reconnaissance par les hommes plus ou moins distraits du présent et de l'avenir, d'une intelligence supérieure à son milieu ; tandis que la bonté, la loyauté, l'amour et la pratique du bien, la conscience enfin, est la communion directe et inaltérable avec ce qui est avant, pendant, au-dessus, et au delà de nous, avec l'Éternel et l'Infini.

10 mai 1872.

THÉOPHILE GAUTIER

Messieurs,

C'est un grand honneur d'être président de la Commission des auteurs dramatiques ; mais, en des circonstances comme celle-ci, c'est une tâche difficile et douloureuse. La mort, qui aurait dû être apaisée par la grande moisson qu'elle venait de faire, frappe au milieu de nous comme s'il restait encore trop d'hommes supérieurs à ce pays malheureux. Et elle frappe d'une manière si rapide, si rude et si inattendue, que nous avons à peine le temps de jeter quelques mots suprêmes de justice et d'affection aux amis de notre esprit et de notre cœur. C'est que si nous mourons vite, nous vivons peut-être plus vite encore, et d'une vie si agitée et si remplie, souvent de choses inutiles, qu'il n'y a plus de place ni pour les épanchements intimes, ni pour le repos bienfaisant, ni pour le souvenir ; c'est à peine s'il en reste pour le chagrin ; c'est à peine si, dans le tumulte de la seconde moitié de ce siècle, on a le temps de serrer la main à ses amis vivants, d'aller visiter la tombe de ses amis morts. Ceux-ci, on les accompagne, quand on a le temps, le jour où on les enterre, et on ne revient plus à eux que le jour où on leur amène un nouveau compagnon d'éternité. On retrouve alors çà et là des pierres portant des noms aimés, célèbres, à moitié effacés, et l'on se dit : « C'est vrai, il est mort, celui-ci, celui-là, cet autre encore ; pauvre ami ! si bon, si vaillant, si éprouvé, qui m'aimait tant ; » on regarde la terre, on questionne le ciel, on essuie ses yeux et l'on passe, entraîné de nouveau par le torrent de la vie qui roule et gronde autour de ces murailles, qui ne protégent pas toujours. On a été meilleur un moment c'est toujours cela ; mais ce n'est pas assez, et quand je vois déposer un des nôtres dans la tombe, comme nous le faisons à cette heure, en courant, entre deux repas, avec quelques paroles, qui si sincères et si tendres qu'elles soient, ne peuvent jamais être celles qu'on doit à celui à qui on les adresse, écrites qu'elles sont au milieu du bruit et des préoccupations de toutes sortes, j'éprouve un serrement de cœur, je suis honteux, et il me semble que je jette la mémoire de notre grand confrère dans la fosse commune de l'Art. Pouvons-nous donc si facilement nous acquitter avec cet ami ? Ne lui devons-nous pas davantage ? Trente ou quarante années de labeur, et quel labeur ! peuvent-elles se payer ainsi ? Quel Dieu nous fera au moins les loisirs de la mort ?

Si l'Académie française, qui ne peut jamais contenir que quarante grands hommes, comme si elle avait prévu un tel excès de gloire littéraire en France qu'elle ait cru devoir la limiter d'avance et lui dire : « Tu n'iras pas plus loin, » si l'Académie attend six mois, un an après la mort d'un de ses membres pour le faire connaître, l'expliquer, le louer et sculpter son image définitive dans cette matière malléable, quelquefois impérissable de notre belle langue française, c'est sans doute parce qu'elle a compris qu'on doit aux hommes exceptionnels une étude approfondie, minutieuse, délicate, sévère, longtemps méditée pour qu'elle soit juste, non-seulement de leur œuvre, mais de leurs habitudes, de leur vie, de leurs pensées, et de l'action qu'ils ont sur le passé, sur le présent et sur l'avenir.

Puis les feuilles ont reverdi ou jauni sur la tombe, l'immortalité commence déjà à bercer le mort. Celle-ci a perdu son caractère sinistre et les légitimes exigences du premier moment. Ceux qui viennent parler de celui qui fut ont le droit, n'étant plus dans un cimetière mais dans une lice, de le couvrir des fleurs de leur style et de se faire valoir à propos de lui. La critique est autorisée, le sourire est permis, l'épigramme n'est pas mal venue, et si l'applaudissement espéré et provoqué éclate, il fait battre non-seulement les mains des auditeurs, mais le cœur des amis et des parents, sans offenser leur douleur que le temps enveloppe déjà des demi-teintes vagues et transparentes du souvenir. En un mot, ce n'est plus le deuil, c'est la gloire ; ce n'est plus la mort, c'est la résurrection et l'apothéose en un lieu étroit, mais consacré. Messieurs, tous les hommes de génie français ne peuvent pas être de l'Académie française. Il n'est pas facile d'y être admis, même quand on a tout ce qu'il faut pour y prétendre, et le grand homme de lettres que nous accompagnons ici en est justement le dernier exemple. Il a frappé plusieurs fois à cette porte et on ne lui a pas ouvert. Voilà comment il se fait que ce maître en l'art d'écrire ne sera pas loué par ceux qui eussent été plus dignes et plus capables que nous de le faire.

Il faudra que le poëte charmant qui dort là de son dernier sommeil se contente de nos adieux en plein air, que le vent emporte sans que tous ceux mêmes qui nous écoutent puissent les entendre.

Car c'était un maître en l'art d'écrire, cet homme excellent qui fut Théophile Gautier.

Toute la langue française avec ses origines, ses ramifications, sa technique, a tenu dans ce cerveau clair et puissant à la fois, et nul ne l'a jamais maniée avec plus de pureté, de grâce, de science et de force. Quelle audace de tons, quelle variété de formes, quelle fermeté de reliefs, quelle richesse, quelle prodigalité de mots, et, en même temps, quelle précision dans les lignes, quelle sûreté dans les contours, quelle sagesse dans la construction de la phrase, toujours ample et libre ! Qu'il eût à parler d'un drame de Shakespeare, d'une tragédie de Corneille, d'une comédie de Molière, d'un tableau du Titien, d'un paysage d'Espagne, d'Égypte ou de Russie, c'était toujours l'image fidèle de ce que le poëte, le peintre ou la nature avaient voulu faire, et quiconque voudra, demain comme aujourd'hui, écrire d'un style durable, devra faire étude patiente, respectueuse et répétée de ce maître écrivain.

Malheureusement, nous n'avons pas, pour ainsi dire, le droit de parler de l'écrivain universel, Gautier ne nous appartient à nous personnellement que comme auteur dramatique, par cette fantaisie originale digne du jeune Poquelin, qu'on appelle le *Tricorne enchanté*, par cette satire petillante et toujours actuelle du *Voyage en Espagne*, par ces deux rêves ailés fixés sur la scène, *Giselle* et *la Péri*, qui sont restés les chefs-d'œuvre du genre. Cela nous suffit, et nous revendiquons ce poëte comme un des nôtres. Il ne l'a pas été davantage, parce qu'il avait trop à s'occuper de nous, puisque, pendant près de trente ans, Gautier a fait *du théâtre* dans son feuilleton du lundi.

Il a été ainsi le collaborateur des plus féconds et des plus acclamés, et il y en a bien peu, il n'y en a pas parmi nous, qui ne lui doivent une part de leurs succès. Avec quelle impatience, à nos débuts et en pleine carrière, nous attendions le feuilleton de Gautier, que nous savions, il est vrai, devoir être toujours bienveillant ! car, et ce fut là le caractère particulier de ce critique, qui était un vrai critique, très-sincère et très-profond, il était toujours bienveillant, sans protection, sans indifférence, sans banalité, avec des nuances d'une telle délicatesse que notre vanité facile ne nous permettait pas toujours de les percevoir. Ceux qui ont vécu dans l'intimité de sa vie et de son talent, comme j'ai pu le faire pendant plusieurs années, étaient remplis d'étonnement et d'admiration devant cette critique dont le plus susceptible devait toujours finalement venir le remercier. La vérité est qu'il s'était promis de ne jamais faire de peine à personne, vœu charmant ; et il avait trouvé dans la bienveillance éternelle des variétés et des souplesses de coloris qui faisaient la joie des initiés et le désespoir de ses imitateurs, car il en a beaucoup, mais dans sa forme extérieure seulement. Cette variété, il la devait à cette parfaite connaissance de notre langue, qui lui obéissait comme une lionne domptée, et qui jouait sous sa plume avec toutes les câlineries de la force définitivement soumise et utilisée.

Quelquefois cependant, lorsque l'on attaquait un de ceux qu'il aimait et admirait, car, comme toutes les natures supérieures, il avait le don d'aimer et d'admirer, quelquefois cependant il lui arrivait de lancer sa lionne contre les ignorants et les sots, et quand elle avait rugi et montré les dents aux imbéciles effrayés, il la rappelait de sa voix douce, en disant tout bas : « Il est bon que ces gens-là soient avertis. »

Il aimait et admirait, avons-nous dit ; répétons-le, Messieurs, car nous ne saurions trop le dire, Gautier était né *ami* et il l'est resté jusqu'à son dernier soupir. Quand un de ceux qu'il aimait lui faisait une infidélité un peu trop longue et qu'on l'accusait devant lui, il lui trouvait toujours une excuse ; et quel bon cri joyeux quand il le voyait rouvrir la porte de cette petite maison de Neuilly si modeste, si calme, si laborieuse et qui s'ouvrait si facilement.

Gautier n'était pas connu, Messieurs. La légende de 1830 s'était attachée à lui plus qu'à personne. On avait dit, et on répétait, comme on a coutume de le faire en France, sans se renseigner autrement, que Gautier était un excentrique, un désordonné, un bohème, un romantique incorrigible. Ce sont, je crois, je l'espère même pour l'Académie, tous ces mots vides de sens qui ont empêché la majorité des votants de se rallier à ceux qui le connaissaient bien et voulaient absolument qu'il entrât dans cette assemblée, où sa place était marquée à côté des plus célèbres et des plus respectés. Disons-le bien haut à cette première heure de la justice et de la vérité, Gautier était et fut, autant que qui que ce soit, l'homme de la famille, du travail, du devoir, du patriotisme même. De ce qu'il ne faisait pas tapage de ses dévouements et de ses sacrifices, il ne faut pas conclure qu'ils lui étaient inconnus. Il travaillait patiemment, régulièrement, noblement, silencieusement pour sa famille, pour ses enfants, qu'il adorait comme le premier venu, car il faut cesser de croire qu'il suffit d'être un petit esprit pour être un grand cœur. « Les vrais cœurs de lion sont les vrais cœurs de père, » a dit l'illustre ami de Gautier, dont Gautier est resté jusqu'à la fin l'ami fidèle. Non-seulement Gautier aimait ses amis, sa famille, ses enfants, mais il aimait sa patrie, et lorsque, le siége menaçant Paris, son âge, sa santé déjà atteinte, l'autorisaient à rester hors de France, il revint de Suisse, s'enferma à Paris avec les angoisses, la misère et les espérances de tous, en disant ce mot admirable, simple et touchant : « On bat maman. Je reviens. » Et ce dévouement filial aggrava et fixa le mal indécis dont il est mort hier.

Que vous dirai-je, Messieurs ? Nous pourrions nous entretenir pendant la journée entière de cet esprit aimable, de ce cœur abondant, de ce talent exquis, pur, irréprochable, qui n'a eu qu'un tort, celui de naître en un pays et en une époque qui n'avaient peut-être pas le temps de le comprendre. Gautier eût dû naître il y a quelque deux mille ans, sous ce ciel bleu de l'Attique, auquel instinctivement il aspirait toujours. C'est des œuvres d'Eschyle, de Sophocle, d'Euripide, d'Aristophane, qu'il eût dû rendre compte aux Athéniens ; c'est avec Phidias, Socrate, Alcibiade et Aspasie qu'il eût dû causer le soir dans les jardins d'Académus, plus hospitaliers que ceux de ses descendants ; et les abeilles qui venaient se poser sur les lèvres de Platon seraient venues voltiger sur les siennes. En un mot, Messieurs, Gautier, dont les ignorants et les superficiels ont fait un insoumis et un rebelle des lettres, dont quelques autres, plus justes, ont fait un poëte doublé d'un artiste de la Renaissance; Gautier, Messieurs, était un Grec du temps de Périclès, c'est-à-dire qu'il datait de la création même du Beau.

DESCLÉE

Ne savais-tu donc pas, comédienne imprudente,
Que ces cris insensés qui te sortaient du cœur
De ta joue amaigrie augmentaient la pâleur?
Ne savais-tu donc pas que sur ta tempe ardente
Ta main, de jour en jour, se posait plus tremblante,
Et que c'est tenter Dieu que d'aimer la douleur?

Meurs donc! la mort est douce et ta tâche est remplie.
Ce que l'homme ici-bas appelle le génie,
C'est le besoin d'aimer; hors de là tout est vain!
Et puisque tôt ou tard l'amour humain s'oublie,
Il est d'une grande âme et d'un heureux destin
De mourir comme toi, pour un amour divin.

Voilà ce que disait de Musset de la Malibran, voilà dans quels vers magnifiques il associait à sa propre immortalité la renommée retentissante, mais éphémère de la comédienne. Sans le poëte, il ne resterait déjà plus, aujourd'hui, de la grande cantatrice, qu'un écho vague et confus dans l'oreille de quelques vieillards, toujours soupçonnés de partialité pour les enthousiasmes de leur jeunesse. Grâce à lui, elle aura l'admiration et les regrets de l'avenir, et elle restera la comparaison éternelle. Ce que de Musset disait de la Malibran, nous pouvons et nous avons voulu le redire, avec lui, de celle que l'on appelait déjà la Desclée.

La cantatrice et la comédienne ont eu la même âme avec des expressions différentes. Il n'a manqué à la seconde, pour être égale à la première, que d'avoir eu toujours à interpréter des chefs-d'œuvre.

Ce n'est pas sa faute si Mozart lui a fait défaut.

C'était à nous d'écrire le *Misanthrope*, elle eût été Célimène ; c'était à nous d'écrire *Roméo*, elle eût été Juliette. Nous n'avons fait que ce que nous avons pu ; elle a fait plus qu'elle ne devait, et c'est ainsi qu'elle s'est tuée.

Oui, tuée ! Cet art où elle a été la première, cet art si séduisant, si acclamé, si enivrant, cet art est mortel à certaines organisations d'élite. L'émotion que nous, spectateurs, nous sommes mille ou douze cents à partager et qui est si grande encore, si exigeante qu'elle nous fait éclater en larmes, en cris et en applaudissements, cette émotion, l'artiste dramatique est forcé de la contenir longtemps tout entière à lui seul. Rude métier ! Ce sourire qui nous charme, cette intonation qui nous pénètre, ce mouvement, ce geste, ce cri qui nous exaltent et font monter notre âme jusqu'aux lèvres de ce comédien, savez-vous ce qu'ils lui coûtent ? Que d'études, que de battements de cœur, que de fièvres, que d'insomnies, que de luttes avec la nature pour la nature ! Il observe, il compare, il se souvient. Afin de traduire le poëte, de s'emparer du spectateur, il descend dans les profondeurs de son être à lui ; il fouille, il remue, il agite, il exhume, il dissèque, il profane quelquefois. Qu'importe ! il faut qu'il soit vrai ; le démon le tient et le public l'appelle ! Ses impressions les plus intimes, ses souvenirs les plus secrets, ses douleurs les plus sacrées, ce qu'il a caché à son meilleur ami, ce qu'il a voulu se cacher à lui-même, l'artiste le réveille tout à coup ; il recommence la passion avec laquelle il croyait avoir fini ; il ressuscite la douleur qui se croyait morte ; il remet son âme dans l'état nécessaire à son art ; il contraint ce qui n'était plus à être de nouveau, pour donner la vie à ce qui veut être, et il dit : « Viens, souvenir ; viens, amour ; viens, remords même ; répète-moi ce que tu m'as dit autrefois ; il faut que j'aime et que je souffre ; il faut que je fasse aimer, il faut que je fasse pleurer, il faut que je charme ou que j'épouvante des milliers de créatures humaines. Je leur vends momentanément mon âme, et, s'il le faut, je suis prêt à l'attentat et au sacrilége. »

Rappelez-vous Talma poussant un cri déchirant en apprenant tout à coup la mort de son

père, et murmurant quelques instants après :
« Ah ! si je pouvais retrouver ce cri-là sur le
théâtre ! » Et lorsqu'à son tour il se vit lui-même
en face de la mort, il prit un miroir, et, regardant son visage décharné : « Quel malheur, dit-il, de ne pas jouer *Tibère* avec ce visage-là ! »
C'est effrayant, c'est monstrueux ! dira-t-on
peut-être, et mieux vaut l'obscurité que la gloire
à ce prix.

C'est ainsi cependant, et il faut que cela soit
ainsi. On ne peut créer quoi que ce soit sans
laisser dans sa création une partie de soi-même.
D'ailleurs, il n'est pas permis à tout le monde de
rester obscur. Le génie est une fatalité comme
une autre, à laquelle on ne se soustrait plus une
fois qu'on en est marqué.

Desclée portait visiblement le signe de cette
fatalité. Elle la subissait avec toutes les colères,
toutes les révoltes, tous les découragements possibles. Elle voulait y échapper, elle ne pouvait
pas. Que d'efforts elle a tentés pour sortir du
cercle magique ! Elle se débattait en vain, le
cercle l'étreignait chaque jour davantage. Elle
nous a confié souvent ses angoisses, ses luttes,
ses soifs de repos : car elle aussi eût voulu être
obscure et ignorée. C'était nous qui l'avions retrouvée tout à coup à l'étranger, et qui l'avions
pour ainsi dire forcée de revenir en France, où

l'attendaient une gloire si courte et une mort si prompte.

Elle ne voulait pas ; elle résistait, comme si elle eût, en un secret pressentiment, entrevu ce long martyre qui s'est enfin terminé hier. Elle nous disait : « Non, n'exigez pas que je vienne affronter de nouveau votre public parisien, qui a gardé de moi un si triste souvenir. Vos œuvres et celles de vos confrères créées par d'autres artistes, je me contente de les interpréter à l'étranger comme je les sens. C'est cette liberté, c'est cette absence de contrôle qui m'ont faite ce que je suis.

« Les étrangers sont habitués à mes fantaisies et à mes excentricités ; et d'ailleurs, devant un public à la fois restreint et varié, tantôt au midi, tantôt au nord, je joue vos œuvres cinq ou six fois tout au plus dans chaque ville, et je n'en ai que la jeunesse et la joie. Je n'ai pas la responsabilité première, les difficultés de la composition, les fatigues des longs succès, les lassitudes et les satiétés où vous jettent même les plus belles choses quand il faut les redire pendant des centaines de jours. »

J'insistai, je triomphai de ses résistances, je lui promis le succès dans la première ville du monde intelligent. Je ne la trompais pas. Un an n'était pas écoulé qu'elle m'écrivait — je copie textuellement : « Adieu, monsieur, je m'en vais ; je suis lasse, mais lasse à ne savoir comment le dire. Il me faut partir cependant samedi à trois heures. Vous avez, dites-vous, une grande jeune fille qui vous donne quelques espérances. Dites à M. Montigny de l'essayer cet été, et si elle peut me remplacer, rendez-moi ma liberté : je n'en puis plus. Je vous parle bien simplement, sans aigreur, sans jalousie et même sans regrets. Il faudrait que vous me dissiez que je vous suis indispensable pour me donner le courage de recommencer. »

Elle venait de jouer plus de cent fois *Frou-Frou*, cette jolie petite âme parisienne, éclose dans un éclat de rire, évaporée dans une larme. Elle avait représenté ce personnage avec une telle perfection que l'on croyait déjà qu'elle ne pourrait faire mieux. Hélas ! je connaissais toutes les faces de ce talent multiple, tous les contrastes de cette organisation nerveuse, toutes les délicatesses, toutes les poésies, toutes les violences, toutes les ressources enfin de cette imagination tourmentée. Je lui écrivis qu'elle m'était indispensable. Elle revint. C'est alors qu'elle créa *la Visite de noces*.

Ce rôle, bien que cette comédie n'eût qu'un acte, la fatiguait beaucoup ; elle n'en sortait jamais sans de grands battements de cœur, et elle était forcée quelquefois de rester étendue pendant une demi-heure dans sa loge. C'est qu'elle jouait cette comédie avec tout son être. Elle allait en chercher les accents étranges et les effets inquiétants jusqu'au plus profond de sa conscience de femme. Ce n'était pas une création qu'elle faisait, c'était comme une évocation. Elle ne donnait pas seulement la vie à un personnage, elle le faisait sortir de la mort. Elle traversait cette pièce avec le regard fixe, avec la voix stridente. On eût dit l'ombre inconsolable et vengeresse de la pudeur outragée.

L'auteur sait bien ce qu'il lui doit. C'est la première fois aujourd'hui qu'il le lui prouve avec des paroles qu'elle n'entend plus.

Elle joua cinquante fois de suite cette comédie, tout en répétant *la Princesse Georges*, qu'elle créa immédiatement après et représenta pendant plus de trois mois; ai-je besoin de rappeler comment? Quelle pudeur, quelle distinction, quelle grandeur, quelle tendresse, quelle jalousie, quelle colère! Quelle épouse, quelle amante, quelle grande dame!

Ce fut vers la fin des représentations de cette pièce qu'elle ressentit les premières atteintes du mal anonyme qui vient de nous la prendre.

Un matin elle se sentit touchée sans pouvoir dire où elle souffrait. Elle demanda grâce pour

quelques jours, et elle recommença, selon son
expression. Cependant le désir, le besoin du repos s'accentuait de plus en plus en elle sous une
forme plus précise, et voici ce qu'elle m'écrivait
encore au moment de renouveler son engagement — car, disons-le, ses engagements étaient
déchirés à chaque instant par son directeur, qui
lui en envoyait volontairement de plus productifs et de plus dignes d'elle après chaque succès
nouveau. Elle m'écrivait : « Je ne signerai que si
vous me l'ordonnez absolument, et encore vous
faudra-t-il me tenir la main. Je finirai par entrer
au couvent, voyez-vous, cela est sûr, c'est mon
idée fixe. Que fais-je ici? pourquoi ce mouvement, ces études inutiles? ce métier de saltimbanque, cette existence tout à la fois vide, monotone et bruyante? Historier un pauvre visage
qui demande grâce, comprimer son corps, changer la couleur de ses cheveux, frotter ses ongles
pour les rendre luisants; puis, avec une conviction étudiée, réciter de certaines choses dont
on ne pense quelquefois pas un mot; mentir
enfin, tromper les yeux et les oreilles de la foule
pour arriver à l'amuser pendant quelques heures :
franchement, où est le but? à quoi bon? et
après?... Mais, mon Dieu, pourquoi ne suis-je
pas heureuse, ou seulement contente? N'y arriverai-je jamais? Je n'ai à me plaindre de rien et

de personne. Que de femmes à ma place béniraient le ciel! la salle est comble, chaque soir des fleurs et des triomphes à rassasier tous les minotaures de théâtre! Eh bien! non, ça m'est égal.

» La récapitulation de tout ceci est que je finirai certainement sous une coiffe empesée. Je ne pense jamais à me tuer; je consens très-volontiers à mourir. Au couvent, je deviendrai certainement extatique, j'adorerai mon Christ, peut-être me le rendra-t-il. Là seulement, je serai enfin contente de mon sort; c'est peut-être une vocation contre laquelle je lutte. Personne n'a d'intérêt à ma conservation, et ma suppression pourra du moins faire quelques heureux ou du moins quelques heureuses. Une place vacante!... à qui le tour? »

Quel bruit à la surface de cette vie d'artiste! Quelle solitude, quelle mélancolie, quelle amertume au fond! quelles luttes intérieures, poignantes, décrites dans une forme que les meilleurs écrivains ne désavoueraient pas, parce que c'est l'âme qui parle!

Dans ces confidences qu'elle me faisait si souvent et que je vous livre aujourd'hui, je trouve l'explication de ce talent si gracieux et si puissant, si clair et si coloré, si individuel et si humain, et dont le procédé était insaisissable, même pour ceux qui vivaient à côté d'elle-même. Pour elle, elle avait placé son idéal au-dessus de sa profession, et chaque fois qu'on la contraignait à se mettre en une forme précise, à s'incarner, à se dévoiler, pour ainsi dire, elle semblait crier au public : « Tu veux voir comment une âme se débat dans la vie? Eh bien! regarde! voici la mienne. On m'appelle tantôt d'un nom, tantôt d'un autre ; mais c'est moi, toujours moi, moi la femme, la femme qui espère, qui aime, qui souffre, qui se plaint, qui combat et s'épuise entre l'idéal qu'elle veut saisir et la réalité qui l'étreint. Applaudis-moi, tue-moi, et que cela finisse! »

Il y a six mois elle tomba, définitivement vaincue. Le grand repos, si souvent appelé, commença à s'approcher d'elle ; mais fier, hautain, lent, impitoyable et se faisant conquérir par les plus épouvantables souffrances. Dès la première constatation du mal, il fut reconnu mortel. Les maîtres de l'art défilèrent les uns après les autres devant la malade en déclarant leur impuissance. Nous savions tous qu'elle allait mourir, elle seule l'ignorait. Elle appelait la mort et on n'osait pas lui dire qu'elle était là. Sa dernière déception en ce monde fut de croire qu'elle vivrait longtemps. Je la voyais presque tous les jours, et chaque jour je sentais les progrès du mal. Ce que les femmes redoutent le plus, elle le demandait avec des cris et des sourires. « Je sens là, me disait-elle dans son langage imagé, je sens une bête qui me dévore les entrailles. Elle me fait trop souffrir. Je veux qu'on m'ouvre le corps et qu'on la tue. J'en mourrai peut-être, mais je veux qu'elle meure avant moi... Il est impossible, disait-elle quelquefois, que j'aie fait autant de mal que j'en souffre. »

Ces six derniers mois furent en effet un véritable martyre. Au milieu de tout cela, pas une imprécation, pas un reproche; le corps criait quelquefois — l'âme jamais. — Pas un mot du théâtre! ce n'était ni ingratitude ni rancune, c'était le droit qu'elle avait enfin acquis par la souffrance de s'appartenir tout entière. Elle se reprenait mutilée, abattue, mourante, mais enfin elle se reprenait. La nuit elle dormait une demi-heure, une heure quelquefois, à force de narcotiques, et son insomnie se peuplait de tous les fantômes de la fièvre et du souvenir. « J'aime encore mieux la douleur, me disait-elle : au moins je ne pense plus. »

Le jour on la transportait près de la fenêtre, et quand le mal lui laissait un peu de répit, ce qui était rare, elle lisait; elle regardait de temps en temps à travers le rideau la vie des autres qui continuait au dehors. Combien de gens passaient là qui l'avaient applaudie et qui ne se doutaient pas qu'elle mourait en les regardant passer !

Son vieux chien, ce compagnon que nous lui avons tous connu, dormait à côté d'elle : elle le caressait souvent de sa main amaigrie; ses oiseaux chantaient dans la chambre voisine. Quelquefois une larme silencieuse, qu'elle n'essuyait pas, même en présence d'un ami. Après tout, elle était femme, elle était jeune encore, elle n'avait plus rien à espérer, et elle se souvenait. Puis il arriva un jour où l'on ne put même plus la transporter à sa fenêtre; sa vieille servante, qui la soignait et la veillait avec une sollicitude et une tendresse maternelles, ne se sentant plus les forces nécessaires et craignant d'être forcée de l'abandonner tout à fait, demanda une sœur de charité pour lui venir en aide. A peine la sœur fut-elle installée auprès du lit, qu'elle parla du prêtre. Ce fut le seul moment de joie de la malade pendant ces six mois de torture; on lui demandait de lui amener un prêtre, donc elle allait mourir : quel bonheur ! Enfin ! « Entrez, mon père, et soyez le bienvenu », dit-elle au ministre de Dieu, qu'elle considérait comme le messager de la délivrance.

Les hommes lui avaient menti et lui avaient dit qu'elle ne mourrait pas. Dieu, qui ne ment pas, lui faisait dire ainsi qu'elle allait mourir. Elle remercia Dieu et se confessa. « C'est une belle âme », dit le prêtre en sortant. Il avait raison : il y avait là une âme.

Je la vis quelques heures après cette cérémonie. « Pourquoi est-ce que je ne meurs pas ? me dit-elle d'une voix éteinte. Quand on est mourante et qu'on s'est confessée, on a le droit de mourir. Est-ce qu'on m'a encore trompée ? »

A partir de ce moment, elle souffrit toujours, mais elle resta silencieuse. Elle avait dit les dernières paroles qu'elle voulait dire sur la terre. Elle avait parlé à Dieu, elle ne voulait plus parler à personne.

. . . .

Diane, Frou-Frou, Lydie, Séverine, Marceline, Césarine ! où es-tu ? Rien ne répond. Fermez les yeux, regardez-la une dernière fois dans votre souvenir, vous ne la reverrez plus. Cette voix énigmatique qui vous enveloppait et vous enivrait à la fois comme une musique et comme un parfum de l'Orient, écoutez-la une dernière fois dans le lointain — vous ne l'entendrez plus jamais. — Il ne reste rien de ce qui fut cela !

Regrettons cette grande artiste, mais ne plaignons pas cette morte ! Elle a enfin le repos qu'elle a tant souhaité. Elle a bien gagné sa mort.

« Si je meurs de cette maladie, me disait-elle un jour, je suis bien sûre qu'il sera question de

moi dans la première chose que vous écrirez. »
Elle était bien sûre, en effet, que la première
chose que j'écrirais après sa mort, serait cet
éloge funèbre, et que j'essaierais de retarder,
de quelques minutes, l'éternel oubli dans lequel
elle va descendre, puisque le génie, dans son
art, ne survit pas aux victimes qu'il fait.

Des détails de sa vie réelle, je ne vous ai rien
dit. Où est-elle née ? Comment a-t-elle été élevée ? Où a-t-elle débuté ? Où est-elle allée ? Qu'importe ! Une femme comme celle-là n'a pas de
biographie. Elle nous a émus, et elle en est
morte : voilà toute son histoire !

FIN DE LA DEUXIÈME SÉRIE

TABLE

DE LA DEUXIÈME SÉRIE

Histoire du supplice d'une femme....................	1
Lettre sur les idées de madame Aubray.............	127
Lettre a M. Mirés sur la question d'argent........	143
Une nouvelle lettre de Junius.....................	157
Une lettre sur les choses du jour............	279
Une nouvelle lettre sur les choses du jour........	311
Discours funèbres. — Auber.......................	341
— — Alexandre Dumas............	349
— — Anicet Bourgeois..............	351
— — Théophile Gautier............	358
— — Desclée..........	368

5021-78 — Corbeil. Typ. et stér. de Crété.

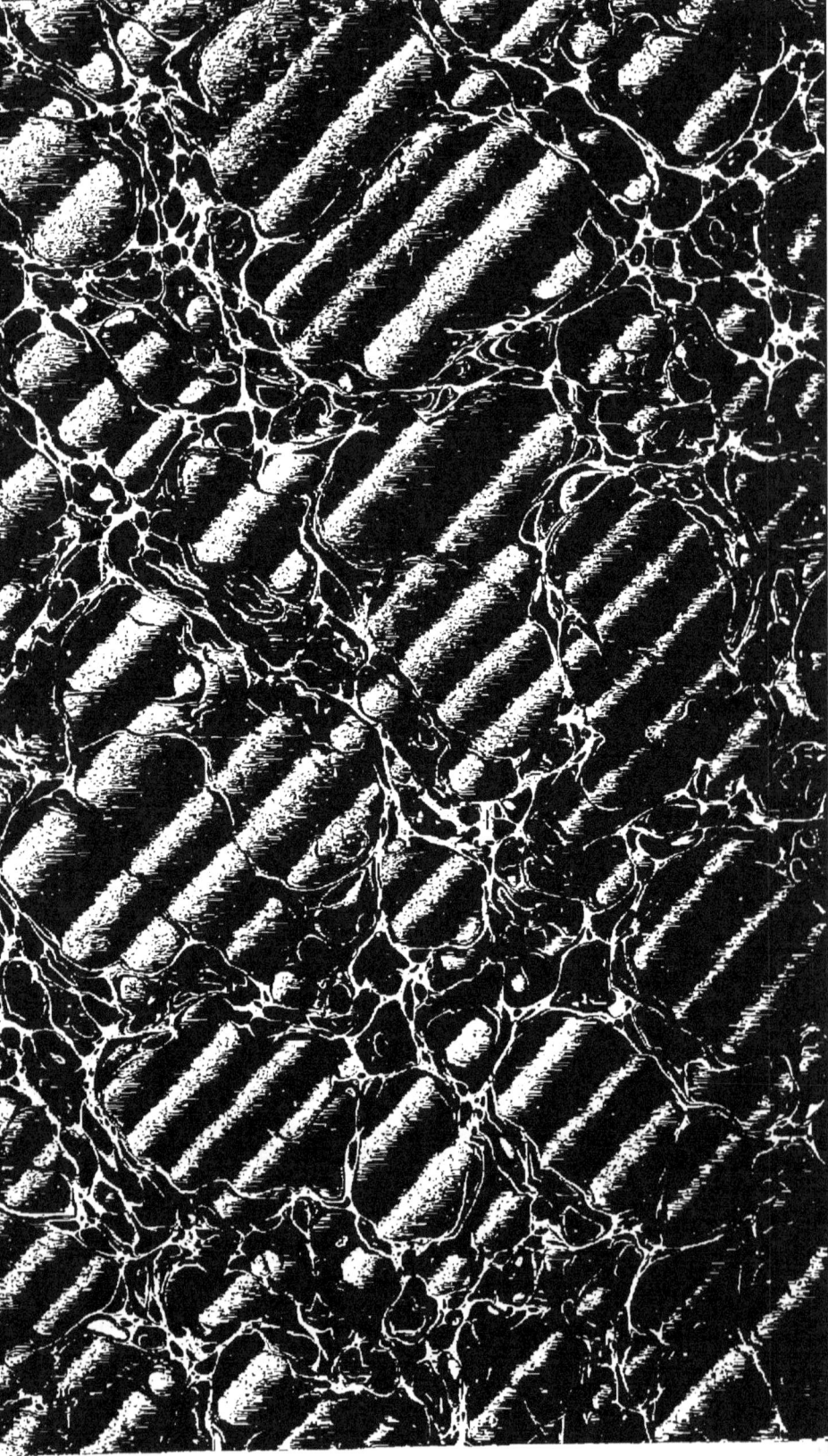

www.ingramcontent.com/pod-product-compliance
Lightning Source LLC
Chambersburg PA
CBHW052042230426
43671CB00011B/1754

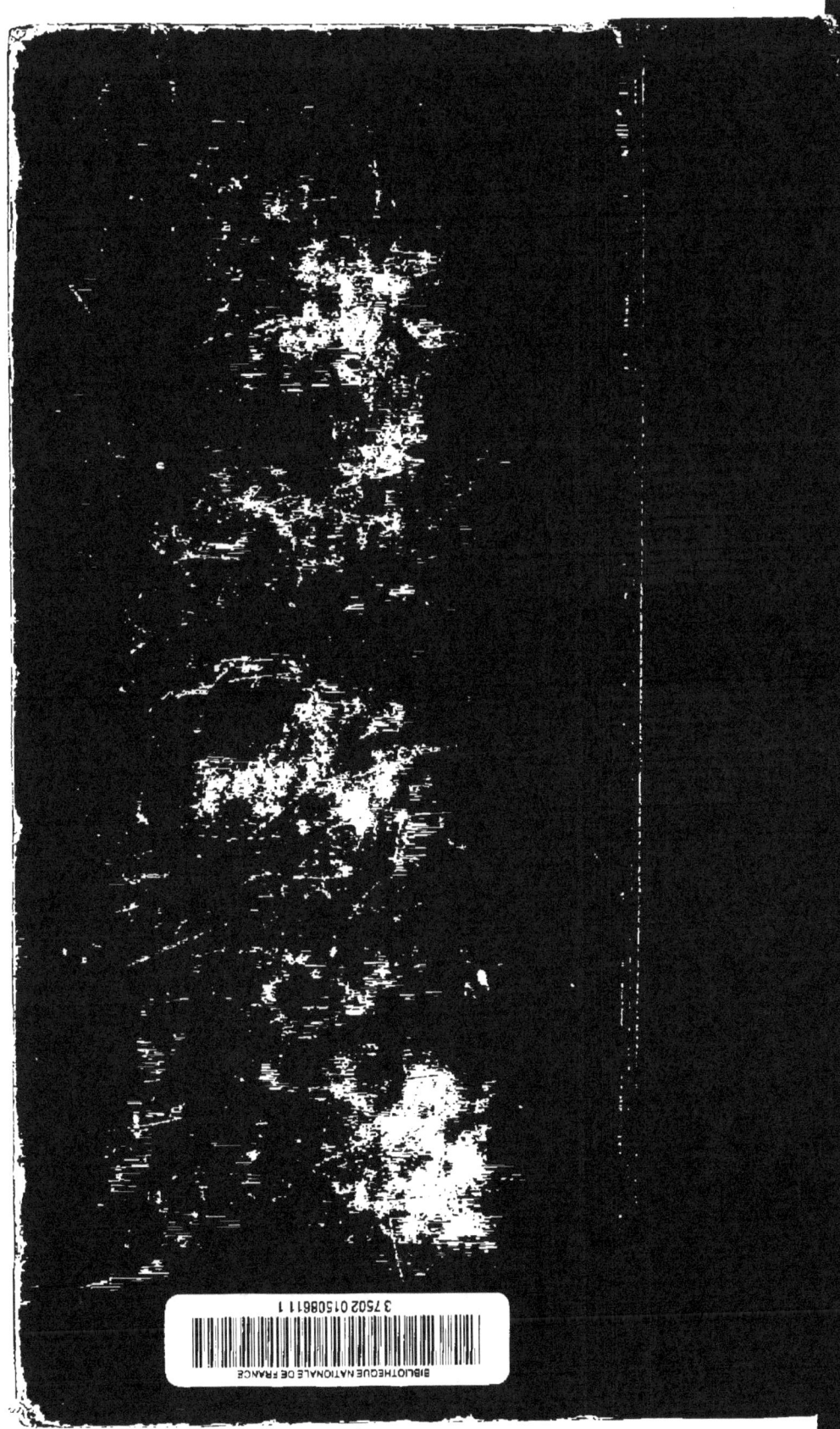